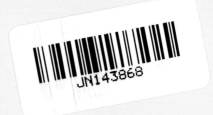

カリキュラムマネジメント ハンドブック

田村知子・村川雅弘・吉冨芳正・西岡加名恵　編著

ぎょうせい

はじめに――教育課程を核とした学校改革を実現するために

現在、2030年の社会を見据えた教育課程改革が進行中です。学習内容だけではなく、資質・能力の構造、学習指導方法、学習評価の在り方にも深く踏み込み、さらには学校組織や学校制度改革、教員養成改革まで全てが連動した議論が行われています。一連の改革は、教育課程を核とした学校改革といえます。その改革の鍵となる重要な概念のひとつが本書のテーマであるカリキュラムマネジメントなのです。

中央教育審議会の議論では、「コンピテンシー」「アクティブ・ラーニング」「パフォーマンス評価」「カリキュラム・マネジメント」「チーム学校」など、目新しい用語が並んでいますが、これらに戸惑う必要はありません。なぜ、そのような考え方や方法が提唱されるのか、という本質を理解すれば、それらの必要性や要点が見えてきます。本書は、カリキュラムマネジメントを中心に、上記の概念についても関連づけながら示していきます。

本書は3部全12章から構成されています。第Ⅰ部は、今と未来を生きる子どもたちに必要な資質・能力、それを育成するため現在進行中の教育課程改革の方向性、それを推進するカリキュラムマネジメントの意義や役割、そして全体像を示します。カリキュラムマネジメントは、直接的な教育活動の面とそれを支える経営活動の面から見ることができます。第Ⅱ部は教育活動面、第Ⅲ部は経営活動面に焦点を合わせます。

第Ⅰ部第1章は、次の時代の教育の方向性と、その実現のためにカリキュラムマネジメントが不可欠である理由、カリキュラムマネジメントの定義を示します。続く第2章では、防災教育や食育を中心に取り上げながら、子どもたちが将来遭遇する諸課題に対応する力を育むカリキュラムマネジメントの位置づけを解説します。第3章では、システム思考に基づいて構築されたモデル図を用いてカリキュラムマネジメントの全体像を示し、その枠組みによって実践を分析する手法を紹介します。

第Ⅱ部は、教育目標とカリキュラムに焦点を合わせます。第1章は教育目標の設定と共有化について、第2章はカリキュラム評価を中心にカリキュラムのPDCAサイクルについて解説します。第3章は、教科等横断的な視点によるカリキュラム編成と、そのカリキュラムを使いこなす方法を紹介します。第4章は、教科のカリキュラムづくりについて「逆向き設計」論やパフォーマンス評価といった考え方を踏まえつつ解説します。第5章は、総合的な学習の時間、道徳、特別活動等のカリキュラムづくりの要点を示します。

第Ⅲ部は、教育活動を支える条件整備活動に焦点を合わせます。第1章は、教員と多様な専門性をもつ人材が協働する「チーム学校」の観点から組織体制について議論します。第2章は、教育課程行政による学校の支援の方策を論じます。第3章は、各地の教育センターや教職大学院等でカリキュラムマネジメントに関する研修や授業を計画・実施するためのポイントについて実践事例を紹介しながら解説します。第4章は、カリキュラムマネジメントの推進のための、特にワークショップ型研修の意義や具体的な研修手法やツールについて具体的に紹介・解説します。

本書では、読者の立場による書き分けをしていません。カリキュラムマネジメントは学校教育を推進する全ての教職員に必要な考え方です。ぜひ多くの方に全体を読んでいただきたいと考えています。特に第Ⅰ部は理念や全体像を解説していますので、学校の教職員以外の関係者にも伝えていただきたい内容です。第Ⅰ部を押さえた上で、授業者は第Ⅱ部の特に第３章・第４章・第５章を中心に、学校管理職やミドルリーダー層は第Ⅱ部第１章・第２章・第３章および第Ⅲ部第１章・第２章・第４章を中心に、教育委員会の指導主事は第Ⅲ部第２章・第３章・第４章を中心に、学校事務職員は第Ⅲ部を中心に参考にしていただけると考えています。また、カリキュラムマネジメントは実践ですが、その前に考え方でもあります。考え方を十分理解いただければ、学校の実態に応じて多様な方法が開発できます。

本書の執筆者は、長年それぞれの専門領域の立場からカリキュラムマネジメントの研究と学校現場の支援に携わってきました。村川、吉冨、西岡の３名は、学習指導要領改訂を議論する中教審に先駆けて平成 24 年 12 月から平成 26 年３月にかけて開催された有識者会議「育成すべき資質・能力を踏まえた教育目標・内容と評価の在り方に関する検討会」のメンバーでした。村川と田村は、平成 18 年度より独立行政法人教員研修センター「カリキュラム・マネジメント指導者養成研修」の講師を務めてきました。執筆者たちは、学問的動向を踏まえながら、調査研究により学校現場の実態を明らかにし、開発的研究により学校現場の実践家たちと共に実践を考え創り出してきた経験を有しています。それらから得た知見を相互に出し合い、議論を深め、本書の刊行に至りました。

なお、教育課程行政の文書では中教審答申「初等中等教育における当面の教育課程及び指導の充実・改善方策について（平成 15 年）」の初出以来、「カリキュラム・マネジメント」と表記されるのが一般的ですが、本書では引用以外は「カリキュラムマネジメント」と「・」のない表記を使用しています。その理由は、①「カリキュラムマネジメント」の表記が先に使用されており（1999 ～）、当初から研究に携わっていた執筆者たちは「カリキュラムマネジメント」を使用してきたこと、②カリキュラムとマネジメントを結びつけることに意義を見出しているので、表記上も両者を連続的に表したいことの２点です。示す内容に相違があるわけではありません。表記に込めた主張を理解いただければ幸いです。

最後に、快くコラムの執筆に御協力くださった方々、事例を提供してくださった学校現場の皆様に御礼申し上げます。また、出版事情の厳しい折、本書刊行の意義を理解し、編集・出版にご尽力いただいた株式会社ぎょうせいに心から感謝の意を表します。なお、本書に示す知見の一部は、科学研究費助成金［カリキュラムマネジメントの方法の体系化とガイドブックの開発（研究代表者：田村知子）、研究課題番号：26381056］の成果です。

本書によりカリキュラムマネジメントの考え方と、それに基づく具体的な方法論を体系的に示すことが、学校現場での実践の一助となるよう願ってやみません。

編著者一同

目　次

第Ⅰ部　カリキュラムマネジメントの意義と考え方

第 I 部

カリキュラムマネジメントの意義と考え方

これからの時代を生きる上で必要な資質・能力を育成するために、カリキュラムマネジメントの充実が求められている。カリキュラムマネジメントとは何か。なぜ必要なのか。次期学習指導要領がめざす教育と関連づけながら解説する。その上で、カリキュラムマネジメントの全体像を示す。学校における様々な営みを「つなぐ（システム思考）」ことにより、課題解決の糸口や、限られたリソースを有効活用する道筋が見えてくる。

第1章

資質・能力の育成を実現するカリキュラムマネジメント

次の時代の教育になぜ不可欠なのか

●

吉冨芳正

いま、カリキュラムマネジメントの意義を理解し推進していくことがこれまで以上に強く求められています。新しい学習指導要領に向けた検討を進めている中央教育審議会の教育課程企画特別部会が平成27年8月にとりまとめた「論点整理」(以下、本章では「論点整理」という。) では、各学校が「社会に開かれた教育課程」を編成・実施し、子どもたちにこれからの時代に必要な資質・能力を育成する教育を実現していくことを提言し、そのためにはカリキュラムマネジメントが重要であることを指摘しています。

「社会に開かれた教育課程」とは、教育課程の役割をとらえ直し、社会が急速かつ複雑に変化する中で、それらに受身で対応するのではなく、子どもたちと学校教育が社会や世界とつながり、よりよい人生と社会を積極的に創り出していける力を育む教育を実現しようとする考え方です。このような考え方に立ち、教育課程において育むべき資質・能力と各教科等の役割や子どもたちの学びの過程などを構造的に明らかにし、学校内外の資源を最大限に活用しながら教育活動を効果的に展開していくことが求められています。そのためには、各学校においてその営み全体を視野に置いて教育と経営の両側面を重ね合わせ、カリキュラムマネジメントを確立していくことが不可欠なのです。

本章では、このようなこれからの教育の方向性を踏まえ、資質・能力の育成を重視する教育課程の在り方やカリキュラムマネジメントの意義などについて解説するとともに、教育課程を中核に据えてカリキュラムマネジメントを進める上での基本的な考え方を提案します。

第1節　資質・能力の育成を重視するこれからの教育

1　社会の変化とこれからの学校教育

(1)　社会の変化の中で主体的、創造的に次代を拓く力の育成

いま、これからの時代に必要な資質・能力を明確にして教育の在り方を改善することが

求められており、その背景には社会の変化への対応があります。社会の変化の中でも大きく着目されているのは、新しい知識・情報・技術が社会のあらゆる領域での活動の基盤として飛躍的に重要性を増している知識基盤社会の時代を迎えているということです。このこととグローバル化や情報通信技術の進展は密接に関わりながら、私たちの社会や生活に大きな影響を及ぼしています。また、地球規模での近代化に伴う環境問題の深刻化、貧富の差の拡大と貧困への対応の問題、我が国をはじめとする先進国での少子・高齢化の問題などが指摘されています。東西冷戦の終結後に期待されたような平和で協調的な世界を築くことに私たちは成功しておらず、国家間、民族間、宗教間などの対立が激しさを増す中で新しい世界の姿を創造的に描くことが求められています。さらに、東日本大震災などのように人間が制御できないことが生じ得ることも視野に置いてものごとを進めていく必要があります。

このような社会の変化などを踏まえて学校教育の在り方を考えたとき、いま柱に据えて取り組むべきことの一つが、学校教育と社会をつなぎ、これからの時代に育成すべき資質・能力とその育成の手立てを明らかにし、教育課程に構造的に位置付けていくことです。学校教育については、文化を継承していくという大切な役割があります。こうした役割を重くみて、社会の変化への対応だけを過大にとらえるべきではないとする意見もあります。また、社会の変化は必ずしもよくないことばかりではなく、豊かさや便利さをもたらしている面もあります。しかし、社会の各方面で多様な変化が複雑に関係しながら急速に進んでいく中で、私たちは、これまで先人が蓄えてきた知識などをしっかり受け継ぎつつも、それだけでは適切に判断したり行動したりすることが難しい問題に直面し、対応に苦慮しています。それらの問題には、あらかじめ用意された正解はありません。私たち自身が、そして次の時代を担う子どもたちが、人間と社会の望ましい在り方を主体的、創造的に描き出し、それを実現できる力を高めていくことが求められます。

⑵　社会に開かれた教育課程

こうしたことから、「論点整理」では、学校の教育活動の基軸となる教育課程について、「社会に開かれた教育課程」の考え方が提言されています。「社会に開かれた教育課程」とは、教育課程の役割をとらえ直し、子どもたちと学校が社会や世界とつながり、よりよい人生と社会を創り出していける力を育む教育を積極的に実現しようとする考え方だということができます。このような教育課程を編成し実施することを通じて、子どもたちが人生や社会をよりよいものにしていくことができるという実感をもち、新しい時代を主体的に切り拓いていくために必要な資質・能力を確実に育んでいくことが求められています。

そこで、これからの学校において教育課程を中核に据えてよりよい教育を実現するため、どのような資質・能力を育成すべきか、各教科等はどのような役割を担い合うのか、子どもたち自身にどのような学びの過程が求められるのか、指導や評価をどのように工夫改善すればよいのか、それらに関わって学校内外のあらゆる資源の効果的な活用を含め学校をどのように運営すればよいのかといったことについて、全体を関係づけながら構造的に考えていく必要があります。教育と社会とをつなげるというと、これを狭くとらえて社会科など特定の教科や総合的な学習の時間の役割だと考えがちですが、学習の主体である子どもたちが生涯にわたってよりよく生きることや、社会に主体的、創造的に働きかけていく資質・能力の育成にはすべての教科等が関係しているのであり、教育課程全体の中でのそれぞれの教科等の存在の意義が問い直されているのです。

【参考：「社会に開かれた教育課程」のポイント】（教育課程企画特別部会『論点整理』より）

① 社会や世界の状況を幅広く視野に入れ、よりよい学校教育を通じてよりよい社会を創るという目標を持ち、教育課程を介してその目標を社会と共有していくこと。

② これからの社会を創り出していく子供たちが、社会や世界に向き合い関わり合い、自らの人生を切り拓いていくために求められる資質・能力とは何かを、教育課程において明確化し育んでいくこと。

③ 教育課程の実施に当たって、地域の人的・物的資源を活用したり、放課後や土曜日等を活用した社会教育との連携を図ったりし、学校教育を学校内に閉じずに、その目指すところを社会と共有・連携しながら実現させること。

2　これからの教育で育成すべき資質・能力

⑴　資質・能力の育成への着目の経緯

社会の変化を背景にした資質・能力の育成への着目は、これまでの学習指導要領改訂においても見られました。例えば、平成元年の学習指導要領改訂では、その基本方針の一つとして「社会の変化に主体的に対応できる能力の育成や創造性の基礎を培うことを重視するとともに、自ら学ぶ意欲を高めるようにすること」が掲げられ、それに続く平成３年の指導要録の改善で、学習指導要領がめざす学力観（いわゆる「新しい学力観」）に立つ教育の実践に役立つよう、各教科の評価について学習指導要領に示す目標に照らしてその実現の状況を「関心・意欲・態度」、「思考・判断」（次の改訂で「思考・判断・表現」に変更）、「技能・表現」（次の改訂で「技能」に変更）、及び「知識・理解」の４つの観点から評価する観点別学習状況の評価を基本とすることとされました。

その後、このような資質・能力への着目は、平成８年の中央教育審議会答申で、自ら課題を見つけ、自ら学び、自ら考え、主体的に判断し、行動し、よりよく問題を解決する資質や能力などの「生きる力」の育成の提言へと発展し、平成10年改訂の学習指導要領の基本的な理念とされました。「生きる力」の考え方は、平成20年の学習指導要領改訂の際にも継承され、言語活動の充実などその具体的な手立てが位置づけられています。ちなみに、OECD・PISA 調査の概念的枠組である「キー・コンピテンシー」や米国で提唱されている「21 世紀型スキル」も、「生きる力」の育成と同様に、これからの時代に求められる資質・能力の育成を重視して教育の在り方を改善しようとする考え方です。

このように、学習指導要領の改訂を経るごとに次第に資質・能力の育成が明確に意識されるようになっていますが、なお課題が残っています。平成20年改訂に至る中央教育審議会での検討過程でも、資質・能力に着目して「生きる力」の育成を具体化するための教育の目標や内容の構造について議論されましたが、結論を得るに至りませんでした。理念として「生きる力」の育成が重視され、手立てとして全教科等を通じて言語活動の充実が図られていますが、教育課程全体の中で教科等を貫いて育成すべき資質・能力を明らかにし、その育成の具体的手立てを含めて体系的に整理するという面ではまだ十分でないといえるでしょう。この課題の解決が次の学習指導要領に期待されているのです。

⑵　育成すべき資質・能力を整理する柱

これからの教育で重視すべき資質・能力については、それを考える視点や立場などによって多様なものを挙げることができますから、検討に当たってまず踏まえるべきことや、資質・能力を整理する枠組みなどを明らかにすることが重要になります。

「論点整理」では、資質・能力の検討に当たって、教育基本法や学校教育法に定められている教育の目的や目標を踏まえることの必要性が指摘されています。特に、教育基本法に定められている教育の目的に着目して、育成すべき資質・能力の上位には、常に個人一人ひとりの「人格の完成」と、「平和で民主的な国家及び社会の形成者として必要な資質」を備えた心身ともに健康な国民の育成が据えられるべきだとされています。この指摘は、教育と資質・能力に関する議論が行先を見失い近視眼的になったり拡散したりしないようにする上で極めて大切です。

次に、「論点整理」では、これからの時代に求められる人間の在り方について、〈社会の激しい変化の中でも何が重要かを主体的に判断できる人間〉、〈多様な人々と協働していくことができる人間〉、〈自ら問いを立て問題を解決し新たな価値を創造できる人間〉といった姿が描かれています。

資質・能力を整理する視点については、中央教育審議会での検討に先立ち文部科学省に設けられた「育成すべき資質・能力を踏まえた教育目標・内容と評価の在り方に関する検討会」の「論点整理」（平成26年３月31日）において、ア）教科等を横断する、認知的・社会的・情意的な汎用的なスキル（コンピテンシー）等に関わるもの、イ）教科等の本質に関わるもの（その教科等ならではのものの見方・考え方、処理や表現の方法など）、ウ）教科等に固有の知識や個別スキルに関わるもの、の三つが示されています。

「論点整理」では、これに加え、海外の事例や先行研究、国立教育政策研究所の研究などをもとに、育成すべき資質・能力の要素は、〈知識に関するもの〉、〈スキルに関するもの〉、〈情意（人間性など）に関するもの〉の三つに大きく分類できるとされています。そして、これらは、学校教育法第30条第２項に定められた、いわゆる学力の三つの要素

(「基礎的な知識及び技能」、「これらを活用して課題を解決するために必要な思考力、判断力、表現力その他の能力」、「主体的に学習に取り組む態度」）とも共通するものだととらえた上で、学習する子どもの視点に立ち、育成すべき資質・能力を整理する柱として次の三つが挙げられています。

①「何を知っているか、何ができるか（個別の知識・技能)」

②「知っていること・できることをどう使うか（思考力・判断力・表現力等)」

③「どのように社会・世界と関わり、よりよい人生を送るか（学びに向かう力、人間性等)」

このような柱に沿って資質・能力の整理を進めるということは、各教科等を貫いて横断的に育成すべき資質・能力とその手立てを問うとともに、それぞれの教科等でどのような資質・能力をどのような内容を通じてどのように育成するのかを明確にすること、つまり各教科等の意義や役割を改めて問い直すことにもなるでしょう。各教科等を貫いて横断的に育成すべき資質・能力については、総合的な学習の時間や特別活動はもとより、各教科においてもそれぞれの特質に応じた取組みが積極的に行われ、それらの成果がつながり合うようにすることで効果的に育成する必要があります。

【参考：育成すべき資質・能力を整理する「三つの柱」】（教育課程企画特別部会『論点整理』より）

ｉ）「何を知っているか、何ができるか（個別の知識・技能)」

各教科等に関する個別の知識や技能などであり、身体的技能や芸術表現のための技能等も含む。基礎的・基本的な知識・技能を着実に獲得しながら、既存の知識・技能と関連付けたり組み合わせたりしていくことにより、知識・技能の定着を図るとともに、社会の様々な場面で活用できる知識・技能として体系化しながら身に付けていくことが重要である。

ⅱ）「知っていること・できることをどう使うか（思考力・判断力・表現力等)」

問題を発見し、その問題を定義し解決の方向性を決定し、解決方法を探して計画を立て、結果を予測しながら実行し、プロセスを振り返って次の問題発見・解決につなげていくこと（問題発見・解決）や、情報を他者と共有しながら、対話や議論を通じて互いの多様な考え方の共通点や相違点を理解し、相手の考えに共感したり多様な考えを統合したりして、協力しながら問題を解決していくこと（協働的問題解決）のために必要な思考力・判断力・表現力等である。

特に、問題発見・解決のプロセスの中で、以下のような思考・判断・表現を行うことができることが重要である。

・問題発見・解決に必要な情報を収集・蓄積するとともに、既存の知識に加え、必要となる新たな知識・技能を獲得し、知識・技能を適切に組み合わせて、それらを活用しながら問題を解決していくために必要となる思考。

・必要な情報を選択し、解決の方向性や方法を比較・選択し、結論を決定していくために必要な判断や意思決定。

・伝える相手や状況に応じた表現。

ⅲ）「どのように社会・世界と関わり、よりよい人生を送るか（学びに向かう力、人間性等）」

上記のⅰ）及びⅱ）の資質・能力を、どのような方向性で働かせていくかを決定付ける重要な要素であり、以下のような情意や態度等に関わるものが含まれる。

・主体的に学習に取り組む態度も含めた学びに向かう力や、自己の感情や行動を統制する能力、自らの思考のプロセス等を客観的に捉える力など、いわゆる「メタ認知」に関するもの。

・多様性を尊重する態度と互いのよさを生かして協働する力、持続可能な社会づくりに向けた態度、リーダーシップやチームワーク、感性、優しさや思いやりなど、人間性等に関するもの。

３　子どもたちの学びと指導や評価の改善

人間と社会の望ましい在り方を主体的、創造的に描き出し実現できる資質・能力を育成するに当たっては、適切な教育課程を編成するとともに、その実施において指導方法や評価の在り方を見直し工夫していくことが不可欠です。「論点整理」では、特に子どもたち自身の学びに着目し、その量だけではなく、質や深まりが大切だとされ、〈①習得・活用・探究という学習プロセスの中で、問題発見・解決を念頭に置いた深い学びの過程〉、〈②他者との協働や外界との相互作用を通じて、自らの考えを広げ深める、対話的な学びの過程〉、〈③子供たちが見通しを持って粘り強く取り組み、自らの学習活動を振り返って次につなげる、主体的な学びの過程〉が実現できているかといった視点から学び全体を改善することの必要性が提言されています。このような考えに立って、課題の発見・解決に向けた主体的・協働的な学び（いわゆるアクティブ・ラーニング）についての検討も進められています。

また、資質・能力の育成のためには、教育課程や学習指導の改善と一体的に評価の改善を進めることが不可欠です。子どもたちの学習の状況を評価し、子どもたちに伝えて自らの学びの充実に役立ててもらうとともに、教育課程や指導の改善に生かすことが求められます。このため、パフォーマンス評価についても検討が行われています。

【参考：子供の学びを改善する視点】（教育課程企画特別部会『論点整理』より）

ⅰ）習得・活用・探究という学習プロセスの中で、問題発見・解決を念頭に置いた深い学びの過程が実現できているかどうか。

新しい知識や技能を習得したり、それを実際に活用して、問題解決に向けた探究活動を行ったりする中で、資質・能力の三つの柱に示す力が総合的に活用・発揮される場面が設定されることが重要である。教員はこのプロセスの中で、教える場面と、子供たちに思考・判断・表現させる場面を効果的に設計し関連させながら指導していくことが求められる。

ⅱ）他者との協働や外界との相互作用を通じて、自らの考えを広げ深める、対話的な学びの過程が実現できているかどうか。

身に付けた知識や技能を定着させるとともに、物事の多面的で深い理解に至るためには、多様な表現を通じて、教師と子供や、子供同士が対話し、それによって思考を広げ深めていくことが求められる。こうした観点から、前回改訂における各教科等を貫く改善の視点である言語活動の充実も、引き続き重要である。

ⅲ）子供たちが見通しを持って粘り強く取り組み、自らの学習活動を振り返って次につなげる、主体的な学びの過程が実現できているかどうか。

子供自身が興味を持って積極的に取り組むとともに、学習活動を自ら振り返り意味付けたり、獲得された知識・技能や育成された資質・能力を自覚したり、共有したりすることが重要である。子供の学びに向かう力を刺激するためには、実社会や実生活に関わる主題に関する学習を積極的に取り入れていくことや、前回改訂で重視された体験活動の充実を図り、その成果を振り返って次の学びにつなげていくことなども引き続き重要である。

第2節　これからの教育で求められるカリキュラムマネジメント

1　カリキュラムマネジメントの定義

カリキュラムマネジメントとは、どのようなことを指すのでしょうか。カリキュラムマネジメントについて、研究的には重点の置き方などによって表現が異なる定義がみられますが、ここでは分かりやすく「各学校が、学校の教育目標をよりよく達成するために、組織としてカリキュラムを創り、動かし、変えていく、継続的かつ発展的な、課題解決の営み」（田村 2011）ととらえることにします[1]。もっと簡単に、「カリキュラムを主たる手段として、学校の課題を解決し、教育目標を達成していく営み」（田村 2014）ということもできます[2]。

カリキュラムマネジメントは、学校経営と教育課程の編成・実施全体を広く視野に置いた概念です。このことについて、田村は、〈教育目標の具現化〉、〈カリキュラムのPDCA（Plan：計画 -Do：実施 -Check：評価 -Act：改善）の過程〉、学校の〈組織構造〉や〈学校文化〉、〈リーダー〉、〈家庭・地域社会等〉や〈教育課程行政〉のかかわりといった、学校の教育活動と経営活動の両面にわたるカリキュラムマネジメントの要素を整理し、それらの全体像と相互の関係を視覚的に表しモデル化したカリキュラムマネジメント・モデル図を提案しています（※第Ⅰ部第３章（p.37）以降で説明していますので、参照してください）。各学校でこのカリキュラムマネジメント・モデル図を手がかりにすることによって、カリキュラムマネジメントの考え方についての共通理解を図り、見落としなく取組みを進めることができるでしょう。

カリキュラムマネジメントは、単なる方法ではなく、教育目標の実現、つまり子どもたちがよりよく学び成長していくことを常に中心に据えて、学校の教育活動と経営活動の全体を工夫改善していこうとする考え方であることに注意する必要があります。

2　カリキュラムマネジメントの必要性

カリキュラムマネジメントの必要性については、近年、中央教育審議会の答申等で強調されてきました。まず中央教育審議会の平成15年の答申で校長や教員等の能力向上にかかわって記述され、次の平成20年の答申では、「教育課程や指導方法等を不断に見直すことにより効果的な教育活動を充実させる」という観点からその確立の必要性が指摘されています。そして、新しい学習指導要領に向けた中央教育審議会でも、その諮問の段階からカリキュラムマネジメントが強調されました。「論点整理」では、「学習指導要領等を受け止めつつ、子供たちの姿や地域の実情等を踏まえて、各学校が設定する教育目標を実現するために、学習指導要領等に基づきどのような教育課程を編成し、どのようにそれを実施・評価し改善していくのか」という観点からその確立が求められています。

また、カリキュラムマネジメントを進める動きは、審議会の提言にとどまらず、国として研修を実施してきているところにも表れています。独立行政法人教員研修センターでは、カリキュラムマネジメントを円滑に行うために必要となる知識等を習得させ、各地域において研修の講師等の指導者を育てることを目的として、毎年５日間にわたる「カリキュラム・マネジメント指導者養成研修」が進められてきています。そして、こうした研修は、徐々に地方に波及しつつあります。

カリキュラムマネジメントは、なぜ必要なのでしょうか。そして、なぜ強調されているのでしょうか。

カリキュラムマネジメントは、そもそも学校教育がその役割を果たす上で本質的に必要なことです。教育基本法では、学校教育について、「学校においては、教育の目標が達成されるよう、教育を受ける者の心身の発達に応じて、体系的な教育が組織的に行われなければならない」（第６条第２項）と定められています。そして、教育基本法に定める教育の目標に関する規定（第２条）や学校教育法に定める義務教育の目標に関する規定（第21条）、各学校段階における教育の目標に関する規定（第30条第１項、第46条、第51条）のいずれもが、教育は「目標を達成するよう行われるものとする」とされています。

これらの規定や学習指導要領の趣旨を実現し、子どもたちの資質・能力を育成するためには、学校の教育活動全体にわたって計画をしっかりと策定し効果的に展開していく必要があります。つまり、学校が教育の目標を達成するよう教育を行うということは、教育課程の編成と実施の過程が重要になるということです。各学校が子ども、学校、地域の実態などに即して教育課程の編成や指導計画の作成を適切に行い、それらをもとに学習指導の方法を工夫するなどして効果的に授業を実施し、さらに評価し、改善していく過程の循環（PDCAサイクル）を通して教育活動の質を高めていくことが不可欠です。その際、学校経営全体を視野に置いて、教育活動の改善と学校内外の諸条件の整備を密接にかかわらせ、関係者が共通理解の下に協働して取り組んでいくことが大切になります。

このようなカリキュラムマネジメントの本質的な必要性に加え、カリキュラムマネジメントの推進が求められる背景として、近年、学校の自主性・自律性を高め、地域に開かれ創意工夫を生かした特色ある教育活動が展開されるよう、学校の裁量の拡大が図られてきていることを挙げることができます。行政において諸活動の活性化や多様性への対応などのため様々な分野で規制改革や地方分権が進められてきており、教育分野も例外ではありません。教育課程行政においては、学校の教育課程の基準である学習指導要領の大綱化・弾力化が図られてきました。このことにかかわって、現場主義や説明責任が強調されてきています。

平成20年の中央教育審議会答申[3]では「各学校は、大綱的な基準であるこの学習指導要領に従い、地域や学校の実態、子どもたちの心身の発達の段階や特性を十分考慮して適切な教育課程を編成し、創意工夫を生かした特色ある教育活動が展開可能な裁量と責任を有している」と明言されています。そして、「現場主義の重視は各学校がその責任を全うすることを求めるものであり、各学校の創意工夫の成果の検証が不可欠である。そのため、全国学力・学習状況調査や学校評価などを活用して、成果を確かめ、更に改善を図ることが求められる」とも指摘されています。

学習指導要領については、先に述べたように、近年、大綱化・弾力化が進められてきました。平成10年の改訂では、基本方針の一つとして「各学校が創意工夫を生かし特色ある教育、特色ある学校づくりを進めること」が掲げられ、総合的な学習の時間が創設されるとともに、教科によって目標や内容を複数学年まとめて示す、1単位時間は学校が定める、小学校ではすべての学年で合科的な指導が認められるといった改善が図られました。総合的な学習の時間の創設を契機に、各学校は教育課程の開発やマネジメントに本格的に取り組むことが求められるようになったと言えます。それまでの学習指導要領の改訂においても、例えば、昭和52年の改訂に伴う学校の創意を生かした教育活動（「学校裁量の時間」）の実施、平成元年の改訂に伴う小学校生活科の新設や中学校選択教科の拡大の経験があったものの、総合的な学習の時間への取組みは、学校や教師の教育課程に関する力量を正面から問うものとなっています。

その後、平成15年の一部改訂では、学習指導要領の「基準性」という言葉が用いられ、学習指導要領に示していない内容を加えて指導できることが明確にされるとともに、総合的な学習の時間について各学校において目標と内容を定め、全体計画を作成するものとされました。

平成20年の改訂においては、総合的な学習の時間が減少したり、中学校の選択教科に標準授業時数が配当されなくなったりしましたが、長期休業日を含め各教科等の授業を特定の期間に行うことができることをより明確に示したり、10分間程度の短い時間での指導も、一定の要件を満たす場合には教科の年間授業時数に含めることができるようにしたりするなど、学校が創意工夫を生かして教育課程を編成・実施できるようにする姿勢が継承されています。

このような学習指導要領の大綱化・弾力化の推進によって、かつては教育課程の基準によらないで研究を行う研究開発学校でしかできなかったような取組みが、いまではどこの学校でも創意工夫を発揮してかなりの程度できるようになっているのです。教育課程の基準である学習指導要領においてその改訂ごとに学校の裁量が拡大しているということは、各学校が自らの責任でより適切な教育課程の編成・実施を追究することが強く求められるようになっているということです。

そして、学校の裁量の拡大と並行して、教育課程に基づいた学校の教育活動の結果として教育の目標の達成の状況が問われるようになっています。その状況はすべてを数値で表せるわけではありませんが、証拠に基づいた検証が強調されるようになっており、様々な調査が行われています。例えば、子どもたちの学力については、国による全国学力・学習状況調査や教育委員会による学力調査などが実施されています。それらで把握できた結果も手がかりにして教育の過程を見直し、よりよい教育の在り方を探っていく姿勢が求められています。

さらに、各学校の教育課程を含めた教育の在り方は、学校評価や保護者、地域住民に説明責任を果たすというかたちでもその適切さが問われることになります。学校教育法では、学校は「教育活動その他の学校運営の状況について評価を行い、その結果に基づき学校運営の改善を図るため必要な措置を講ずることにより、その教育水準の向上に努めなければならない」ことが定められています（第42条）。また、学校は「保護者及び地域住民その他の関係者の理解を深めるとともに、これらの者との連携及び協力の推進に資する」ため、「教育活動その他の学校運営の状況に関する情報を積極的に提供するものとする」と定められています（第43条）。

このように、各学校が自主性・自律性を発揮して適切な教育課程の編成・実施を追究し、信頼される学校づくりを進める観点からも、カリキュラムマネジメントを進めることが不可欠であると言えるのです。

3　カリキュラムマネジメントの三つの側面

これからの時代に求められる資質・能力を明確にして教育の在り方を改善していく上で、カリキュラムマネジメントはさらに重要になります。社会の変化に伴って生じる複雑で困難な問題、あらかじめ正解のない問題に主体的、創造的に取り組み解決していく力を確実に育てようとするのですから、子どもたちの実態を踏まえて、一人ひとりが資質・能力を確実に身に付け高め豊かにしていくことができるよう、教育活動と経営活動を関連付けながらきめ細かい工夫を進めることが求められます。

「論点整理」では、「特に、今回の改訂がめざす理念を実現するためには、教育課程全体を通した取組みを通じて、教科横断的な視点から教育活動の改善を行っていくことや、学校全体としての取組みを通じて、教科等や学年を越えた組織運営の改善を行っていくことが求められており、各学校が編成する教育課程を核に、どのように教育活動や組織運営などの学校の全体的な在り方を改善していくのかが重要な鍵となる」と強調されています。

その上で、「社会に開かれた教育課程」の実現を通じて子どもたちに必要な資質・能力を育成するという新しい学習指導要領等の理念を踏まえ、次の三つの側面からカリキュラムマネジメントをとらえることが提言されています。

①　各教科等の教育内容を相互の関係で捉え、学校の教育目標を踏まえた教科横断的な視点で、その目標の達成に必要な教育の内容を組織的に配列していくこと。

②　教育内容の質の向上に向けて、子どもたちの姿や地域の現状等に関する調査や各種データ等に基づき、教育課程を編成し、実施し、評価して改善を図る一連のPDCAサイクルを確立すること

③　教育内容と、教育活動に必要な人的・物的資源等を、地域等の外部の資源も含めて活用しながら効果的に組み合わせること

これまで中央教育審議会答申では、上で述べたように主に②の側面からカリキュラムマネジメントの必要性が指摘されてきました。これからは、①や③の側面にも十分配慮することが求められます。

なお、本書では、第１章は①の側面、第２章は②の側面、第３章は③の側面をそれぞれ主な視点として内容を構成しています。

４　カリキュラムマネジメントとアクティブ・ラーニング

これからの時代に求められる資質・能力を確かに育成するためには、カリキュラムマネジメントを充実するとともに、アクティブ・ラーニングを推進することが鍵となるでしょう。両者の考え方や方法がつながり合い、車の両輪のように働き合うことで、各学校の教育はよりよく変わっていくことができると考えられます。

アクティブ・ラーニングは、子どもたちの学習に着目し、課題の発見・解決に向けた主体的・協働的な学びを推進しようとする考え方です。アクティブ・ラーニングについては、反転学習など家庭での学習も含めて様々な方法が考えられますが、その焦点は、学習者の側に立って質の高い深い学びを生み出すよう、授業を中心とした工夫改善がいかにできるかというところにあります。

それに対して、カリキュラムマネジメントは、カリキュラムを中心に据えつつ学校の営み全体を対象にして課題の解決を図っていくものですが、教育目標の実現のためには、やはり授業の工夫改善に焦点を当てることが大切でしょう。例えば、学校においてその組織構造や組織文化、家庭との連携などについての課題の解決を図る場合においても、その部

分だけを見るのではなく、それらの課題と授業を中心とした教育活動とのかかわりを常に意識することによって教育目標のよりよい実現につながっていきます。

このように考えると、カリキュラムマネジメントの中にアクティブ・ラーニングの考え方や方法も位置付けることが大切であり、かつ、アクティブ・ラーニングを推進する上でカリキュラムマネジメントを充実させることが大切であるということができます。

第３節　各学校における教育課程の編成・実施とカリキュラムマネジメント

１　「カリキュラム」と「教育課程」

各学校でカリキュラムマネジメントを進めるに当たって、カリキュラムマネジメントと学校の教育課程の編成・実施との関係を理解しておくことが大切です。ここでは、「カリキュラム」と「教育課程」のとらえ方について考えます。

(1)　カリキュラム

「カリキュラム」という用語は、英語のcurriculumを日本語で表記したものです。curriculumの語源には競走路といった意味があり、ここから、「カリキュラム」は、学習の道筋を枠付けるよう教育内容を配列したものを指すようになったといわれています。「カリキュラム」は、一般的には、「学習者の学習経路を枠付ける教育内容の系列」（『広辞苑』第六版）といった意味で用いられています。研究的には、「カリキュラム」は、「学校教育における児童生徒の経験の総体」といったとらえ方がされています。

「カリキュラム」という用語の研究的なとらえ方はかなり広いものです。例えば、国際教育到達度評価学会（IEA）による国際数学・理科教育調査のための概念的モデルでは、①「意図したカリキュラム」：国家又は教育制度の段階で決定された算数・数学や理科の内容、②「実施したカリキュラム」：教師が解釈して児童生徒に与えられる算数・数学や理科の内容、③「達成したカリキュラム」：学校教育の成果、すなわち、児童生徒が学校教育の中で獲得した算数・数学や理科の概念、手法、態度などと整理されています[4]。さらに、学校教育の中で表立って明確に育成を意図していないものを、結果として子どもたちが身に付けることがあり、このような作用を「潜在的カリキュラム」と呼んでいます。

本書では、「カリキュラムマネジメント」と言うときの「カリキュラム」について、「学校教育における児童生徒の経験の総体」を指して用いています。「カリキュラム」を、計画され、実施され、学習者に学ばれたものをも含めて広くとらえることによって、人間と社会の望ましい在り方を主体的、創造的に描き出し実現できる資質・能力を育成する教育をあらゆる視点から見落としなく進めることができると考えるからです。

⑵　教育課程

一方、「教育課程」については、研究的には様々なとらえ方がありますが、本書では、学校には様々な種類や段階の計画が数多く存在する中で、「学校の教育活動全体の基幹となる計画」のことだととらえたいと思います。

「教育課程」という用語は、昭和26年の学習指導要領（試案）以降に用いられてきています。ちなみに、それ以前は、「教科課程」や「学科課程」といった用語が使われていました。「教育課程」と言うことにより、教科だけでなく特別活動などの教科以外の教育活動を含める意味を表わすようになりました。昭和26年の学習指導要領一般編（試案）では、「教育課程とは、学校の指導のもとに、実際に児童・生徒がもつところの教育的な諸経験、または、諸活動の全体を意味している」のように示されていました。今日では、学習指導要領解説総則編において、学校において編成される「教育課程」について、「学校教育の目的や目標を達成するために、教育の内容を児童の心身の発達に応じ、授業時数との関連において総合的に組織した学校の教育計画である」と定義されています。そして、学校において編成する教育課程をこのようにとらえた場合、①学校の教育目標の設定、②指導内容の組織及び③授業時数の配当が教育課程の編成の基本的な要素になるとされています。また、関係法令を踏まえて先の定義を言い換え、「学校において編成する教育課程は、教育基本法や学校教育法をはじめとする教育課程に関する法令に従い、各教科、道徳、外国語活動、総合的な学習の時間及び特別活動についてそれらの目標やねらいを実現するよう教育の内容を学年に応じ、授業時数との関連において総合的に組織した各学校の教育計画」（小学校）であるとも示されています[5]。

⑶　教育課程の「編成」と「実施」

学校の教育活動全体についての基幹となる計画である教育課程を作成することを「教育課程の編成」といいます。「教育課程の編成」の概念は、各学校において、自校の教育の在り方について構想を立て、基本的な考え方や構造を明らかにし、文章で表わしたり表や図などを含めて視覚化したりする作業の過程の全体を含んでいます。

教育課程は、一般的に、数年間の教育活動を視野に置いて編成されます。例えば、教育の目標には、短期的に重点を置いて確実に育てたいものもある一方、長期的に一貫して取り組み、その実現をめざしていくものもあるでしょう。実際、子どもたちは、小学校では６年間、中学校や高等学校では３年間を通じて学び成長していくのですから、学校としての教育の基本的な考え方や枠組みについて、課題があるところは速やかに工夫改善していくという柔軟性をもちつつ、一定の継続性や安定性も求められます。

そして、学校において、教育課程をもとに、それを具体化するための種々の指導計画を作成し、教育活動を展開していく一連の過程を「教育課程の実施」といいます。「教育課程の実施」の概念は、各年度の各教科等の年間指導計画を定めることにはじまり、さらに単元等の指導計画、本時の指導案といったように順次、具体的な計画を作成し、授業を実施し、評価を行うことを包含すると考えてよいでしょう。

こうした教育課程の「編成」と「実施」は、両者が画然と分かれているというより、両者は重なり合うように接続していると考えることができます。例えば、教育課程の編成の一環として、各学年、各教科等の目標を明確にして、主な内容を選択し配列し、その展開におおよそ必要な授業時数を配当することは、各学年、各教科等の年間指導計画の大枠を示すことになります。実際、そのような作業をすることなしに、学校として指導内容を組織することはできません。また、教育課程の編成では、学校全体で取り組む性質のある、道徳教育、総合的な学習の時間、特別活動などの基本的な考え方や構造、主な内容や配慮事項など、つまり全体計画の大枠を示すことも必要です。そして、それらを基に、前年度の課題の改善や当該年度の子ども、学校、地域の実態などを考慮して毎年度の全体計画や年間指導計画を確定していくことは、当該年度における教育課程の実施の一部にも当たるということができます。

教育課程の基準である学習指導要領の総則においては、指導計画の作成はもとより、各教科等の指導、学級経営や生徒指導、家庭や地域社会との連携などにわたって配慮事項が示されています。このことから、教育課程の「編成」に加えて「実施」の概念までを視野に入れ、両者を往還させながらよりよい教育の在り方を考えることが大切であることが分かります。そして、「教育課程の編成・実施」といえば、学校の教育活動のかなり広い範囲をカバーすることになります。これに加えて、学校では、学校教育法施行規則で定められている教育課程を編成する教科等以外の教育活動として部活動などが行われています。

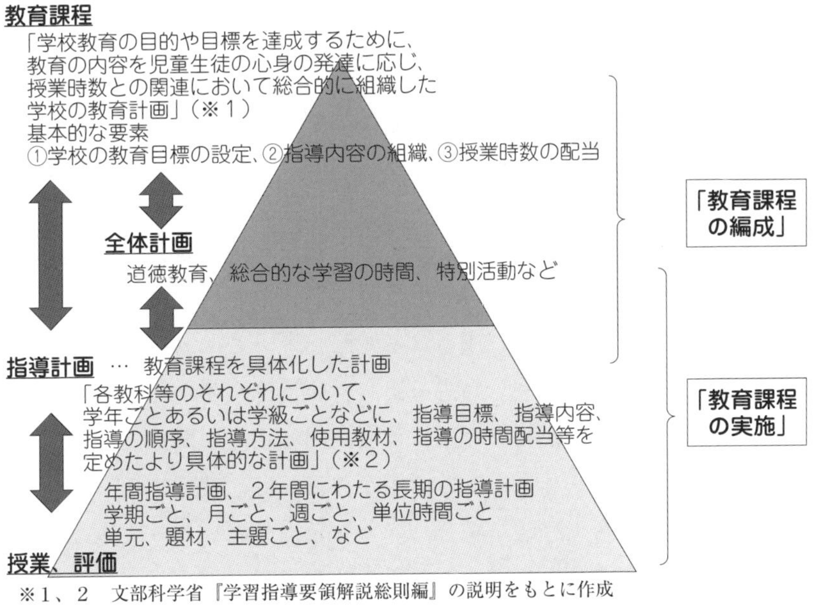

※1、2　文部科学省『学習指導要領解説総則編』の説明をもとに作成

図「教育課程」の「編成」と「実施」

また、子どもたちの在校時間の中で、日課表や週時程を工夫しながら、朝の会や帰りの会、業間の活動など様々な活動が行われています。これらについても、その教育的意義に着目し、教育課程の編成・実施と関連づけていくことが大切です。

このように、学校が教育の目標を達成するよう教育を行う上で、教育課程の編成と実施をつなげてとらえ、すべての教育活動を効果的に展開することが重要であることが分かります。カリキュラムマネジメントの中核に教育課程の編成・実施を据えて、学校の営み全体を工夫改善していくことが求められます。

2　教育課程と各教科等をつなげるカリキュラムマネジメント

教育課程については、様式や示し方などが全国一律に定められているわけでもないことから、その概念や重要性が学校で十分理解されていない場合には、適切に編成されなかったり、効果的な実施につながっていなかったりするところがあるようです。このような教育課程への意識の薄さは、教育課程の基準が強い画一性を有していた時代に、地域の学校はどこも同じ教科書を用いるのだし、内容の組織をはじめ教育課程は学校による大きな違いはないはずと考えられたことの名残りなのかもしれません。

しかし、今日、学習指導要領の大綱化・弾力化が進められる中で、学校として校長の指導の下、教職員全体が協働して適切な教育課程を編成・実施することが教育の質を高める上で不可欠であることを強く認識する必要があります。教育課程の編成は、教師が担当する各教科等の指導計画の作成と不可分の関係にあり、教育課程の実施は教師による授業の展開をも含むものです。教師は、学校の教育課程の編成・実施という大きな枠組の中で、自らの職務をよりよく果たし、学校全体としての教育の質を高めるよう努めるという意識を大切にしたいものです。

特に、これからの時代に求められる資質・能力の育成を実現しようとするとき、教育課程全体と各教科等を十分につなげて考えることが極めて重要です。つまり、人間と社会の望ましい在り方を主体的、創造的に描き実現できる資質・能力は、各教科等の学習で獲得した知識や技能を様々な場面や文脈に即して有機的に結び付け、よりよく問題を解決するよう働くものだと言えるでしょう。そのように働く資質・能力は、各教師が教育課程全体を俯瞰し、他教科等や他学年で扱う内容をも視野に置きそれらと関連を図って体系的な指導を行うことによってより効果的に育成されるでしょう。このような考え方に立って、校長の責任と指導の下、全教師が参画し知恵を出し合い協働する中で学校としての教育課程を練り上げ、各学年、各教科等が担う役割、重点、内容相互の関係などについて共通理解を深めることが求められます。子どもたちの側からみれば、教科等や学年を貫いて重要な概念を獲得したり、自ら学習や経験を統合し能力を発揮し高めたりすることができるような教育課程であることが望まれます。そのような教育課程を編成・実施できるようにする視点からカリキュラムマネジメントを進めることが求められます。

3　教育課程の基本的な要素とカリキュラムマネジメントの視点

教育課程は、教育の目標の設定、指導内容の組織、授業時数の配当がその重要な要素であるとされています。ここでは、それらについてカリキュラムマネジメントを進める上での視点について考察します。

(1)　教育目標の設定

学校の教育活動は、目標の実現をめざして展開されます。学校として教育の目標を定めることは、学校経営の基本であり、教育活動の出発点です。このため、各学校では、教育基本法や学校教育法に定められた教育の目的や目標に関する規定や、地域、学校、子どもたちの実態を踏まえ、教育活動が向かうべき方向や育成したい資質・能力を明確に示すよう目標を設定する必要があります。

学校では、「学校の教育目標」として掲げられるものに加えて、「校訓」、「目指す学校像」や「子ども像」といった様々な視点から学校の教育活動の方向性などが示されているものもあります[6]。それらが単に羅列されて終わるのではなく、全体構造や相互の関係を明確にし、教職員はもとより保護者や地域の方々を含め関係者全員にとって分かりやすく、めざすところを共通理解して教育活動の充実に向けてそれぞれの役割が果たせるようなものとなっていることが大切です。

各学校での目標の設定に関する工夫として、例えば、次のような着眼点が考えられます。

①　法令に掲げられた普遍的・共通的な目標などを手がかりにして、自校の実態を踏まえ、一定期間をかけて実現をめざすものと短期的に重点を置いて力を注ぐものを整理する。

②　学校の教育目標をはじめ全体的・一般的な目標とその実現のための個別的・具体的な目標の関係を構造化、体系化する。その際、各教科等や各学年で担うものや相互のかかわりを明確にするとともに、授業レベルでの具体化までを視野に置く。

③　目標とともに、その実現の手立て（内容の組織、授業時数の配当、教材や学習指導の方法の工夫、学校内外の諸条件の活用など）や評価（目標の実現状況を判断するよりどころや方法など）について一貫性をもって検討する。

④　目標自体も評価と改善の対象となる。目標が子どもたちの実態に即していなかったりあいまいだったりする場合には、方向性を変えたり焦点を明確にしたりする。

⑤　学校の教育目標は、全教職員による授業をはじめ教育活動全体を通じた意図的・計画的・組織的な取組みによって実現をめざすものであるから、その設定・実施・評価・改善に全教職員が参画意識をもち共有できるようにする。

(2)　指導内容の組織

学校の教育課程や各種の指導計画の主な要素である指導内容を組織することは、学校として教育の目標を実現する上で不可欠なことです。ここで大切なことは、学習指導要領に示されている内容であっても、改めて各学校として指導内容を扱う方針を決定し、指導内容を選択し配列して組織するという手続きを踏む必要があるということです。

学習指導要領は、各学校が編成する教育課程の基準であり、学校の教育課程そのものではありません。学習指導要領では、そこに示された内容は、特に示されたものを除いて、いずれの学校においても取り扱わなければならないとした上で、特に必要がある場合には内容を加えて指導することができるとされています。指導の順序についても、特に学習指導要領で示されたものを除いて学校で適切に工夫を加えることとされています。また、総合的な学習の時間の内容は、各学校で定めるものとされています。さらに、小学校では教科の内容が各学年ごとに示されているのは算数と理科のみであり、目標や内容が複数学年まとめて示されている教科等の内容の位置付け方は、各学校で決めなければなりません。

このように、各学校で指導内容の組織を工夫することは、重要かつ不可欠なことなのです。指導内容の組織が不明確なままでは、教育活動全体の体系性も内容相互の関連性もわからず、効果的な教育活動の展開も組織的な工夫改善もしようがありません。学校として、指導内容を扱う方針を明示し、学年や教科等ごとに指導内容を組織し全体を一貫した計画として共有していくことが求められます。教育課程全体で扱う内容を視覚的に俯瞰できるような工夫を行うことが望ましいでしょう。

各学校での内容の組織に関する工夫として、例えば、次のような事例が一つの参考になります。ある小学校では、学校の教育目標の実現をめざし、学年・学級経営と教育課程を強く結び付けて、経営の基本方針の設定と内容の組織を一体的に行う工夫を行っています。そこでは、各学年部を中心に、①学年経営のテーマと学年部の基本方針、②学校全体でめざす子ども像への当該学年での取組み、③学年としての研究教科と取組み、④月ごとの行事と各教科等の内容の組織について検討を行い、その全体を一覧表にして共有しています。

また、中学校や高等学校では、教科等ごとに目標、内容、教材、授業の準備や学習課題、評価の方法や規準などを盛り込んだシラバス（授業実施計画の大綱）を作成して生徒に配布している学校もあります。こうしたシラバスを教師間で共有することで、互いの授業の内容などを知り、相互に関連を図った授業を展開することにも役立てることができます。

⑶　授業時数の配当

授業時数の配当については、目標の設定や指導内容の組織と並んで教育課程編成の重要な要素であり、その意味を考えて計画や運用の工夫に努める必要があります。学校教育での時間に関する要素としては、授業時数のほか、学期、休業日、授業日数、授業週数、授業の１単位時間、時間割（週時程）、授業の終始時刻や日課などがあります。時間を適切に区分したり配当したりすることによって、①教育活動の計画や管理に役立てたり、②教育活動の重点を明確にしたり、③子どもたちの学習や生活のリズムをつくったりすることができます。時間も有限な資源であり、目的を明確にして有効に活用する必要があるのです。

例えば、②の視点から考えると、教育課程や指導計画において授業時数を配当するという作業は、目標の実現に向けて各教科等やそれぞれの指導内容についてその意義や重点の置き方を考え、それを明示的に計画に表していくということです。子どもの側から考えれば、学習の過程や方法を考慮しながら、それぞれの学習が成り立つよう時間を保障していくということです。授業時数を含めた適切な計画があってはじめて、それに照らして授業の進み具合を確かめたり、教育効果をより高めるよう計画を柔軟に変更したりすることができます。

[注]

1　田村知子編著『実践・カリキュラムマネジメント』ぎょうせい、2011年、p.2

2　田村知子著『日本標準ブックレットNo.13 カリキュラムマネジメント―学力向上へのアクションプラン―』日本標準、2014年、p.12

3　中央教育審議会「幼稚園、小学校、中学校、高等学校及び特別支援学校の学習指導要領等の改善について（答申）」平成20年1月17日

4　国立教育研究所『国立教育研究所紀要第126集 小・中学生の算数・数学、理科の成績―第3回国際数学・理科教育調査国内中間報告書―』東洋館出版社、1996年、pp.8-10

5　文部科学省『小学校学習指導要領解説総則編』東洋館出版社、平成20年、pp.8-9

6　天笠茂著『カリキュラムを基盤とする学校経営』ぎょうせい、2013年、p.37

第2章

多様な課題への対応力を育むカリキュラムマネジメント

各教科等で身につけた力をどのようにつなげ活用するか

●

村川雅弘

第1節　多様な現代的な諸課題への対応力を育む

東日本大震災に伴って発生した原発事故および原発問題、絶えることのない国家間や民族間の紛争と一般市民の犠牲、国や地域を越えた大気汚染や異常気象、食の確保や安全等々、国内外において課題が山積しています。人やもの、こと、情報のグローバル化が進む中でこれらの問題はますます拡大・深刻化していきます。それに加えて、少子高齢化は加速の一途をたどっています。これからの子どもたちは今まで以上に先行き不透明な時代を、一人ひとりが持ち前の力を発揮しつつ協力して問題解決を図りながら生き抜いていかなければならないのです。子どもたちにどのような力を育むのか。学校教育の果たすべき役割およびその方向性を改めて見直す時期にきています。

では、小・中・高校および大学を覗いてみましょう。目の前の課題に対して自ら進んで考えようとする子ども、自己の意見や考えを積極的に述べようとする子ども、多様な他者の異なる意見や考えを理解し自己の考えと繋げたり比べたりしながらよりよい解を見出そうとする子ども、異なる考えや個性を理解し認め受け入れようとする子ども、がどれだけ存在するでしょうか。ともすれば、国内において同世代の友人に対して日本語によるコミュニケーションでさえも十分に行うことのできない子どもが多くいないでしょうか。

一方で、これらの力を存分に備え発揮する子どもたちに出会う機会も確実に増えてきました。一つは現行学習指導要領の趣旨を理解し、思考力・判断力・表現力の育成をめざした言語活動の充実を図る授業を日々実践している学校の子どもたちです。一つは身近な地域の課題等に取り組み、同級生だけでなく異年齢の仲間や多様な立場や世代の異なる他者とかかわりながら問題解決を図り、学習の成果を身近な地域や社会に還元し少しでも生かそうとする子どもたちです。

日本生活科・総合的学習教育学会は平成25年度末に、全国レベルで総合的な学習に先進的に取り組んでいる小学生や中・高校生を対象に調査を行いました[1]。その結果、例えば、総合的な学習に積極的に取り組んでいる小学校の児童には、「みんなと異なる意見でも自分の考えをはっきり伝えることができる」や「自分とは異なる友達の意見でも受けとめ、自分の考えの参考にすることができる」といった異なる他者を受け入れ理解しようとする意識や「地域の中で自分にできることはないかと考えたことがある」といった社会に対する貢献意識、「総合的な学習では、今まであまり考えなかった問題に取り組んでいる」というどのような課題に対しても解決を図ろうとする意識が高いことを明らかにしています。また、総合的な学習の趣旨に則った学習を展開している中学校や高校の生徒にも「異なる立場や考えを受け入れ、理解しようと思う」や「お互いの良いところや違いを認め、協力することができる」と異なる他者を受け入れ理解し共に協力しようとする意識や「人や生き物の生命を守り、ともに生きようと思う」「自分の生活だけでなく、社会全体のことを考えたいと思う」といった共生意識や貢献意識が高いという結果が見られました。

また、近年のPISA調査では日本の学力向上が注目され、その要因の一つとして総合的な学習の時間の存在が考えられます。かつて習得型の学力において学力大国と言われた日本が活用型の学力面においても、教育に関して世界をリードする国として認められつつあるのです。そのためにも次期学習指導要領において総合的な学習の時間のさらなる充実が求められています。

学習指導要領改訂にかかわるキーワードとして、本書のカリキュラムマネジメント以上に、教育委員会や小・中・高等学校のみならず大学においても「アクティブ・ラーニング」が注目されています。筆者も数多くの小・中学校を訪問し、アクティブ・ラーニングの授業づくりやそのための研修にかかわっています。中央教育審議会教育課程部会教育課程企画特別部会の論点整理（平成27年８月26日）で示された定義は「課題の発見・解決に向けた主体的・協働的な学び」という極めてシンプルなものです。授業づくりのポイントとして「習得・活用・探究という学習プロセスの中で、問題発見・解決を念頭に置いた深い学びの過程が実現できているか」「他者との協働や外界との相互作用を通じて、自らの考えを拡げ深める、対話的な学びの過程が実現できているか」「子供たちが見通しを持って粘り強く取り組み、自らの学習活動を振り返って次につなげる、主体的な学びの過程の実現ができているか」の３点が示されています。

アクティブ・ラーニングがめざしているものは単なる学習形態や学習方法の改善にとどまりません。前述の定義やポイントに見られるようなアクティブ・ラーニングによる学びを通して、どのような課題に遭遇してもひるまず向き合い協働的に問題解決を図ろうとする意識とスキルを有する人の育成、そのような考え方や生き方の醸成につながるのです。

第２節　各教科等で扱われている現代的諸課題にかかわる目標・内容の横断的理解

前述の総合的な学習の時間の充実や各教科・道徳等におけるアクティブ・ラーニングの

導入は、現代的な諸課題に立ち向かっていく上で基盤となる、汎用的な能力である問題発見・解決力やチームワーク、リーダーシップ、コミュニケーション力などを育むことになるでしょう。しかし、それに加えて様々な知識や技能も必要です。現行および次期学習指導要領の下では、環境や福祉、防災などの諸課題に関する知識や技能を特設に取り扱うことには限界があります。

表１　小学校５年の教科等の目標

○的確に話す、相手の意図をつかみながら聞く（国語）
○環境の保全や自然災害の防止（社会）
○流水の様子、天気の変化、自然災害等に目を向ける。
　生命を尊重する態度。（理科）
○音楽を生かして、生活を明るく潤いあるものに（音楽）
○日常生活に必要な基礎的・基本的な知識及び技能を身
　に付け、身近な生活に活用する（家庭）
○心の健康、けがの防止及び病気の予防（体育）
○外国語によるコミュニケーション（外国語活動）
○支え合いや助け合い。働くことの意義理解（道徳）
○諸課題を解決しようとする自主的・実践的態度（特活）

表１はある課題で抽出した教科等の目標です。いわゆる○○教育のいずれに該当するものだと考えられますか。

筆者は防災教育の視点から抽出してみました。社会科や理科、体育、道徳、特活の目標は災害のメカニズムの理解や日頃の対策、避難所生活を営む上で求められるものです。「的確に話す、相手の意図をつかみながら聞く」（国語）も災害時の誤情報やデマによるパニックを引き起こさないためには必要な力です。「必要な基礎的・基本的な知識及び技能を身に付け、身近な生活に活用する」（家庭科）は避難所生活で発揮される力です。また、「外国語によるコミュニケーション」も校区に住む外国人に対して避難を誘導したり、避難所において互いの習慣や慣習を理解し合って気持ちよく共同生活を営んでいく上で役立つ力になります。外国語活動を学んでいる小学生が活躍してくれるかもしれません。防災教育の視点から見ただけでも、各教科等に○○教育に関する目標や内容は散りばめられています。教える教師がまずそのような意識を持ち、教科の目標や内容の理解だけにとどめるのではなく、様々な課題を理解したり問題を解決したりする上で役立つ知識や技能であることを児童生徒に具体的に伝えること、気づかせることが重要です。

表２は、筆者が小学校の学習指導要領の各教科等の目標や内容、内容の取扱いを、国際理解、環境、健康・食、伝統・文化、防災の５課題で分析・整理してみたものです。教科書レベルで分析すればもっと具体的なものが見えてくると思いますが、各現代的課題を意識する上で参考にしていただけたらと思います。

さて、学校単位で取り組んでいる事例として、鈴鹿市立平田野中学校の『領域別年間指導計画集』があります。「人権教育」「環境教育」「読書教育」「情報教育」「安全教育」「食育」の６つの視点から、学年ごとに各教科等の目標・内容との関連表を作成し、活用しています。

例えば、１年の「安全教育」では、３つの課題が設定されています。

課題「◇交通安全○交通安全に関する知識と主体的に行動する態度の育成」に関しては、「学級や学校における生活上の諸問題の解決」「心身ともに健康で安全な生活態度や習慣の形成」（特活）や「世界的視野から日本と世界との交通・通信網の発達の様子や物流を理解させるとともに、（中略）、それに伴う危険について考えさせる。p.33」（２年社会科）など、

表２　各教科等の内容と現代的諸課題との関連（村川雅弘 2015）

各教科等	学年	国際理解	環境	健康・食	伝統・文化	防災
社会	3・4	地域の販売における外国とのかかわり	廃棄物処理、自然環境保護		文化財や年中行事の保護、先人の働き	災害の防止
	5	国旗、食料輸入	自然環境適応、公害（大気汚染、水質汚濁）	食糧生産、稲作		森林資源の育成・保護
	6	諸外国の伝統文化の理解			各時代の文化、世界文化遺産	
理科	3		生物と周辺環境			
	4		動植物の活動・成長と環境	人の体のつくりと運動		天気の様子
	5			植物の発芽・生長・結実、動物の発生・成長		流水の働き、天気の変化
	6		燃焼の仕組み、水溶液の性質、電気の利用、生物と環境	人の体のつくりと働き		土地のつくりと変化（噴火や地震の影響）
生活	1・2		自然や身近な材料を使ったあそびの工夫	規則正しい生活	地域の行事	安全を守る人
音楽	1・2	諸外国のわらべうたや遊びうた				
	3・4	諸外国の民謡			我が国や郷土の音楽	
	5・6	諸外国の音楽			我が国の音楽	
図画工作	1・2		身近な材料の利用		地域の美術館の利用	
	3・4		身近な材料の利用		地域の美術館の利用	
	5・6	諸外国の美術作品			我が国の美術作品、地域の美術館の利用	
家庭	5・6		環境に配慮した生活の工夫	食事の役割、栄養素		近隣の人々とのかかわり、快適な住まい
体育	1・2			体つくり運動		体つくり運動、運動遊び、水遊び
	3・4			体つくり運動、健康によい生活		体つくり運動、器械・走跳・浮く泳ぐ運動
	5・6			体つくり運動、怪我の防止、病気の予防		器械・陸上・水泳、怪我の防止、病気の予防

課題「◇自己防衛と危険予測・危機回避能力○自分の身は自分で守るとともに緊急時における知識と態度の育成」に関しては、「色彩や形が持つ性質を利用してデザインされた緊急時を案内するピクトグラムや安全標識のマークを学びながら、自己防衛の意義を学ぶ」（美術）や「調理室の利用を通して、器具の使用の仕方、ガス等の管理の仕方を通して、自分の身は自分で守る知識と態度を育成する」（技術・家庭）など、

課題「◇防災教育○災害時における備えや災害に関する知識と態度の育成」に関しては、「地域の地形や気候などの自然環境に関する特色ある事象を中核として、（中略）、地域の自然災害に応じた防災対策が大切であることなどについて考える p.33」「天気図や気象衛星画像、気象データを比較することで、（中略）、小笠原気団の発達、衰退と台風の進路が密接に関わっている事を理解する。解 p.82」（理科）など、

具体的に解説されているだけでなく、関連する教科書や資料集などの該当ページも記載しています。

環境教育と国際理解教育の視点から、各教科の内容を３年間通して関連づけたものが、神戸大学附属明石中学校（当時）の実践です[2]。**図１**に示すような一覧表を生徒に示すだけでなく、各教科の内容ごとに、どのように環境や国際理解と繋がっているのかを詳細に解説した冊子を配布していました。環境教育と国際理解教育の視点から整理した、生徒のための一種の学習指導要領といえるでしょう。

地域単位で取り組んでいるのが、本書でも紹介されている上越市の「視覚化カリキュラ

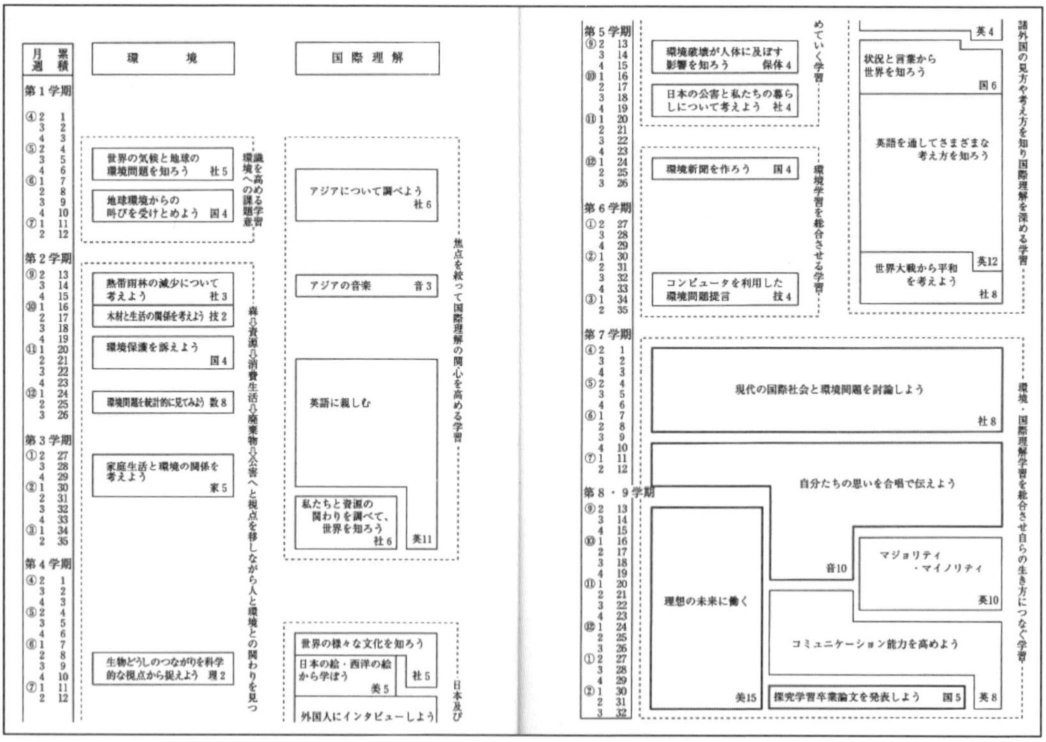

図１　環境学習・国際理解学習の配列（神戸大学附属明石中）

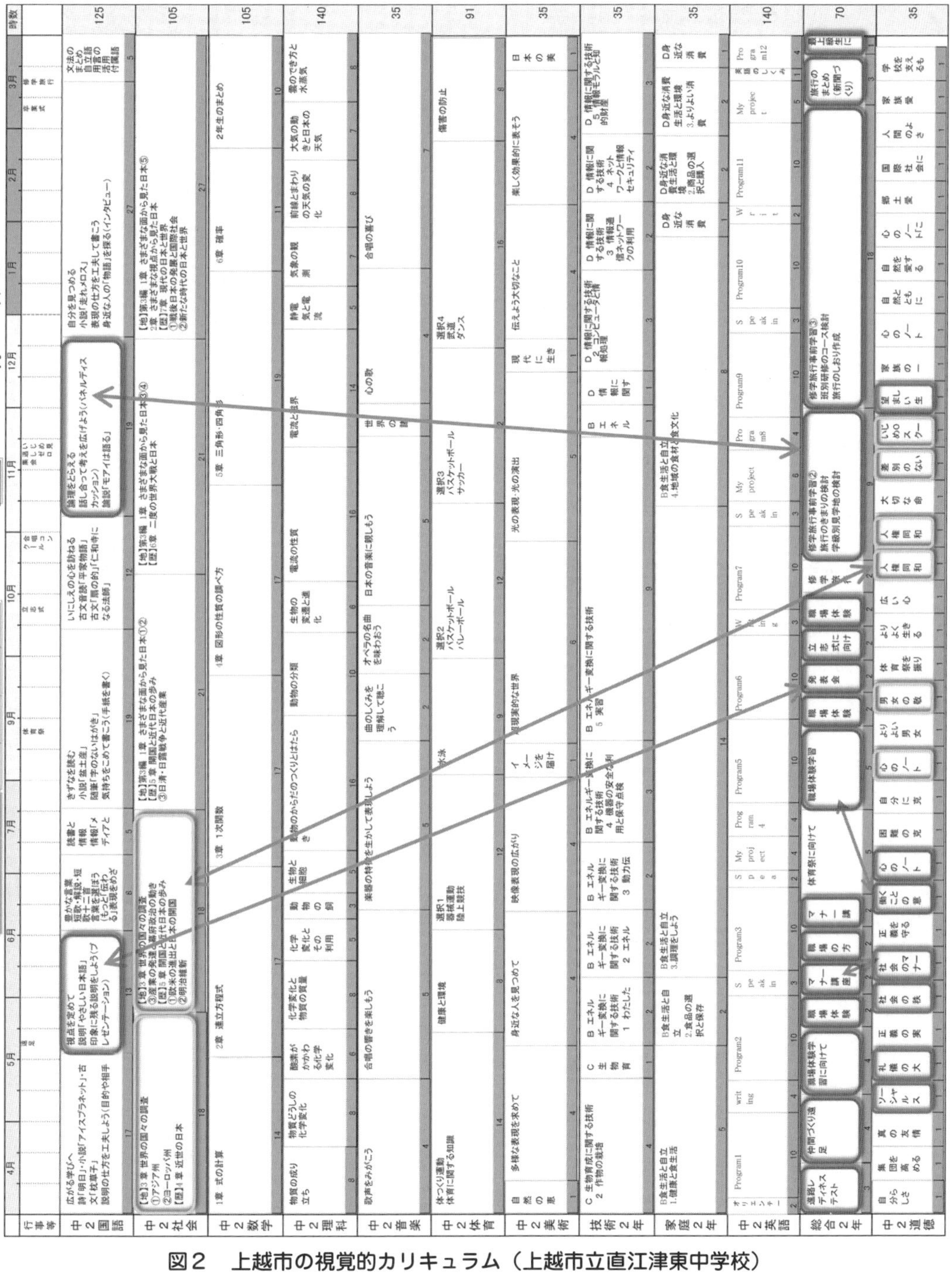

図２　上越市の視覚的カリキュラム（上越市立直江津東中学校）

ム」です[3]。横軸に４月から３月までの１年間の流れ、縦軸に各教科や道徳、特活、総合的な学習の時間とし、各セルの中に単元名を記入した年間指導計画です。上部に７つのボタンが用意されています。ボタンの名称は、人権や情報、環境、国際理解など、その学校が重要視している課題を元に自由に設定できます。そして、そのボタンをクリックするとその課題に関連する各教科等の学習内容が色付けされる仕掛けになっています。各学校が特色を出そうとしている重点単元に関して、各教科等を越えて単元相互の関連や年度内のバランスを「視覚化」するものです。重点単元の設定の際に、教職員一人ひとりが重点単元の認識を擢り合わせる過程で組織の協働性が発揮されるとしています。完成したカリキュラム表を保護者や地域の方に紹介することで、学校の特色や重点が把握しやすくなり、家庭や地域の理解を得やすいとしています。

いずれの取組みも共通して、指導要領の範囲内において各教科等の中で散在している現代的諸課題に関する目標や内容を各課題の視点から捉え直すものです。そのことにより、各教科等の学習内容を教科内の学びにとどめず、広く実生活や実社会、将来と関連づけて捉えさせることができます。

第３節　特定の重要課題に関するカリキュラムマネジメント事例

本節では、各地における共通の最重要課題である防災教育を取り上げて、どのようにカリキュラムマネジメントを推進していけばよいかについて具体的に論じたいと思います。

１　防災・復興教育とのかかわり[4]

筆者が初めて防災・復興教育にかかわったのは昭和58年５月26日の日本海中部地震です。児童13名が遠足先の海岸で津波に遇い尊い命を失いました。当時筆者は、大阪大学人間科学部の助手でしたが、同学部が文部省（当時）の科学研究費自然災害特別研究にかかわっており、その一環として、教師教育用の教材開発を担当していました。震災時の学校や子ども、教師の実態や対応を把握するために、他講座の佐古秀一助手（現鳴門教育大学副学長）と翌朝一番に空路で現地入りしました。約10日間かけて秋田県内十数校の小・中学校の訪問調査を行いました。

地震発生時の子どもの様子、管理職や教師の対応、校庭への避難のタイミングと指示内容、学校から自宅に返す際の判断と対処のタイミングと内容、日頃の防災教育や防災意識などにおいて、いかに学校間に違いがあるかを痛感しました。学習指導要領やそれに準拠した教科書を使用し教育活動を展開している我が国において、一瞬にして起こった地震の直後およびその後の学校間の考え方や取組みの差異はとても衝撃でした。この時の調査の経験が、筆者が授業研究からカリキュラム研究やその後のカリキュラムマネジメント研究にシフトしていくきっかけになったと言っても過言ではありません。

昭和59年の９月14日には長野県西部地震が起きました。被災地の大滝小中学校を拠点に調査活動を行い、コア教材となるドキュメンタリー映像を含む教師教育用の地震防災パッケージ教材を開発しました。また、平成７年１月17日に発生した阪神淡路大震災の後、神戸市教育委員会に依頼され、小・中学校の防災教育のカリキュラムづくりと副読本（小学校版２冊、中学校版１冊）の開発にかかわりました。この時のカリキュラムおよび副読本はいくども改訂を重ね、今でも活用されています。例えば、平成26年度では21校の幼・小・中・高・養護の研究実践校園が防災教育に取り組んでいます。そして、平成23年３月11日に起こった東日本大震災では、岩手県教育委員会が防災・復興教育のカリキュラム開発に関して、神戸市の取組みを参考にしています。

2　防災教育のカリキュラムマネジメント

筆者が防災教育の講演を行う際には、**図３**を使います。岩手県教育委員会で防災・復興教育のカリキュラムおよび副読本の作成にあたってもこの図を用いました。

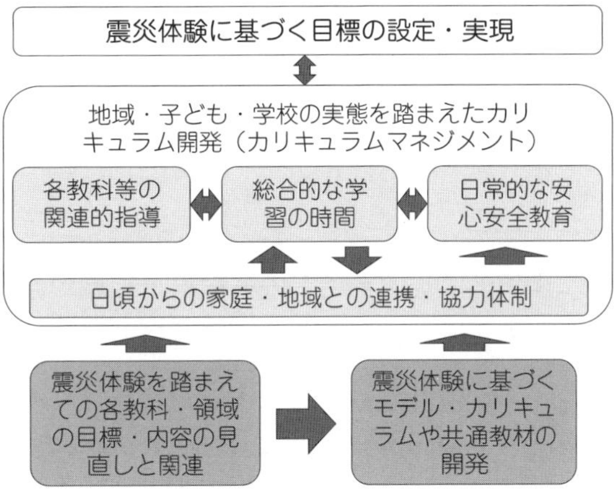

図３　防災教育のカリマネ

まず、阪神淡路大震災や東日本大震災などでの避難や避難所生活での体験に基づいて、児童生徒にどのような知識や技能が必要なのかを検討し、設定することが必要です。その上で、それらの知識・技能を身につけるための教育活動を構成していくことが求められます。前述のように各教科等の目標や内容を吟味することで、防災教育に繋がる知識や技能を意図的に身につけさせることができます。度重なる震災以降、全国の多くの学校ではその地域に応じた防災教育を総合的な学習の時間の中で取り組むことが増えています。そして、登下校や校外学習にかかわる日常的な安全指導や避難訓練も重要です。これらの３つのカリキュラムが有機的に関連し合ってこそ効果が期待されます。また、防災教育に関しては、家庭や地域との連携・協力が極めて重要になります。

教育委員会や教育センターの役割として、各学校における防災教育を支援するために、各教科および領域等の目標・内容を防災教育の視点から分析・整理したり、モデルとなるカリキュラムを開発したり、ビデオ教材や副読本などを作成したりすることが求められます。

3　震災体験を踏まえたカリキュラム開発

神戸市でのカリキュラム開発の際に意図したことは、震災体験を風化させないこと、震災体験を後世に生かすこと、各校の実態に応じた防災教育を推進することでした。被災から１年後の３月発行の神戸市総合教育センター研究報告書の冒頭で「震災の教訓を新たな学校教育の創造の契機とし、さらに未来に伝えていくこと、神戸の学校教育に課せられた使命である」と述べています。

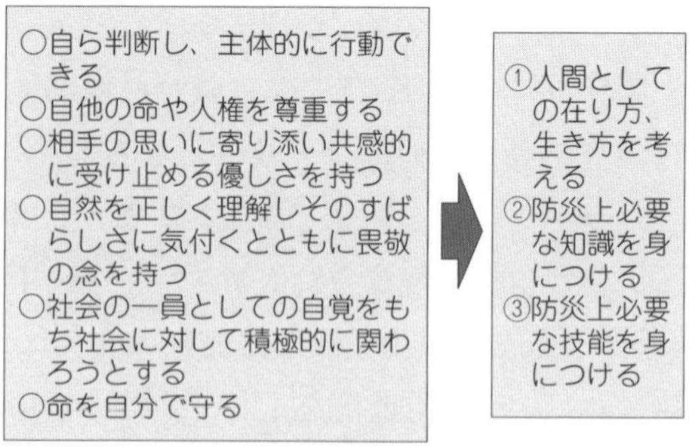
○自ら判断し、主体的に行動できる
○自他の命や人権を尊重する
○相手の思いに寄り添い共感的に受け止める優しさを持つ
○自然を正しく理解しそのすばらしさに気付くとともに畏敬の念を持つ
○社会の一員としての自覚をもち社会に対して積極的に関わろうとする
○命を自分で守る
①人間としての在り方、生き方を考える
②防災上必要な知識を身につける
③防災上必要な技能を身につける

図４　神戸市の防災教育の目標

⑴　震災体験に基づく目標の設定・実現

カリキュラム開発において最も重要な作業は目標の設定です。組織的に教育活動を計画・実施していく上で、それにかかわるメンバーが共通理解を図り、実践のベクトルを揃えていく上で不可欠です。震災体験を通して、地震発生時の避難や校庭等への移動、津波発生時の避難や安全な場所への移動、校庭等から自宅・避難所への移動や避難生活、その後の復旧・復興、日常的な準備などにおいて、どのような知識や情報、技能、意識等が求められるのかを洗い出してみる必要があります。例えば、**図４**は神戸市の防災教育において設定した目標です。

⑵　震災体験を踏まえての各教科・領域の目標・内容の見直しと関連

前述のように、小学校や中学校等の各学年において多かれ少なかれ関連する教科等は存在します。子どもにとって生きてはたらく知識や技能になるように、教師自身が意識して取り扱うかどうかによって学習の効果は異なってきます。神戸市の際にも行いましたが、委員会レベルで分析・整理の作業を行いたいものです。

⑶　震災体験に基づくモデル・カリキュラムや共通教材の開発

被害の様子、発生時の子どもの心情や学校や教師の対応、避難時での生活、人々の繋がりや絆、様々な支援、地震や津波等のメカニズムなどを表した具体的な写真や映像、子どもの手による絵、諸データ、手紙や作文、新聞記事等はこれまで膨大な量にのぼります。これらを精選し、場合によっては加筆・修正をし、子どもの発達段階や各教科等の内容に関連させて整理する作業を行っておきたいものです。神戸市の時にも各教科等に詳しい指導主事、現場教師に研究者が加わり、分析・整理を行い、その結果、約１年後には小中学校９年間のカリキュラムと小学校下学年版、小学校上学年版、中学校版の３冊の副読本を作成しました。

⑷　地域・子ども・学校の実態を踏まえたカリキュラム開発

防災教育こそ、地域や子ども、学校の実態を踏まえたカリキュラムづくりが求められます。地域性や自然環境、学校施設の構造や強度、教職員数と児童生徒数など、学校ごとに条件は大きく異なります。その上で発生の時間やその日の天候などがかけ合わさってきます。教育委員会や教育センター等が中心になって整理した、①「震災体験に基づく目標」、②「震災体験を踏まえての各教科・領域の目標・内容の見直しと関連」、③「震災体験に基づくモデル・カリキュラムや共通教材」を参考あるいは活用しつつも、学校ごとのカリキュラムづくりが求められるわけです。各教科等の関連的な指導をどう行っていくのか、総合的な学習の時間の中に防災教育に関する特設の単元を組むのか、日常的な安心安全教育をどう展開するのか、家庭や地域の理解と協力を図りつつ体制を整えていくことが求められます。国や県レベルで整理した普遍的に必要とされる目標や内容を踏まえつつも、各学校の実態に応じた独自性が求められるのです。

４　「いわての復興教育」プログラムの開発

本項では、岩手県の例を取り上げ、復興教育を位置づけた教育課程の編成の考え方および手順と方法について、５つのポイントで整理します。

(1)　教育課程の編成を見直す４つの視点

「いわての復興教育」は、その当時各学校で行われている教育活動全般について、**図５**に示した４つの視点に基づいて教育目標、教育活動、経営活動及び計画推進の手法を見直して再構築し、各学校における「復興教育」として位置づけました。

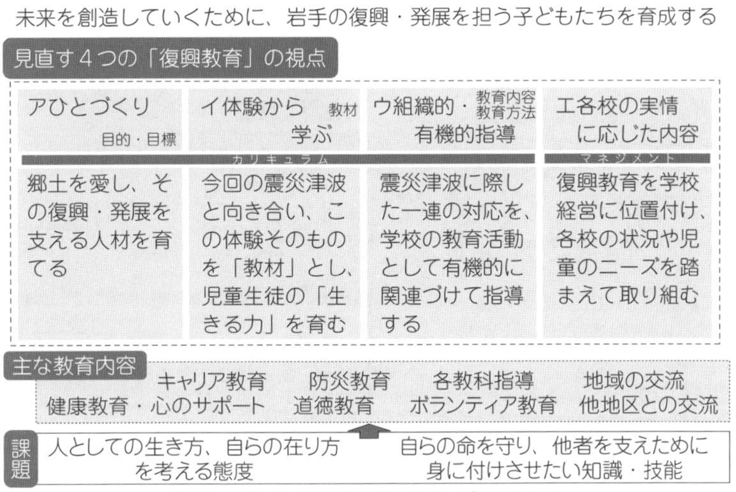

図５　「いわての復興教育」プログラム

震災津波という事実を受け入れ、新たに生じた課題を明らかにする。その上で、課題解決に向けた教育内容を用意し、既存の教育活動のいくつかを相互に関連づけながら深化させて展開しようとしました。

(2)　学校教育への位置づけの明確化

学校が組織全体として力を発揮し、課題解決を図り、大きな価値を生み出すためには、学校の基本的な目標を「学校経営計画」として掲げ、所属する教職員が共有するとともに、学校と家庭・地域が一体となって取り組んでいくことが重要です。

岩手県においては、「いわて型コミュニティ・スクール構想」として、目標達成型の学校経営に取り組んでいます。学校としての教育目標を基盤に、年度ごとの重点目標を設定し、具体的目標（めざす子どもの姿）として「まなびフェスト」を掲げ、その達成に向けて、各校の創意工夫を活かした独自の取組みを展開しています。したがって、復興教育は、学校経営計画の中に単独で位置づくものではなく、既存の教育活動のうちいくつかを、相互に関連づけながら深化させ、位置づけることが大切であるとしています。

(3)　各学校において定める教育内容と指導計画

学校教育へ位置づけた復興教育を、確かな実践へ導くためには、学校としての基本的な考え方を示した実践のための全体計画が必要となります。全体計画作成の要件については、総合的な学習の時間における全体計画作成によって、明らかになっています。特に、強調したところは、目標の実現にふさわしいと各学校が判断した学習課題とその学習課題を解決するための学習内容です。

震災津波の経験から課題となったことは、「人としての生き方・自らの在り方を考える態度」「自らの命を守り、他者を支えるための知識と技能を身に付ける」ことです。これらの課題を、教育活動の実際において展開する場合には、学習課題が必要であり、次の学習課題を設定しています。

【命】生命の大切さ、自他の命や人権を尊重する。

【絆】相手の思いに寄り添い、共感的に受け止める。

【自然】自然を正しく理解し、素晴らしさに気づき、畏敬の念をもつ。

【社会】社会の一員として自覚し、社会に対して積極的に関わる。

【技】自らのかけがえのない命を自分で守り、他の命を支える。

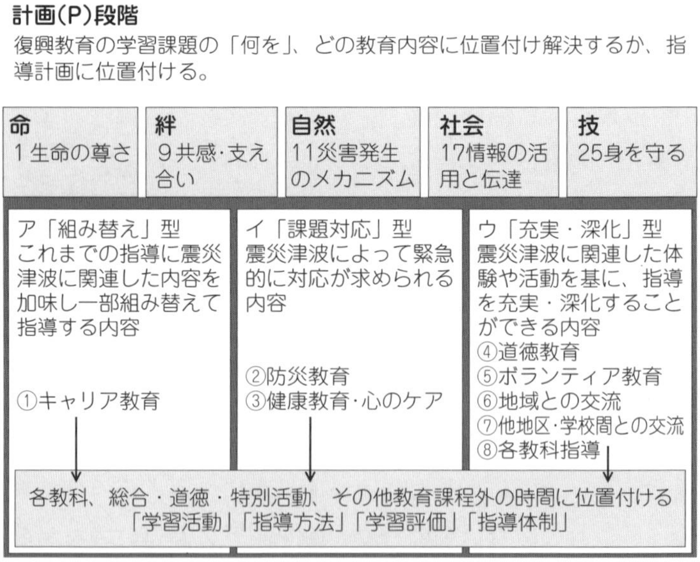

図6　教育内容と類型

さらに、先行研究を通して、学習課題に対してかかわりを深める学習対象と学習事項を例示しました。これらの学習課題等は、各教科等を横断しており、**図6**に示した教育内容とその類型を提示し、指導計画及び実践に反映させ、推進しています。

⑷　具体的な教材・資料の作成

授業をはじめとした実際の教育活動では、学習内容に関連した指導資料が学びの支援や確かな指導に欠かすことができません。大学や教育センター等の教育機関と連携を図りながら、「自然災害年表」「地震・津波から命を守る」「災害発生のメカニズム」「情報の活用と伝達」等、先に例示した学習課題に沿って、指導資料を作成しました。

⑸　継続的な復興教育の評価・改善

「いわての復興教育」では、期待する教育効果として、「復興を担う人材育成」「震災津波に対応した指導の展開」「震災津波の体験を活かす指導改善」「家庭・地域との連携」を掲げています。これらは、学習指導の評価の要所となり、こうした基本的な考え方に沿って学習指導が行われているかどうかを、各学校で選択した教育内容の具体や各学校が設定した復興教育の目標の達成状況から評価し、適切な指導へと改善を図っていくことが大切になります。

岩手県の取組みは、わが国の学校教育における防災教育や復興教育のモデルを示しています。それは固定化されたものではなく、各学校が学校や地域、子ども等の実態に応じて、教育課程の中にどう位置づけ、いかに計画・実施し、見直していくかの考え方や手順を示すと共に教育行政のかかわり方も提示しています。まさに、カリキュラムマネジメントを基盤として作成・実践されています。それだけに、他の地域にも援用・応用可能なものです。また、復興教育や防災教育にとどまらない、学校や地域を基盤とした現代的諸課題に対応するカリキュラムマネジメントの考え方や在り方のモデルも同時に提案しているのです。

[注]

1　村川雅弘・久野弘幸ほか「総合的な学習で育まれる学力とカリキュラムⅠ（小学校編）」、『せいかつそうごう』（日本生活科・総合的学習教育学会誌）第22号、2015年、pp.12-21。久野弘幸・村川雅弘ほか「総合的な学習で育まれる学力とカリキュラムⅡ（中・高校編）」『せいかつそうごう』（日本生活科・総合的学習教育学会誌）第22号、2015年、pp.22-31

2　村川雅弘「総合的学習のカリキュラム構成」、村川雅弘編著『総合的学習のすすめ』日本文教出版、1997年、pp.13 37

3　上越市教育センター／上越カリキュラム開発研究推進委員会『上越カリキュラム』2011年

4　第３節第２項の執筆に際し、以下の論文の一部を加筆修正しています。
村川雅弘「防災安全教育のカリキュラムはこうして創る」長尾彰夫編『ながお先生と考える学校安全36のナラティブ』教育出版、2013年、pp.136-141

5　第３節第３項および第４項の執筆に際し、以下の学会発表の一部を加筆修正しています。
村川雅弘・齋藤義宏「学校を基盤とした防災教育のカリキュラム開発と教育行政の役割〜「岩手の復興教育」を中心に〜」第23回日本カリキュラム学会、2012年7月

コラム

防災教育におけるカリキュラムマネジメントの実際

東日本大震災津波は、学校における防災教育の在り方に根本的な見直しを迫るものとなりました。いわゆる「自ら考える」をキーワードとして、災害時において、子どもたちが主体的に判断し、行動できるような資質を育成するための防災教育プログラムの開発を学校教育は求められています。

1　「いわての復興教育」と防災教育

被災後、本県では、県内全ての学校が心を一つにして、郷土を愛し、その復興・発展を支える人材を育成する「いわての復興教育」プログラムを開発し、未来志向の社会をつくるための三つの教育的価値【いきる】【かかわる】【そなえる】を学校経営に位置付け、教育活動を充実・深化させるとともに、この教育的価値を基盤とした防災教育を推進しています。カリキュラムは、各校の状況や児童生徒のニーズを踏まえて、人づくり（目的）、体験から学ぶ（教材）、組織的・有機的指導（教育内容・方法）から教育内容を見直して作成します。

2　本校における防災教育　～学校・家庭・地域の連携を通して～

本校では、災害時には、学校が防災対応を含め、地域の中で中心的な役割を果たしていかなければならなかった震災津波の経験を踏まえ、地域住民・保護者・関係機関と連携した「子どもの安全安心推進委員会」を設置し、自然災害等の危険に際して自らの命を守り抜くため「主体的に行動する態度」を育成しています。ここでは、防災教育のカリキュラムにかかる家庭や地域への理解を図るとともに、家庭や地域の力を取り入れて「主体的に行動する態度」を育成したり、「安全で安心な社会づくりに貢献する意識」を高めたりする防災教育を展開し、検証し合い高めています。

⑴　「課題対応」型の内容（震災によって緊急的に対応が求められる内容）

これまでは、避難訓練が中心の限定された指導でした。しかし、震災津波においては、マニュアルなどでは対応しきれない場面もあったことから、避難訓練と併せて危険を予測し、回避する方法を考える防災集会や学校・家庭・地域と連携した防災学習、訓練を行っています。

実践例１　防災集会「そのとき、どうする？」

学校にいるときや下校途中、また家にいるときや外で遊んでいるときなど、子どもの生活の様々な場面において危険を予測し、どのように対処・行動をとればよいか考えさせ、安全な行動がとれるように心構えをもたせるようにしました。

実践例２　家庭・地域と連携した防災学習「川井の自然災害に目を向けよう」

学校防災アドバイザーによる地域の自然の素晴らしさや地形の特徴について説明を受けた後に、自然災害発生のメカニズムと地域内の危険箇所についての気付きを促しました。その後、親子で危険箇所を予測しながら安全マップをつくり、地域の方から危険箇所にまつわる過去の災害例など具体的な話をしていただきました。最終的には、この安全マップをもとに、親子でフィールドワークを行い、実際の危険を確認し防災意識を高めました。さらに、総合学習単元「安心してくらせるまちづくり」と組み合わせて、地域の自然や伝統文化・産業などに親しみながら安全への意識を高める「ふるさとあんしんマップ」へと発展させ、学校・地域の防災力向上へつなげました。

⑵　「充実・深化」型の内容（震災の経験をもとに、充実・深化することができる内容）

震災津波に関連した体験や活動を基に、指導を充実・深化することができるよう復興教育副読本の活用にかかる研究や安全安心推進委員会の主催による防災教育セミナーを実施し、防災教育の開発に取り組んでいます。

実践例３　防災教育セミナー「防災道徳の授業実践（第６学年）－ひなん所で－」

災害時の葛藤場面を教材化することによって「判断力」や「実践意欲と態度」の形成に焦点をあてました。震災津波の災害時に実際に起きた事例を取り上げ、避難所のルールを守るべきか、生命を尊重すべきか葛藤させる中で、自分の意思が大切であることやボランティアの在り方について考えを深めさせるようにしました。

３　防災教育におけるカリキュラムマネジメントを振り返って

多忙化する学校にあって防災教育のための時間を設け続けることは難しい状況にあります。そこで、これまでのカリキュラムと実践を基本に据えながら、震災津波の経験を踏まえてカリキュラムを見直し、必要に応じて組み替えたり、課題に対応したり、充実・深化を図ったりすることが、持続可能な防災教育につながっていくこと。防災教育は、学校・家庭・地域との連携の中でより総合的に設計されていくことを実感しています。それは、子どもたちが地域社会に見守られ、安心感に包まれていることが自分をかけがえのない存在ととらえ、主体的に危険を回避しようとする姿から読み取ることができます。防災教育におけるカリキュラムマネジメントにとって、家庭・地域社会は欠かせない要素であり、人・物・時間・情報などの提供、支援により、防災教育の充実が図られるものと考えます。

（岩手県宮古市立川井小学校長　齊藤義宏）

コラム

小学校英語の普及・発展に欠かせないカリキュラムマネジメント

私が初めてカリキュラムマネジメントに出合ったのは、小学校での外国語活動が必修化されることが決まった平成20年でした。文科省から共通教材である英語ノートが発行されたり、各地域で研修会やカリキュラム作成が活発に進められたりして、これから始まる外国語活動の準備が着々と進められていました。しかし、現場は新たな教育活動に対して戸惑う教員であふれており、行政が教材や指導者などの環境を整え、強力に外国語活動を推進している地域でも、必ずしもうまくいっていないという現状がありました。

1　田村知子先生のカリキュラムマネジメント・モデルとの出会い

田村知子先生のカリキュラムマネジメント・モデルの特徴は、「組織文化」を重要なカリキュラムマネジメントの規定要因として位置づけている点です。これは、私が多くの学校や地域に研修講師として参加し、小学校英語の推進には「教師の意識改革」が肝であると確信したことと一致していました。そこで、簡潔かつ実践的である田村先生のモデルのフレームをそのまま生かし、７つの規定要因を外国語活動に最も適した言葉に具現化して、外国語活動に特化したカリキュラムマネジメント・モデルへと適合させました。

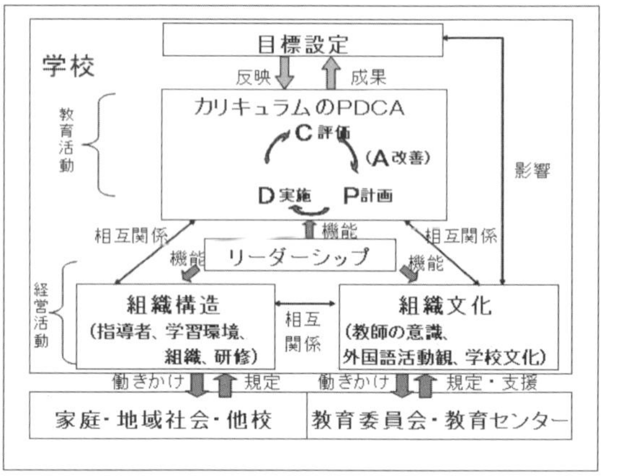

外国語活動カリキュラムマネジメント・モデル

2　外国語活動カリキュラムマネジメント・モデルに基づく外国語活動マネジメント問診票

行政が実施する集中研修では、すべての学校に当てはまるような一般的な研修内容を扱いますが、校内研修では学校の実態に応じた研修内容が求められます。また、研修時間も制約されているため研修内容を焦点化しなければなりません。したがって、研修計画を立案するにあたって学校の実態を把握するための診断的評価が必要となります。この診断的評価を行うために、外国語活動カリキュラムマネジメント・モデルに基づいた「外国語活動マネジメント問診票」を開発しました。７つのマネジメント要因（A～E）を簡略化したチェックリストにし、その学校の強み・弱みがどの要因であるかを判断します。

3　外国語活動マネジメント問診票による分析結果から適切な校内研修を企画

短時間で学校の現状を概観できるようにするため、問診票に計算式を組み込み、すべての項目をチェックすれば自動的に７つの要因の判定結果が表示されるようになっています。また、分析結果がタイプⅠ～Ⅳのどれに分類されるかによって、最適な校内研修プランが導き出されるように設定されているため、校内で外国語活動の研修を企画する際のよりどころになっています（詳しくは https://www.kyouiku-kaihatu.co.jp/class/cat/desc.html?bookid=005323 を参照）。

4　マネジメントの視点に立った研修プランの組み合わせ

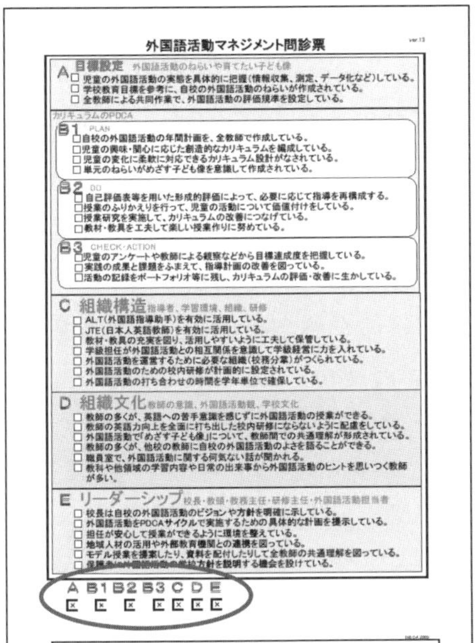

外国語活動マネジメント問診票　ver.13

A 目標設定　外国語活動のねらいや育てたい子ども像
□ 児童の外国語活動の実態を具体的に把握（情報収集、測定、データ化など）している。
□ 学校教育目標を参考に、自校の外国語活動のねらいが作成されている。
□ 全教師による共同作業で、外国語活動の評価規準を設定している。

カリキュラムのPDCA

B1 PLAN
□ 自校の外国語活動の年間計画を、全教師で作成している。
□ 児童の興味・関心に応じた創造的なカリキュラムを編成している。
□ 児童の変化に柔軟に対応できるカリキュラム設計がなされている。
□ 単元のねらいがめざす子ども像を意識して作成されている。

B2 DO
□ 自己評価表等を用いた形成的評価によって、必要に応じて指導を再構成する。
□ 授業のふりかえりを行って、児童の活動について価値付けをしている。
□ 授業研究を実施して、カリキュラムの改善につなげている。
□ 教材・教具を工夫して楽しい授業作りに努めている。

B3 CHECK・ACTION
□ 児童のアンケートや教師による観察などから目標達成度を把握している。
□ 実践の成果と課題をふまえて、指導計画の改善を図っている。
□ 活動の記録をポートフォリオ等に残し、カリキュラムの評価・改善に生かしている。

C 組織構造　指導者、学習環境、組織、研修
□ ALT（外国語指導助手）を有効に活用している。
□ JTE（日本人英語教師）を有効に活用している。
□ 教材・教具の充実を図り、活用しやすいように工夫して保管している。
□ 学級担任が外国語活動との相互関係を意識して学級経営に力を入れている。
□ 外国語活動を運営するために必要な組織（校務分掌）がつくられている。
□ 外国語活動のための校内研修が計画的に設定されている。
□ 外国語活動の打ち合わせの時間を学年単位で確保している。

D 組織文化　教師の意識、外国語活動観、学校文化
□ 教師の多くが、英語への苦手意識を感じずに外国語活動の授業ができる。
□ 教師の英語力向上を全面に打ち出した校内研修にならないように配慮をしている。
□ 外国語活動で「めざす子ども像」について、教師間での共通理解が形成されている。
□ 教師の多くが、他校の教師に自校の外国語活動のよさを語ることができる。
□ 職員室で、外国語活動に関する何気ない話が聞かれる。
□ 教科や他領域の学習内容や日常の出来事から外国語活動のヒントを思いつく教師が多い。

E リーダーシップ　校長・教頭・教務主任・研修主任・外国語活動担当者
□ 校長は自校の外国語活動のビジョンや方針を明確に示している。
□ 外国語活動をPDCAサイクルで実施するための具体的な計画を提示している。
□ 担任が安心して授業ができるように環境を整えている。
□ 地域人材の活用や外部教育機関との連携を図っている。
□ モデル授業を提案したり、資料を配付したりして全教師の共通理解を図っている。
□ [illegible]方針を説明する機会を設けている。

A B1 B2 B3 C D E

問診票の下部に判定結果が自動的に表示されるようになっており、問題となる要因を一瞬に判定できる。

分析結果によって複数の要因に課題が見つかるのが通常です。どの要因の研修プランから取り組めばよいのかを各要因の相互関係や影響度、これまで実施してきた外国語活動マネジメント研修の経験から以下のような優先順位を設定しています。

Ｄ：組織文化
↓　　「小学校教師のよさを生かそう」
Ａ：目標設定
↓　　「めざすゴールを明確にしよう」
Ｂ１：カリキュラム作成
↓　　「学期指導計画を作ろう」
Ｃ：組織構造
↓　　「環境を改善しよう」
Ｂ２：カリキュラムの実施
↓　　「授業づくりに生かそう」
Ｂ３：カリキュラムの評価・改善
　　「10分でカリキュラムをチェックしよう」

5　今後の小学校英語におけるカリキュラムマネジメントの重要性

現在、中学年での外国語活動の必修化と高学年での小学校英語の教科化に向けて、国の施策が着々と進められています。しかし、教材や指導者などの環境を整え、固定されたカリキュラムを遂行していくだけでは、目の前の子どもたちにとって生きたカリキュラムではなくなり、いつかは子どもたちからそっぽを向かれてしまいます。今、従来の英語学習から脱却した新たなコミュニケーション学習が小学校で始まろうとしています。その実現のためにも、マクロ的視点で自分たちの取組みをメタ認知するカリキュラムマインドの意識が、今後の支援を能率的かつ効果的にし、生き生きとした子どもの姿につながると確信しています。

（愛知大学非常勤講師・前浜松市立中ノ町小学校教諭　池田勝久）

第3章

カリキュラムマネジメントの全体構造を利用した実態分析

システム思考で良さ、課題、レバリッジ・ポイントを探ろう

●

田村知子

本章では、カリキュラムマネジメントの全体構造を示します。その上で、実践を全体構造にあてはめて分析する方法を解説します。ここでいう実践分析とは、①学校が行っていること、行うべきことを整理する、②できている点や強み、問題点や要改善点を明らかにする、③それらの要因を明らかにする、④改善することで効果が見込めそうな要素を明らかにする、ということです。カリキュラムマネジメントの全体像を把握し、各要素とそのつながりを俯瞰的に分析することにより、目前の数値や課題からいったん距離を置き、比較的小さな力で大きな効果を得やすいレバリッジ・ポイントを冷静に探りましょう。

第1節　カリキュラムマネジメントの全体像

図1は、カリキュラムマネジメントの全体構造を図的に表したものです。これをカリキュラムマネジメント・モデルと呼びます（以下、モデル図と表記することもあります）。以下に、図中ア～キの要素について簡単に解説します。各要素の詳細は、第Ⅱ部および第Ⅲ部の各章において解説します。

1　（要素ア）教育目標の具現化

カリキュラムマネジメントの目的は、各学校の「ア．教育目標の具現化」です。学校のミッション（使命）は、各家庭・地域から預かる子どもたちを、よりよく成長させることです。どのような教育的成長をめざすのか、法令や学習指導要領、子どもや学校、地域の実態を踏まえ、学校としての教育目標を設定します。そのため、「ア」の左に補助的に「法令や学習指導要領等、実態把握、課題設定」の要素を設けました。

マネジメントとは「目標を設定し、適切な手段を選択・実施して、その目標を達成していく『プロセス』[1]」であるととらえれば、目標設定は最も重要な過程です。各学校の教育目標は、所与のものではありません。学校が主体となって、積極的に確認したり見直すべきものです。また、キャッチフレーズとして掲げておくのではなく、「めざす子ども像」

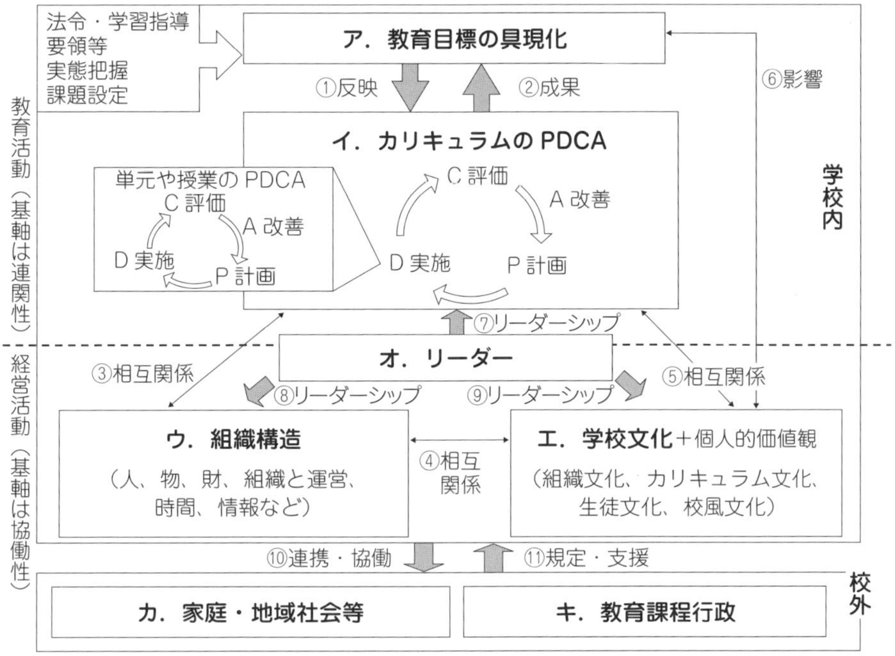

図１　カリキュラムマネジメント・モデル

「つけたい力」として具体化・明確化し、全教職員、子ども、保護者、地域等の関係者によって共有し、その達成をめざします（第Ⅱ部第１章を参照）。

２　（要素イ）カリキュラムのPDCA（Plan-Do-Check-Act）

目標を具現化するための具体的な手段（教育の内容・方法）が「イ．カリキュラムのPDCA」です。したがって、教育目標はカリキュラムに反映されます（図中、矢印「①反映」）。また、カリキュラム実施の成果は目標の達成度です（図中、矢印「②成果」）。「何のために（ア．目標）」と「何をするのか（イ．カリキュラム）」を対応させて考えます。

カリキュラムを見直し、より良いものへと発展させていくプロセスが、マネジメントサイクルです。ここでは教育行政および学校現場で広く使用されている「PDCA（Plan（計画）-Do（実施）-Check（評価）-Act（改善））」を使用しましたが、各学校において、実行しやすいサイクル（たとえば「RV-PDCA」「PDS」など）を適用することもできます。このモデル図においては、基本的には１年単位のPDCAサイクルを想定していますが、必要に応じて学期単位などに応用できます。

学校では毎年度一《いち》からカリキュラムを計画するのではなく、前年度までのカリキュラムを評価した上で、それを踏まえた計画とするべきです。そこで、カリキュラムマネジメント理論においては、評価から始める「CAPDサイクル」や「SPDサイクル」が提案されてきました[2]。そこで、モデル図においては、「C」を一番上に位置づけました。この「C」は、目標に一番近いところにあり、目標と評価が連動するべきであることを表しています。

また、筆者は、評価（C）とそれを踏まえた改善策策定（A）および計画（P）を連続的に実施したほうが、評価結果が計画に反映されやすいので、「CAP-Do」を推奨しています。そこで、モデル図においても、「A」を一つの独立した段階に位置づけるのではなく、「C → P」の流れに位置づけました。

年間のPDCAサイクルにおいては、一般的には、年間指導計画作成までがP（計画）段階です。D（実施）段階とは、単元や授業レベルです。単元レベルや授業レベルにおいても、短期スパンのPDCAサイクルを繰り返すことを表すため、年間レベルのD段階に「単元や授業のPDCA」を補助的に位置づけました（第Ⅱ部第２章、第３章を参照）。

３　（要素ウ）組織構造

カリキュラムマネジメント理論の特徴の一つは、教育の目標・内容・方法系列の要素（図中「ア」「イ」）と条件整備系列の要素（図中「ウ」「エ」「オ」「カ」「キ」）を対応させ一体的にとらえる点にあります。カリキュラムを実際につくり動かしていくためには、「人（人材育成を含む）、物（時間や情報を含む）、財、組織と運営」が必要です。これらを「ウ．組織構造」としました。主に組織マネジメントの対象となる領域ですが、カリキュラムマネジメントの視点から考えれば、「この授業・カリキュラムのためには、このような人・物・予算・組織などが必要だ」と切実に感じるのは授業者当人ですから、管理職以外の教職員もこの要素について積極的に考える主体として想定しています。また、カリキュラムのPDCAによって、資源が増えることもあります（例えば、行事の精選により時間を生み出す、総合的な学習における販売活動により次の学習活動の資金を得るなど）ので、矢印「③相互関係」を想定しました（第Ⅲ部第１章を参照）。

４　（要素エ）学校文化（教員の組織文化と児童生徒の文化、校風文化等の集合）

ここでいう学校文化は、単位学校の教職員が共有している「組織文化」、児童生徒が共有している「生徒文化」、学校に定着した「校風文化」の集合です[3]。「組織文化」は「カリキュラム文化」と狭義の「組織文化」に分類できます。文化的要因は、目に見えにくいものですが、カリキュラムにかかわる決定や実施、評価に当たって重要な規定要因です。「文化」は継続的に共有された考え方や行動様式を指しますが、組織内には当然、共有化には至っていないけれど、少なからず組織に影響を及ぼす個人的な価値観も存在します。

例えば、アクティブ・ラーニングへの見方・考え方（これは、「カリキュラム文化」）は「イ．カリキュラムのPDCA」に当然影響を与えます。逆に、アクティブ・ラーニングを積み重ねていけば、次第にそれが「当然のこと」として組織に根づいていきます。その意味で、矢印「⑤相互関係」があります。さらに、アクティブ・ラーニングを積み重ねた結果（矢印「②成果」）、「ア．教育目標の具現化」が進行すれば、教職員は手応えを感じて、アクティブ・ラーニングへのポジティブな見方が高まるでしょう。一方、どのような児童生徒の姿を求めるかという「ア．教育目標」の設定には、教師の子ども観（カリキュラム文化）が影響します。そこで双方向の矢印「⑥影響」を位置づけました。

さらに、「ウ．組織構造」と「エ．学校文化」は矢印「④相互関係」にあります。例えば「少ない教職員で多くの校務分掌を分担しなければならない」という「ウ．組織構造」は、「多忙感」という「エ．学校文化（組織文化）」を引き起こしたり、「児童の縦割り組織（ウ．組織構造）」が長く続けば「異年齢間の学び合いや遊びが自然に行われている（エ．学校文化（児童文化））につながったりします。逆に、「進取の気風（エ．学校文化）」があれば、「新しい組織づくり（ウ．組織構造）」の着手が容易になるでしょう（第Ⅲ部第１章を参照）。

５　（要素オ）リーダー

マネジメントには「他者を通じてパフォーマンスする[4]」という面があります。校長や副校長、教頭、教務主任、研究主任などのリーダー層は、直接、自分がすべての授業を行うわけにはいきません。しかも、ひとたび教室に入れば教師一人ひとりの裁量が大きいのが学校の組織特性です。だからこそ学校では、一人ひとりの教師が、学校としての目標やカリキュラムを十分に理解し納得した上で、主体的・自律的に実践に取り組めるようマネジメントすることが求められます。リーダーシップには、授業研究の際に指導・助言するなど、直接的に教育活動に働きかける教育的リーダーシップ（矢印⑦）もあれば、人的・物的環境を整備することで間接的に教育活動を支援する管理・技術的リーダーシップ（矢印⑧）や、学校内の人間関係や校風をポジティブなものに変えることで教育活動を活性化する文化的リーダーシップ（矢印⑨）もあります[5]（第Ⅲ部第１章を参照）。

６　（要素カ）家庭・地域社会等

「社会に開かれた教育課程」の実施のためには、保護者や地域社会、企業といった外部関係者は、カリキュラムマネジメントに不可欠の要素です。積極的にコミュニケーションを図りながら、教育活動への協力・支援を得て、教育活動の質の向上をめざします。逆に、子どもが地域貢献する総合的な学習の時間の実践や、学校が地域の社会教育の場を提供することなどにより、双方に利益のある、「win & win」のパートナーシップを構築することも必要です。これらの双方向の関係性を、矢印「⑩連携・協働」「⑪規定・支援」で示しました（第Ⅲ部第１章を参照）。

７　（要素キ）教育課程行政

カリキュラムマネジメントは、学校にある程度の裁量権がないと成り立ちません。1998年以降の教育改革は学校の裁量権を大きくする方向で進行してきました。具体的には、総合的な学習の時間の創設や複数学年をまとめた目標の提示等、教育課程基準は、以前に比べて大綱化・弾力化されています。また、学校の予算権・人事権の拡大や、学校選択制導入など、各学校や各地方自治体の裁量に任される部分が増えています。そのような裁量を前提として、各学校には、目の前の児童生徒にとって最適な教育活動を創造していく営み、つまり「特色ある学校づくり」が求められています。「キ．教育課程行政」は文部科学省や教育委員会を指します。行政からの規制もありますが、予算措置や加配、指導主事の訪問といった支援もあるはずです。学校として、どのような支援が必要なのか明らかにして、積極的に支援を得たいものです。そのような双方向の関係性を矢印「⑩連携・協働」「⑪規定・支援」で示しました（第Ⅲ部第２章を参照）。

8　カリキュラムマネジメントの基軸――連関性と協働性

このカリキュラムマネジメント・モデルは、教育課程経営論やカリキュラムマネジメント論の先行研究の検討と、筆者自身による量的調査と質的調査による検証を経て開発されたものです。カリキュラムマネジメントをとらえる際に考慮すべき要素を示しただけでなく、要素間の関係性が示されている点が特徴的です。分析をする際も、ぜひ、要素間の関係性、相互の影響関係を意識してください。

なお、要素の位置には筆者の主張がこめられています。学校の目的は、何よりも子どもの教育的成長を促すことですから、「ア．教育目標の具現化」を一番上に置き、そのための手段である「イ．カリキュラムのPDCA」を対応的に位置づけました。「ウ」「エ」「カ」「キ」はカリキュラム実践を「支える」イメージをこめて、図の下半分に位置づけました。「キ．教育課程行政」を図の上方に位置づける、という考え方もありますが、学校を中心にとらえた場合、教育課程行政が「上から規定する」側面よりも、「学校を支える」側面に注目したいと考えています。そして、「オ．リーダー」が中央にあります。リーダーは、管理職だけではありません。すべての教員が、ある局面ではリーダーになり得ます。すべての要素を見渡し働きかけるという意味をこめて、図の中央に位置づけています。

第2節　カリキュラムマネジメントの全体像を示す理由～システム思考

カリキュラムマネジメント・モデルは、システム思考[6]に基づいて構築されました。システムは、「目的」と「要素」と、要素と要素の間の「関係性」から成り立っています。システムには構造とプロセスがあります。要素間の関係性は、繰り返して生じたり、時間の経過と共に変化したりします。要素を関係性においてとらえれば、今生じている目前の問題だけに目を奪われずに済みます。問題の真の要因は、別の要素にあるかもしれません。時間とともに、その問題が他の要素に悪影響を及ぼすかもしれません。では、どこから着手すればよいのでしょうか。それは、「相対的に小さな行動で大きな結果を生み出せる場[7]」です。そのようなポイントを「レバリッジ・ポイント」と呼びます。

筆者らの調査では、カリキュラムマネジメント・モデルを利用して実践を整理・分析することにより、勤務校のカリキュラムマネジメントの実践を全体的に鳥瞰することや構造的にとらえること、PDCAサイクルへの注目を促すこと、実践の良さや問題点、今後の課題や取組みの方向性を明らかにすること等において有効性が確認できています[8]。また、本書の著者の一人である村川雅弘氏は鳴門教育大学教職大学院の講義・演習において、現職大学院生がカリキュラムマネジメント・モデルによる実践分析を行うようにしています。その結果、現職大学院生が「教育活動を支える目標や内容、方法、環境、組織等々の要素のつながり」を理解・意識し、「自らがかかわっている実践の強みや弱みとその要因の関連をみる必要性」などを感じているということです[9]。

図２は、カリキュラムマネジメント・モデルを活用した分析シートです。モデル図を、①実践を構造的に整理する、②強みや成果／弱みや課題を見つける、③強みや成果／弱みや課題の要因を探る、④強みを生かし、成果を伸ばす方策を考える、⑤弱みを補い課題を克服する方策を考える、⑥ ④⑤にあたっては相対的に小さい力で大きな効果が見込める

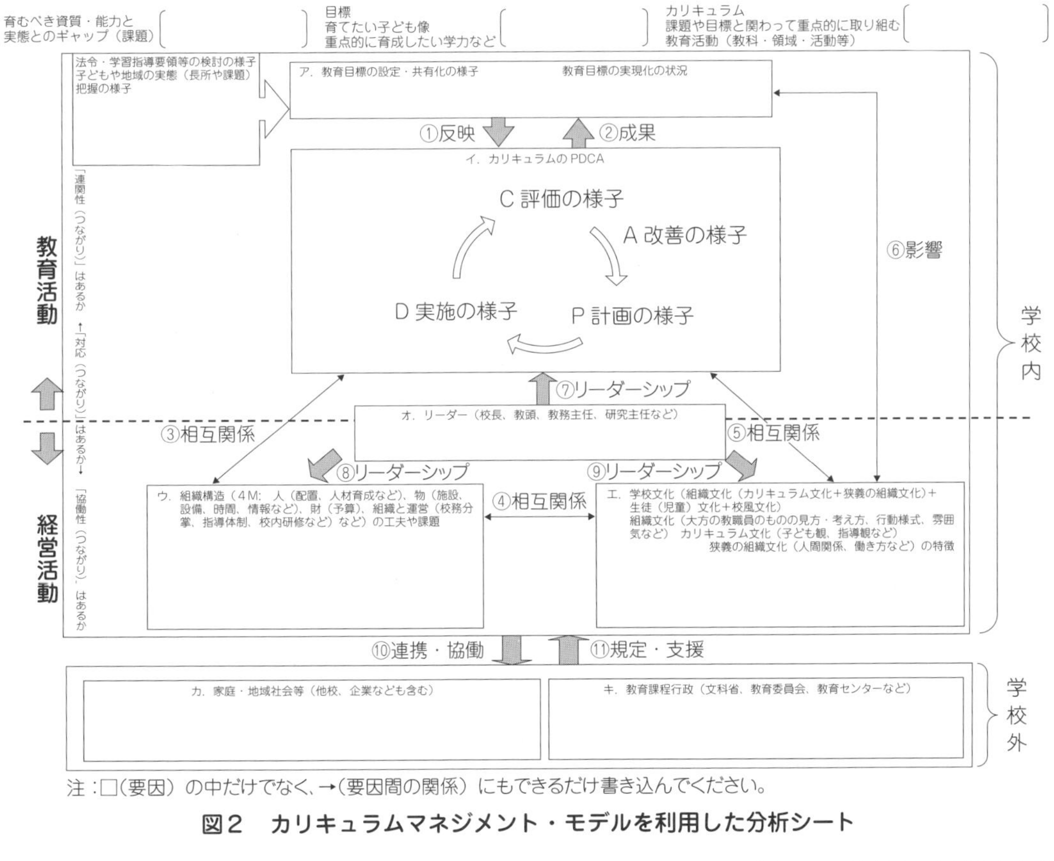

注：□（要因）の中だけでなく、→（要因間の関係）にもできるだけ書き込んでください。

図２　カリキュラムマネジメント・モデルを利用した分析シート

＊図2のワークシート（PDF版）は、株式会社ぎょうせいのウェブサイトからダウンロードすることができます。
アドレス http://shop.gyosei.jp/index.php?main_page=product_info&products_id=9096

「レバリッジ・ポイント」を探るために活用いただければ幸いです。

第3節　全体構造（カリキュラムマネジメント・モデル）を利用した実態分析の事例解説

では、**図2**のワークシートを利用して、どのように実践を分析するのでしょうか。本節では、具体的な手順と実践分析例を示して説明します。**図3**は、2011年度に実施された教員研修会の際に受講者の一人が手書きで記入したワークシートをデジタルデータ化したものです[10]。○印の項目はうまくいっていることや良さ、▲印の項目は不足していることや今後の課題です。この分析者は、勤務校は「基本的に熱心」な教職員が「限られた時間を有効活用」したり「校内体制、責任の明確化」をしたりして、「授業改善の取組」を進めることができている点をポジティブに評価しています。一方、「見えないストレス、不安感」が教職員にあることや、「目標自体がやや抽象的で実現状況が測りにくい」といった課題を見出しています。そして、これらを解決するレバリッジ・ポイントは、「評価を生かす」ことと考えています。「目標の見直し」「計画の見直し」「成果の見える化」「授業研の成果・課題を共有」することで、評価を「計画に活かす」「実施に活かす」だけでなく、

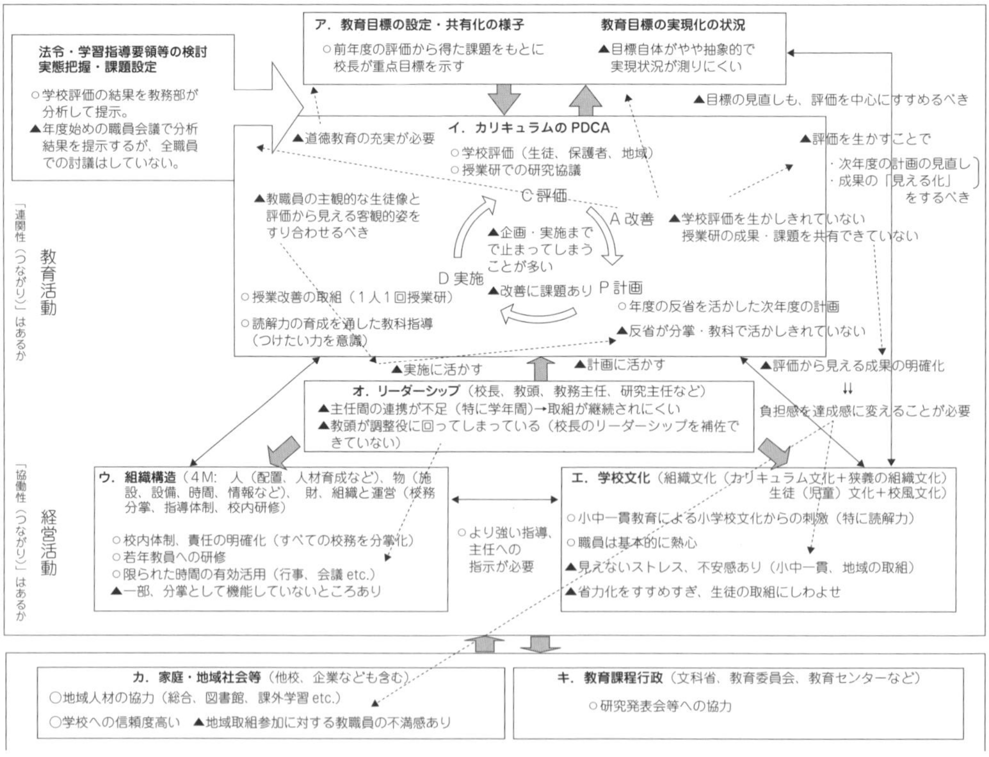

注：記入者がポジティブに評価した事項には○、ネガティブに評価した事項には▲が付されている

図3　中学校の分析例

教員の「負担感を達成感に変える」ことにも活用しようと考えています。

図3を見ると、元のワークシートには描かれていない矢印が何本も書き加えられているのがわかります。この矢印こそが大切です。ある状態になるには要因があります。**図3**の分析は、因果関係や影響関係が考察されており、次の一手を考察しやすくなっています。

章末に、岐阜大学教職大学院の現職大学院生が行った実践分析例（小学校および高等学校）をコラムにて紹介します。そこには、具体的な分析手順も記されています。

宮下教諭（**図5**）と菅井教諭（**図6-1、6-2**）は、とても緻密な分析をしています。また、両教諭とも、改善策を考えるとき、課題だけを見つめるのではなく、既にある強みを生かす方法を考えています。宮下教諭は、すっきりと３点の具体策を提案しました。菅井教諭は、アンケートデータを参照したり同僚の力を借りたりして分析を進めました。現状分析（**図6-1**）と改善案（**図6-2**）を書き分けるという工夫もみられます。

どこから書き始めるかは、人によって様々です。分析者自身が一番よく把握しており、かつ気になるところから書き始めると良いようです。そういうところが思いつかなければ、左上の現状把握から書き始め、「ア．教育目標の具現化」の左側（目標設定）、「イ．カリキュラムのPDCA」、「ア．教育目標の具現化」の右側（目標の実現化）、そしてマネジメント系の要素（ウ、エ、オ、カ、キ）と書き進めるとよいでしょう。分析経験者の談によると、いったん書き始めると、意外と、次から次へと考えが広がっていくそうです。

第４節　分析のための留意点

１　データに基づいた分析

分析にあたっては、学校評価や学力調査など各種のデータを準備し、それに基づいた分析をすると客観性が高まります。さらに、学校要覧や各種のカリキュラムにかかわる文書を資料として準備し、それらの文書の間の整合性の確認を併せて行うのもよいでしょう。それらのカリキュラム関係文書の見直しにつながります。

２　複数の関係者で行う協働的な分析

ただし、データや資料を参照したとしても、分析を進めると、最終的には善し悪しの判断や、どこをどのように改善するべきかについての判断を迫られることになります。ここで、分析者の主観が入ることは避けられません。そこで、分析者は自身のものの見方・考え方を鍛える必要があります。また、複数の関係者で話し合いながら進めることにより、判断の偏りを減じることができます。複数の関係者で実施することにより、①見方がより多面的・多角的になる、②アイデアが出やすくなる、③課題や目標、手だてについてその場で共有や合意形成ができる、といった効果が見込めます。

複数の関係者による共同分析はワークショップ型で行うことも可能です。上の分析例（**図4**）のように、分析ワークシートを模造紙大に拡大し、２色の付箋（「できている点・成果」「不足している点・課題」を書き分ける）を使用しながら、KJ 法を応用して行います。

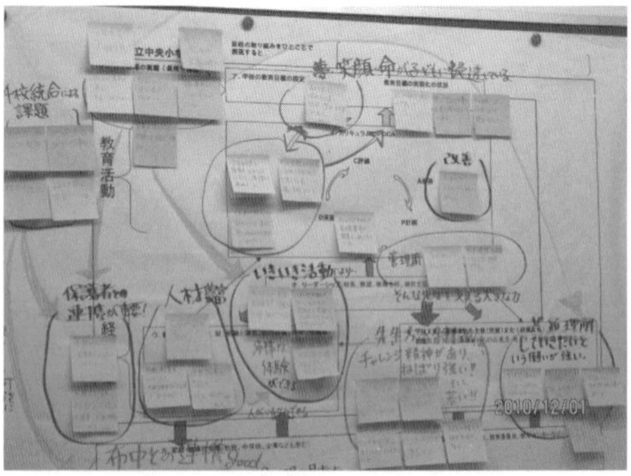

図４　協働的な分析の事例

分析プロセスにおいて、学校の現状や課題、取り組むべき事項等について共有化が進みます。ひと通り分析が終わった段階で、ファシリテーターが、「では、どこから取り組みましょうか」とメンバーに問いかけ、レバリッジ・ポイントや、取組みの優先順位まで考えたいものです（第Ⅲ部第４章を参照）。

第5節　カリキュラムマネジメント・チェックリストを利用した分析

本章では、カリキュラムマネジメント・モデルを利用して実践を構造的に把握する方法を紹介してきました。しかし、実際に分析を行うためには、カリキュラムマネジメント・モデルの理解が必要であるため、初めて分析する方は「どこに、何を、どのように書いたらよいのか迷う」という困難さを感じることがあります。

そこで、参考までに、モデルの各要素に対応した一般的なカリキュラムマネジメントの評価項目を示します（**表1**）。まず、項目に従って回答します。結果として「４ひじょうにあてはまる」項目は学校の「強み」、「２あまりはてはまらない」「１全くあてはまらない」項目は要改善点（これから伸ばせること）と考えられます（中には４が最もネガティブな回答となる「逆転項目」もありますので、注意してください）。それら突出した結果（４、２、１）を得た項目の記述を、カリキュラムマネジメント・モデル図の中の対応する箇所に書き入れてみます。それを手がかりにして、自由な記述を加えていきます。

さらに、**表1**は、学校代表者やリーダー層が回答することを想定したものですが、**表2**は、学級担任や教科担当者が回答することを想定した表です。**表1**と**表2**の項目は対応していますので、**表2**を全教職員対象に実施し、その回答の平均値と、リーダー層による**表1**の回答値を比較してみるのもよいでしょう。リーダー層と教職員の認識の間に大きなズレが見出されたときは、そこを注意深く観察し、ズレの要因を考えてみる必要があります。

表１　カリキュラムマネジメント　チェックリスト（学校代表者用）

※チェックリストの応用として、特徴的な結果（１や４と評価）した項目について、カリキュラムマネジメント・モデルに位置付けて、その要因を深く掘り下げて考えたり、項目間の関連を考えたりすることができます。

Ⅰ．学校の教育目標について(ア．教育目標の設定・共有化＝P段階に対応)

下記の項目に関する学校としての達成度について、「ひじょうにあてはまる」とお考えの場合は4を、「だいたいあてはまる」とお考えの場合は3を、「あまりあてはまらない」とお考えの場合は2を、「全くあてはまらない」とお考えの場合は1を選択してください。

NO	質問項目	ひじょうにあてはまる	だいたいあてはまる	あまりあてはまらない	全くあてはまらない	モデルへの位置づけ
1-1	法令や学習指導要領が示す目標を十分に検討して、学校の教育目標に反映させている。	4	3	2	1	ア
1-2	児童・生徒の実態やニーズを具体的に把握（情報収集、測定、データ化など）して、学校として取り組むべき課題を明らかにしている。	4	3	2	1	ア
1-3	学校全体の学力傾向やその他の実態や課題について、全教職員の間で共有している。	4	3	2	1	ア
1-4	学校の教育目標や重点目標は、児童・生徒や地域の実態を踏まえて設定されたものである。	4	3	2	1	ア
1-5	学校の教育目標や重点目標は、「児童・生徒につけたい力」「めざす児童・生徒像」として具体的に記述されている。	4	3	2	1	ア
1-6	学校の教育目標や重点目標は、達成度の測定や評価が可能な形式で表現されている	4	3	2	1	ア
1-7	学校の教育目標について、児童・生徒にも、折にふれ理解を促している。	4	3	2	1	ア

Ⅱ．教育課程の編成・実施・評価の様子について（イ．カリキュラムのPDCA）

下記の項目に関する学校としての達成度について、「ひじょうにあてはまる」とお考えの場合は4を、「だいたいあてはまる」とお考えの場合は3を、「あまりあてはまらない」とお考えの場合は2を、「全くあてはまらない」とお考えの場合は1を選択してください。

NO	質問項目	ひじょうにあてはまる	だいたいあてはまる	あまりあてはまらない	全くあてはまらない	モデルへの位置づけ
2-1	総じていえば、特色的かつ創造的な教育課程を編成している。	4	3	2	1	イ全体
2-2	単位時間の弾力的運用や週時程の工夫をしている。	4	3	2	1	イ全体
2-3	学校経営計画、学年経営案、学級経営案は、それぞれの目標や内容が連動するよう作成されている。	4	3	2	1	イ－P
2-4	教育課程表（全体計画や年間指導計画等）を見れば、学校全体の指導内容が一目でわかるようになっている。	4	3	2	1	イ－P
2-5	教育課程は、学校の教育目標や重点目標を踏まえた教科横断的な視点で、目標の達成に必要な教育の内容が組織的に配列されている。	4	3	2	1	イ－P
2-6	各教科等の教育目標や内容の相互関連が一目でわかるような教育課程表（全体計画や年間指導計画等）が作成されている。	4	3	2	1	イ－P
2-7	指導事項の系統性が一目でわかるような教育課程表（全体計画や年間指導計画等）が作成されている。	4	3	2	1	イ－P

2-8	年度当初に教育課程を計画する際、評価規準や方法、時期などをも合わせて計画している。	4	3	2	1	イーP（C）
2-9	教職員は、学校の年間指導計画を活用して指導を行っている。	4	3	2	1	イーD(P)
2-10	教職員は、年間指導計画を、児童・生徒の実態に応じて、柔軟に変更しながら実施している	4	3	2	1	イーD(P)
2-11	教職員は、学校の教育目標や重点目標を意識して授業や行事に取り組んでいる。	4	3	2	1	イーD(ア)
2-12	教科書や指導書に沿って授業を行うのに手一杯な教職員が多い。（逆転項目）	4	3	2	1	イーD
2-13	教職員は、各教科等の教育目標や内容の相互関連を意識して、日々の授業を行っている。	4	3	2	1	イーD
2-14	教職員は、既習事項や、先の学年で学ぶ内容との関連（系統性）を意識して指導している。	4	3	2	1	イーD
2-15	教職員は、学校の年間指導計画の改善に役立つような記録（メモ）を残している。	4	3	2	1	イーD（C）
2-16	少なくとも年に一度は、学校の教育目標や重点目標の達成度を測っている。	4	3	2	1	イーC(ア)
2-17	学校には、実践の良さや成果を記録・蓄積・共有化・継続するための仕組みがある。	4	3	2	1	イーA(ウ)
2-18	児童・生徒の学習成果の評価だけでなく、教育課程や授業の評価も行なっている。	4	3	2	1	イーC
2-19	教育課程の評価を、確実に次年度にむけた改善活動につなげている。	4	3	2	1	イーA
2-20	全国学力・学習状況調査や都道府県・市の学力調査等の分析結果を参考に、対象学年だけでなく学校全体の指導計画（内容の組織）を見直して指導するようにしている。	4	3	2	1	イーA
2-21	全国学力・学習状況調査や都道府県・市の学力調査等の分析結果を参考に、具体的な指導方法の見直し・改善をしている。	4	3	2	1	イーA
2-22	教科指導において、個々の授業における個別の知識・技能の習得だけでなく、単元を通して重要な概念やプロセス、原理などを深く理解させる、息の長い指導に力を入れている。	4	3	2	1	イーD
2-23	パフォーマンス評価など、思考力・判断力・表現力などを評価する方法の開発や実施に取り組んでいる。	4	3	2	1	イーD(C)
2-24	総合的な学習の時間において、課題の設定からまとめ・表現に至る探究の過程を意識した指導をしている。	4	3	2	1	イーD
2-25	各教科の授業において、児童・生徒の主体的・協働的な学習が取り入れられている。	4	3	2	1	イーD
2-26	言語活動について、国語科だけでなく、各教科、（外国語活動）、道徳、総合的な学習の時間及び特別活動を通じて、学校全体として取り組んでいる。	4	3	2	1	イーD
2-27	各教科等の指導のねらいを明確にした上で、言語活動を適切に位置づけている。	4	3	2	1	イーD
2-28	教科の学習内容を、実生活や社会での出来事に関連づけて指導するよう心がけられている。	4	3	2	1	イーD
2-29	学校の研究主題は、学校の教育課題と連動している。	4	3	2	1	イーP
2-30	教職員は、学校の研究主題を意識して日々の授業を行っている。	4	3	2	1	イーD
2-31	教職員は、学校の授業研究の成果を日常の授業に積極的に生かしている。	4	3	2	1	イーD(A)
2-32	学校として取り組んでいる授業研究が学校の課題解決に役立っているかについて評価している。	4	3	2	1	イーC
2-33	総合的な学習の時間では、地域や社会で起こっている問題の解決に取り組むことで児童・生徒が地域や社会に貢献するような学習が行われている。	4	3	2	1	イーD(カ)

2-34	地域の人材や素材を積極的に活用する教職員が多い。	4	3	2	1	イーD(カ)
2-35	目標の達成度は、保護者・地域等に公表している。	4	3	2	1	イーC(カ)
2-36	学校の教育の成果と課題を保護者・地域と共有し、共に解決策を考えたり行動したりする機会がある。	4	3	2	1	イーA(カ)
2-37	児童・生徒のアイディアや意見を取り入れ、児童・生徒と共に教育活動を創りだしている。	4	3	2	1	イーD
2-38	授業の進め方や学習スキルを児童・生徒も知っており、教師と児童・生徒が協力しながら授業を進めている。	4	3	2	1	イーD
2-39	教育課程の評価や計画にあたって、児童・生徒の意見も参考にしている。	4	3	2	1	イーC
2-40	総じて判断すると、カリキュラムに関わるPDCAサイクルはうまく機能している。	4	3	2	1	イ全体

Ⅲ．教育課程の編成･実施･評価活動への支援活動（経営）の様子について（ウ．組織構造、オ．リーダー、カ.家庭･地域社会、キ.教育課程行政）

下記の項目に関する学校としての達成度について、「ひじょうにあてはまる」とお考えの場合は4を、「だいたいあてはまる」とお考えの場合は3を、「あまりあてはまらない」とお考えの場合は2を、「全くあてはまらない」とお考えの場合は1を選択してください。

NO	質問項目	ひじょうにあてはまる	だいたいあてはまる	あまりあてはまらない	全くあてはまらない	モデルへの位置づけ
3-1	校長は、教育と経営の全体を見通し、ビジョンや方針を明確に示している。	4	3	2	1	オ
3-2	校長の経営方針に、学力向上に向けた教職員の力量形成方策が明確に位置づけられている。	4	3	2	1	オ
3-3	副校長・教頭は、ビジョンの具体化を図るために、学校として協働して取り組む体制や雰囲気づくりに尽力している。	4	3	2	1	オ
3-4	中堅教員は、ビジョンをもとにカリキュラムの工夫や研究推進の具体策を示して実行している。	4	3	2	1	オ
3-5	すべての教員が、立場や役割に応じてリーダーシップを発揮している。	4	3	2	1	オ
3-6	役割を担った教師に対する管理職の支援が手厚く、ミドルリーダー層はリーダーシップを発揮しやすい。	4	3	2	1	オ
3-7	教育課程の編成、評価や改善には全教職員が関わっている。	4	3	2	1	ウ
3-8	めざす教育活動に必要な組織体制（校務分掌）がつくられている。	4	3	2	1	ウ
3-9	めざす教育活動のために、施設・設備の有効活用の工夫や環境整備を行っている。	4	3	2	1	ウ
3-10	めざす教育活動のために、ICTが有効に利用されている。	4	3	2	1	ウ
3-11	めざす教育活動のために、図書館・博物館・科学館等を積極的に利用している。	4	3	2	1	ウ
3-12	めざす教育活動のために、必要な予算確保の工夫や努力がなされている。	4	3	2	1	ウ
3-13	めざす教育活動を行うために必要な研究・研修ができるよう時間確保への配慮がなされている。	4	3	2	1	ウ
3-14	めざす教育活動を行うために必要な資料が用意されている。	4	3	2	1	ウ
3-15	めざす教育活動を行うために必要な情報収集がなされている。	4	3	2	1	ウ
3-16	教員が、他校や学部の研修機関などの学校外での研修に積極的に参加できるように支援されている。	4	3	2	1	ウ

3-17	めざす教育活動を行うために必要な地域人材・資源（教材など）の発掘や維持・管理の努力をしている。	4	3	2	1	ウ／カ
3-18	めざす教育活動を行うために、教員以外のスタッフ（学校図書館指導員・理科支援員・教育支援員等）と連携協力している。	4	3	2	1	ウ
3-19	国や県・市町村教育委員会が開催する教員研修や、公表している資料等を有効活用している。	4	3	2	1	キ
3-20	めざす学習活動を実現するための、児童・生徒の組織（係や委員会）があり、役割を果たしている。	4	3	2	1	ウ

Ⅳ．教職員の全体的な雰囲気について（エ．学校文化（組織文化））

下記の項目に関する学校としての達成度について、「ひじょうにあてはまる」とお考えの場合は4を、「だいたいあてはまる」とお考えの場合は3を、「あまりあてはまらない」とお考えの場合は2を、「全くあてはまらない」とお考えの場合は1を選択してください。

NO	質問項目	ひじょうにあてはまる	だいたいあてはまる	あまりあてはまらない	全くあてはまらない	モデルへの位置づけ
4-1	教職員は、学校の教育目標や重点目標について、その意味を具体的に説明できる。	4	3	2	1	エ（ア）
4-2	教職員は、学校が力を入れている実践（特色）を具体的に説明できる。	4	3	2	1	エ（P）
4-3	教職員には、自己の知識や技能、実践内容を相互に提供しあう姿勢がある。	4	3	2	1	エ（D）
4-4	教職員には、新しい実践に対して前向きに取り組む姿勢がある。	4	3	2	1	エ（D）
4-5	学習指導要領改訂など、教育政策の動向に関心をよせ積極的に学ぶ教職員が多い。	4	3	2	1	エ（キ）
4-6	教職員の間に、それぞれの個性や仕事ぶりを認め合う信頼関係がある。	4	3	2	1	エ
4-7	挑戦が奨励され、挑戦の結果失敗しても個人が責められない安心感がある。	4	3	2	1	エ
4-8	教職員は、学級や学年・教科のことだけでなく学校全体のことを考えて行動している。	4	3	2	1	エ
4-9	教職員は、自ら役割を担って自主的に行動している。	4	3	2	1	エ
4-10	教職員は、めざす教育活動のためには、ときには厳しい相互批評もいとわず議論する。	4	3	2	1	エ
4-11	教職員は、学級や学年を越えて、児童・生徒の成長を伝えあい、喜びを共有している。	4	3	2	1	エ
4-12	日々多忙なわりには、負担感よりも充実感を口にする教職員が多い。	4	3	2	1	エ
4-13	教職員の多忙感が強いため、今以上の役割分担の依頼や新しい実践の開始にためらいを感じる。(逆転項目)	4	3	2	1	エ
4-14	どちらかというと、教科等の授業よりも、生徒指導や部活動にエネルギーを使う教職員が多い。(逆転項目)	4	3	2	1	エ
4-15	教職員の間には、総合的な学習の時間や道徳、特別活動よりも教科に力を入れるべきだという意見が強い。(逆転項目)	4	3	2	1	エ
4-16	総合的な学習の時間の実施について、教職員の間に、熱意や力量の差があり指導にばらつきが生じている。(逆転項目)	4	3	2	1	エ
4-17	教職員には、自分の担当学年・教科だけでなく、学校の教育課程全体で、組織的に児童・生徒を育てていくという意識が強い。	4	3	2	1	エ

表２　カリキュラムマネジメント　チェックリスト（個人用）

**※「学校代表者用のカリキュラム・マネジメント　チェックリスト」と併用して使用できます。
項目の中は、モデル内の複数の要素に位置づけられるものもあります。**

下記の項目ににについて、「ひじょうにあてはまる」とお考えの場合は4を、「だいたいあてはまる」とお考えの場合は3を、「あまりあてはまらない」とお考えの場合は2を、「全くあてはまらない」とお考えの場合は1を選択してください。

学校代表者用と共通NO	質問項目	ひじょうにあてはまる	だいたいあてはまる	あまりあてはまらない	全くあてはまらない	モデルへの位置づけ
1-3	私は、学校全体の学力傾向や課題について、具体的に説明できる。	4	3	2	1	ア
1-5	私は、学校の教育目標や重点目標について、その意味を具体的に説明できる。	4	3	2	1	ア
1-7	私は、学校の教育目標について、児童・生徒にも、折にふれ理解を促している。	4	3	2	1	ア
2-3	私は、学級経営案を作成する際、目標や内容が学校経営計画、学年経営案と連動するよう作成している。	4	3	2	1	イ－P
2-8	私は、年度当初に教育課程を計画する際、評価規準や方法、時期なども合わせて計画している。	4	3	2	1	イ－P（C）
2-9	私は、学校の年間指導計画を活用して指導を行っている。	4	3	2	1	イ－D(P)
2-10	私は、年間指導計画を、児童・生徒の実態に応じて、柔軟に変更しながら実施している。	4	3	2	1	イ－D(P)
2-11	私は、学校の教育目標や重点目標を意識して授業や行事に取り組んでいる。	4	3	2	1	イ－D(ア)
2-12	私は、教科書や指導書に沿って授業を行うのに手一杯になりがちである。<u>（逆転項目）</u>	4	3	2	1	イ－D
2-13	私は、各教科等の教育目標や内容の相互関連を意識して、日々の授業を行っている。	4	3	2	1	イ－D
2-14	私は、既習事項や、先の学年で学ぶ内容との関連（系統性）を意識して指導するようにしている。	4	3	2	1	イ－D
2-15	私は、学校の年間指導計画の改善に役立つような記録（メモ）を残している。	4	3	2	1	イ－D（C）
2-17	私は、実践の良さや成果を記録したり、同僚と共有化している。	4	3	2	1	イ－A(ウ)
2-20	私は、全国学力・学習状況調査や都道府県・市の学力調査等の分析結果を参考に、対象学年だけでなく<u>学校全体の指導計画（内容の組織）</u>を見直して指導するようにしている。	4	3	2	1	イ－A
2-21	私は、全国学力・学習状況調査や都道府県・市の学力調査等の分析結果を参考に、<u>具体的な指導方法</u>の見直し・改善をしている。	4	3	2	1	イ－A
2-22	私は、教科指導において、個々の授業における個別の知識・技能の習得だけでなく、単元を通して重要な概念やプロセス、原理などを深く理解させる、息の長い指導に力を入れている。	4	3	2	1	イ－D
2-23	私は、パフォーマンス評価など、思考力・判断力・表現力などを評価する方法の開発や実施に取り組んでいる。	4	3	2	1	イ－D(C)
2-24	私は、総合的な学習の時間において、課題の設定からまとめ・表現に至る探究の過程を意識した指導をしている。	4	3	2	1	イ－D
2-25	私は、各教科の授業において、児童・生徒の主体的・協働的な学習を取り入れている。。	4	3	2	1	イ－D
2-27	私は、各教科等の指導のねらいを明確にした上で、言語活動を適切に位置づけている。	4	3	2	1	イ－D

2-28	私は、教科の学習内容を、実生活や社会での出来事に関連づけて指導するよう心がけている。	4	3	2	1	イ－D
2-30	私は、学校の研究主題を意識して日々の授業を行っている。	4	3	2	1	イ－D
2-31	私は、学校の授業研究の成果を日常の授業に積極的に生かしている。	4	3	2	1	イ－D(A)
2-32	組織的に取り組む授業研究は、学校の課題解決に役立っている。	4	3	2	1	イ－C
2-33	私は、総合的な学習の時間では、地域や社会で起こっている問題の解決に取り組むことで児童・生徒が地域や社会に貢献するような学習を行っている。	4	3	2	1	イ－D(カ)
2-34	私は、地域の人材や素材を積極的に活用している。	4	3	2	1	イ－D(カ)
2-37	私は、児童・生徒のアイディアや意見を取り入れ、児童・生徒と共に教育活動を創りだしている。	4	3	2	1	イ－D
2-38	私は、授業の進め方や学習スキルを児童・生徒にも指導しており、教師と児童・生徒が協力しながら授業を進めている。	4	3	2	1	イ－D
3-1	私は、校長が示したビジョンや方針を十分理解している。	4	3	2	1	オ
3-5	私は、立場や役割に応じてリーダーシップを発揮している。	4	3	2	1	オ
4-2	私は、学校が力を入れている実践（特色）を具体的に説明できる。	4	3	2	1	エ（P）
4-3	私は、自己の知識や技能、実践内容を同僚と相互に提供しあうようにしている。	4	3	2	1	エ（D）
4-4	私は、新しい実践に対して前向きに取り組もうとしている。	4	3	2	1	エ（D）
4-5	私は、学習指導要領改訂など、教育政策の動向に関心をよせ積極的に学ぶようにしている。	4	3	2	1	エ（キ）
4-6	私たち教職員の間には、それぞれの個性や仕事ぶりを認め合う信頼関係がある。	4	3	2	1	エ
4-7	本校では、挑戦が奨励され、挑戦の結果失敗しても個人が責められない安心感がある。	4	3	2	1	エ
4-8	私は、学級や学年・教科のことだけでなく学校全体のことを考えて行動している。	4	3	2	1	エ
4-9	私は、自ら役割を担って自主的に行動している。	4	3	2	1	エ
4-10	私は、目指す教育活動のためには、ときには厳しい相互批評もいとわず議論するようにしている。	4	3	2	1	エ
4-11	私は、同僚と共に、学級や学年を越えて、児童・生徒の成長を伝えあい、喜びを共有している。	4	3	2	1	エ
4-12	日々多忙だが、負担感よりも充実感を感じることが多い。	4	3	2	1	エ
4-13	私は、毎日多忙なため、今以上の役割分担や新しい実践に対してはためらいを感じる。(逆転項目)	4	3	2	1	エ
4-14	私は、どちらかというと、教科等の授業よりも、生徒指導や部活動にエネルギーを使うことが多い。(逆転項目)	4	3	2	1	エ
4-15	私は、総合的な学習の時間や道徳、特別活動よりも教科に力を入れるべきだと思う。(逆転項目)	4	3	2	1	エ
4-17	私は、自分の担当学年・教科だけでなく、学校の教育課程全体で、組織的に児童・生徒を育てていくように意識している。	4	3	2	1	エ

[引用・参考文献]

1　岡本薫著『なぜ日本人はマネジメントが苦手なのか』中経出版、2011 年、p.2

2　中留武昭『学校と地域とを結ぶ総合的な学習－カリキュラムマネジメントのストラテジー』教育開発研究所、2002 年。田中統治「カリキュラム評価の必要性と意義」田中統治・根津朋実『カリキュラム評価入門』勁草書房、2005 年、pp.1-27

3　堀尾輝久・久冨善之他『学校という磁場』柏書房、1996 年

4　ジョアン・マグレッタ（山内あゆ子訳）『なぜマネジメントなのか』ソフトバンクパブリッシング、2003 年（Joan Magretta with the collaboration of Nan Stone, *What Management Is*" 2001 年）p.301

5　⑦教育的リーダーシップ、⑧管理・技術的リーダーシップ、⑨文化的リーダーシップについては中留武昭編著『学校文化を創る校長のリーダーシップ』エイデル研究所、1998 年などを参照してください。

6　システム的に思考することは、カリキュラムマネジメント論の前提となった教育課程経営論から一貫した考え方です。高野桂一氏は、教育課程経営論において、学校経営を次のようなシステム構造で捉えました。高野桂一「教育課程経営の科学とは何か」高野桂一編著『教育課程経営の理論と実際』教育開発研究所、1989 年、pp.3-96

「超システムとしての教育行政や地域社会」＞「トータルシステムとしての学校経営」＞「サブ・システムとしての教育課程経営」＞「サブ・サブ・システムとして相対的自律性をもつ授業経営」

中留武昭氏はこの論をさらに発展させ、学校は、「学外の社会的環境要請に対して目を閉じるのではなく」「開かれて」おり、「環境に対してダイナミックに対応して、ある一定の成果を生み出すためにインプット条件を教育的に変容させるべくオープンシステム」としてとらえました。中留武昭『学校改善ストラテジー－新教育課程経営に向けての発想転換－』東洋館出版社、1991 年、pp.54-64

7　ピーター・M・センゲ他（リヒテルズ直子訳）『学習する学校』英治出版、2014 年、p.199。システム思考やレバリッジ・ポイントについての詳細は、ドネラ・H・メドウズ（枝廣淳子他訳）『世界はシステムで動く』英治出版、2015 年、ピーター・M・センゲ（枝廣淳子他訳）『学習する組織－システム思考で未来を創造する』英治出版、2011 年。枝広淳子『もっと使いこなす！「システム思考」教本』東洋経済新報社、2013 年を参照。メドウズは、「システムに介入すべき場所」（レバリッジ・ポイント）として、12 項目を挙げています。

8　田村知子・本間学「カリキュラムマネジメントの実践分析方法の開発と評価，日本カリキュラム学会」『カリキュラム研究』第 23 号、2014 年、pp.43-55

9　村川雅弘「カリキュラムマネジメントによる教育実践の見方・とらえ方への影響」田村知子編著『実践・カリキュラムマネジメント』ぎょうせい、2011 年、pp.24-33

10　学校名が特定されないように一部に修正を加えています。前掲（注８）論文にも掲載された図です。

コラム

「カリキュラムは、完全なものではなく、創り続けること」

勤務校の研究主題は、「数学的な思考力・判断力・表現力の育成」です。この視点から勤務校の成果や課題を書き出してみることで、改善の方途を書き加える（考える）必然性を感じました。カリマネモデル図の記入の際には、完全なものを最初から望まないで、まず、頭に湧いてきたことを自由に書き加えてみることから始めてみました。下線がそのアイディアです。

具体的な改善策は、次の３点です。①研究の在り方の見直し、②学校の教育目標と授業・子どもの組織の連動、③授業と家庭との連結です。

①については、一つの研究授業を行うためには莫大な労力を費やします。授業者は、この１日、この１回の授業のために、指導案作成、関連の会議、模擬授業、全校オリエンテーション……と当日に向けて準備をしていきます。しかし、授業が終われば、「お疲れ様でした」と拍手を浴び、全てがここで完結してしまいます。そこで、吟味された研究会の内容が、授業者を含めた参加者全員の事後の授業に接続できれば良いと思いました。本当に大切なのは、研究会の事後です。事後こそ大切にするためには、画一的な研究会だけでなく、日頃の対話を重視し、自分の実践を自由に交流できるよう研究の在り方自体を見直していく必要があると考えました。

②については、本校の強みである「学校の教育目標が、児童の中でよく意識されていること」を挙げたことから考えてみました。児童会活動における各委員会組織が、学校の教育目標を合言葉に、自分たちの提案を全校に発信しています。私は、この強みをカリマネモデル図に位置づけた時、もし、学校の教育目標が授業とも結ばれたならば、本校の児童たちの授業に向かう意識が、さらに自主的なものになるであろうと考えました。そこで、授業そのもの考え方を、教師のものだけでなく、「児童と共に授業作りを考えていく構え」を導入する必要性があると考えました。

③については、学校内の取組みを、学校外である家庭と連結させることで、さらなる効果が期待できると考えました。私たちはそもそも家庭学習の大切さを家庭に提言しているか、６年生までの系統性のある宿題の取組み方や自主学習指導をしているか、丸付けや間違い直しといった保護者の役割を明確にしているか等を見直す必要性を感じました。

①については「PDCA サイクル」、②は「今持っている学校の強み」、③は「要素のつながり」から見えてきたものです。「カリキュラム」は、カリキュラムの研究、歴史の流れが辿ってきたことと同じように、「何を中心に置くか」に始まり、教授目標、教材、教授、学習の手続き、評価方法の計画や構成を考え、絶えず検討され、評価され、修正されていく継続的なプロセスではないかと思っています。カリマネモデル図を作成することで、まさしく、「カリキュラムは変えられる」、そして、「カリキュラムは、完全なものではなく、創り続けること」と実感することができました。

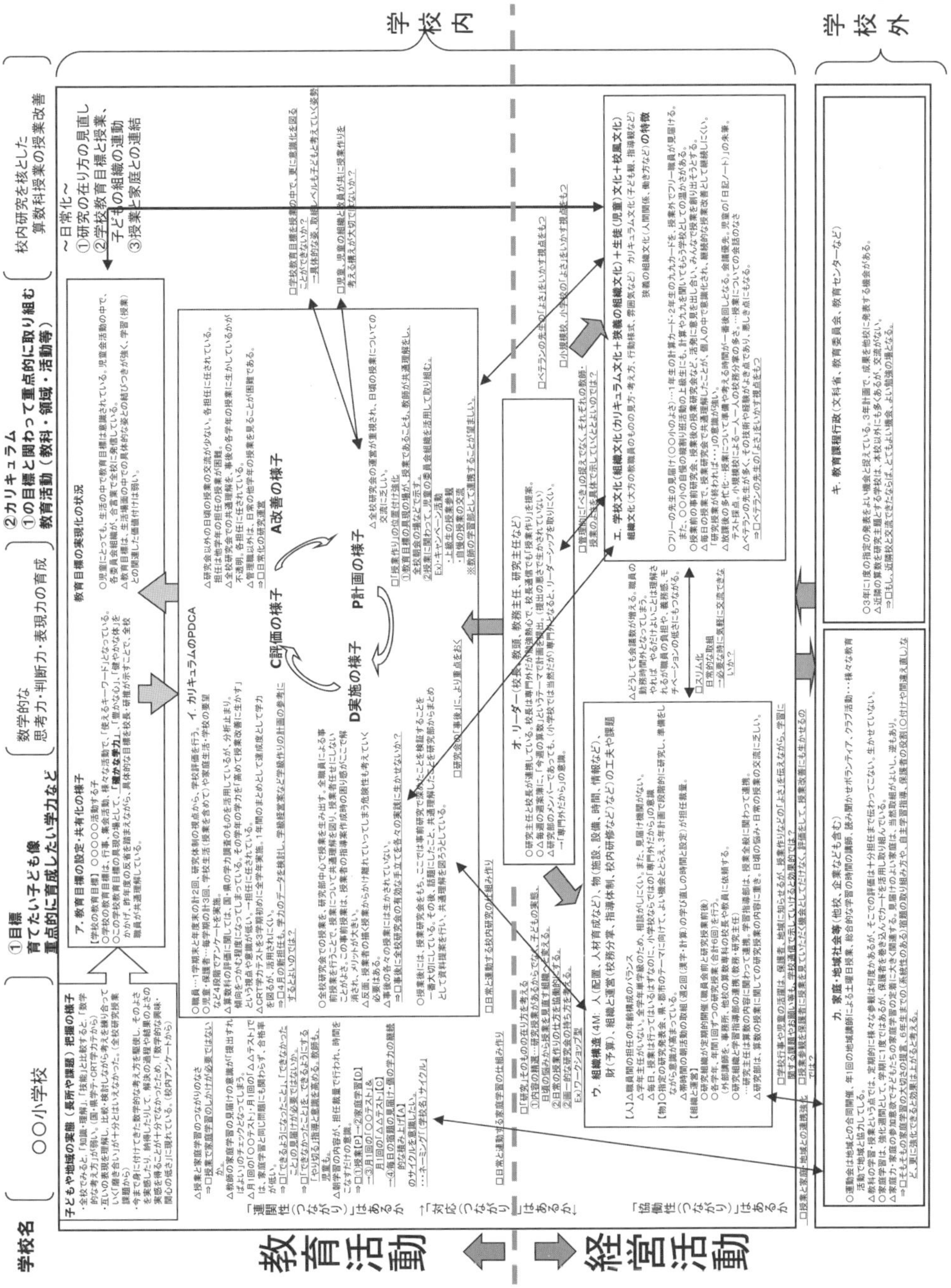

図５　小学校の分析例

（岐阜大学教職大学院　宮下直樹）

コラム

カリキュラムマネジメント・モデルを活用した学校改善

実践分析にあたり、学校の自己評価や生徒・保護者アンケートの結果を手元においてモデルへの記入を始めました。アンケートにおける肯定意見の割合が高いものは◯印、低いものには▲印をつけました。記入を始めると関連する要素が思い浮んできます。自分で埋められない要素は同僚の先生に聞き、できる限りの要素を埋めました。

1　分析：図6－1

本校は地域の進学校として信頼され、生徒は学校が好きで、学校行事にも意欲的に取り組む様子が見られます。しかし、学習時間の減少が課題となっています。そこで、「生徒の学習意欲が高まらない：Do」から分析を始めると「具体的な目指す力が明らかになっていない：Plan」「課題の共通理解が明らかになっていない：Action」「生徒アンケートが活かしきれていない：Check」が関連する課題として見えてきました。生徒は学校行事や部活動において主体的な活動を求めており、その主体性が授業に生かされていないため、一方向の授業が展開されているのです。まるで「負のPDCAサイクル」です。しかし、「授業改善のPDCAサイクルが定着している」という強みもあります。この強みを活かして、主体的な授業への転換を行うことによって生徒の学習意欲を高め、学習時間の増加につながるという改善の方向性が分析によって明らかになりました。

2　改善策：図6－2

本校の「負のPDCAサイクル」の原因の一つは、「具体的なめざす力が明らかでない」ことですから、めざす力を明らかにして教師間で共通認識をすることが改善の糸口となります。その上で、本校の強みである授業改善のPDCAサイクルを活かして、生徒が主体的に学ぶ授業を展開できれば、学習意欲が向上すると考えられます。社会で必要となる力は様々な議論がなされ具体的に示されているので、本校のキャリア教育で育む能力と合わせて、めざす具体的な力を構成し、その力が身についているかを評価する仕組みが必要となります。主体的な授業への転換の手立てとして「総合的な学習の時間」を充実させることの必要性がわかりました。次に、組織面です。進学校としての実績が本校の組織を保守的にしています。今後求められる、課題の発見と解決に向けて主体的・協働的に学ぶ授業へ転換するために、教育課程行政の要素である「大学入試改革」についての共通認識を教師が持つことで組織を動かすことができると考えられます。つまり、授業改善に取り組む必要性が外的要因により整えられるわけです。分析シートにより、学校課題の原因と学校の強みが明らかになり、内容面（カリキュラム）と組織面の両方を合わせて考察することで改善策が見えてきました。学校改善には、内容と組織から改善策を考え、学校の強みを活かしていくことが大切だと実感しました。

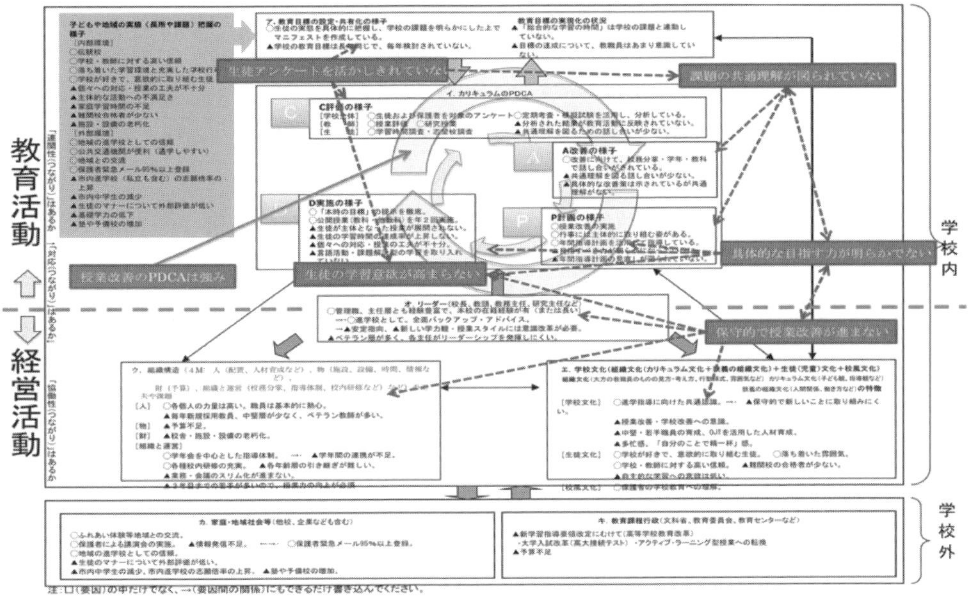

図６－１　高等学校の分析例

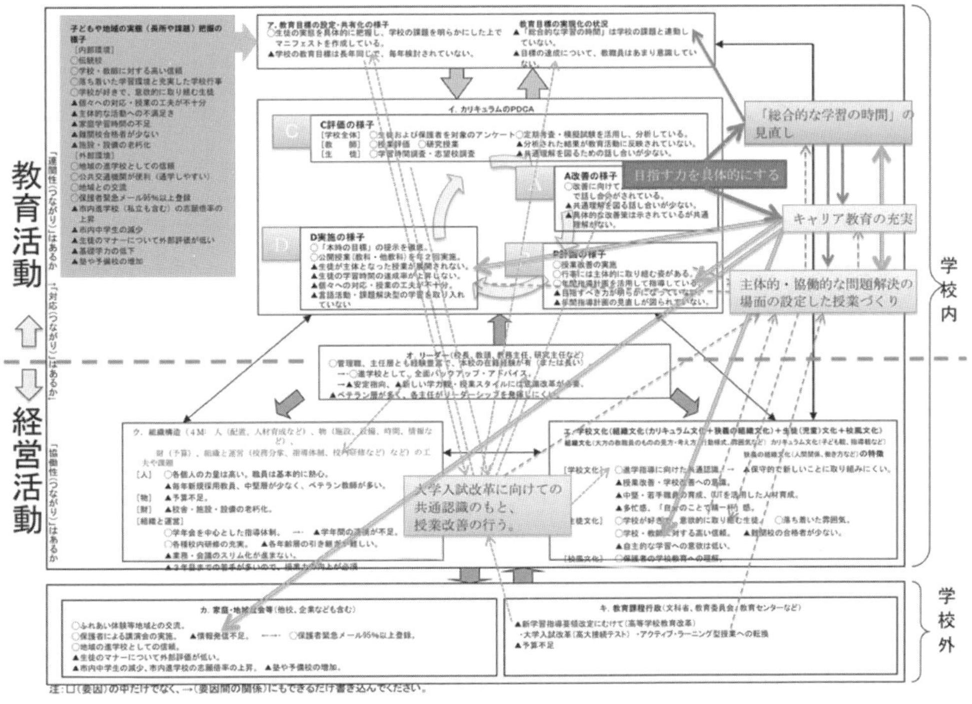

図６－２　高等学校の改善策作成例

（岐阜大学教職大学院　菅井　修）

第Ⅱ部

カリキュラムマネジメントの方法

カリキュラムマネジメントはどのように進めればよいのだろうか。目標の共有の仕方、PDCA サイクルをつくるときのポイントについて確認する。また、教科横断的な視点によるカリキュラムの改善、教科および総合的な学習の時間等のカリキュラムづくりについて具体的に解説する。目標と授業や評価、各教科・領域の間を「つなぎ（連関性）」、これまでの取組みをバージョンアップするための手順・手だてが明らかになる。

第1章

目標のマネジメント

みんなで共にめざす目標をつくろう

●

田村知子

第1節　カリキュラムマネジメントの目的〜教育目標の具現化

1　カリキュラム設計の要——目標設定

カリキュラム研究を樹立したタイラーは、「どのようなカリキュラムを編成する場合も答えなければならない基本的な4つの質問」として、「①学校は、どのような教育目標を達成するよう努めるべきか」「②どのような教育経験を用意すれば、これらの目標は達成できるか」「③これらの教育的経験は、どのようにすれば効果的に組織できるか」「④これらの目標が達成されているかどうかは、どのように判定できるか」を提示しました。つまり、「教育目標」「教育経験の内容」「教育経験の組織」「評価」の4つはカリキュラムの基本的な構成要素なのです。なかでもタイラーは、教育目標の設定について多くの議論を費やしました[1]。タイラーの理論は、選択され明快に定義された目標を設定して、そこからカリキュラムを設計する工学的アプローチの原型となりました。このような考え方は、カリキュラムマネジメントの基本でもあります。

しかし、行動目標を設定する工学的なアプローチは、アトキンが「副次的な効果の問題に気づかれない」「長期的な効果が無視される」「測定しにくい目標が無視される」「目標に一時性がある（時代に左右される）」などの限界を指摘したように、批判もされてきました[2]。実際、子どもたちは一人ひとり理解の仕方もつまずき方も異なります。教室では、教師と児童生徒とのダイナミックなやりとりから、教師が事前に予測しなかった創造的な学びが生じる場合もあります。そのような教室における豊かな学習活動から新たなカリキュラムが開発される重要性に着目したのが「学校に基礎を置くカリキュラム開発（school based curriculum development：SBCD）」の考え方です。したがって、「目標にとらわれない評価 goal-free evaluation」についても開かれた構えをもち、教室の実践の中から新たな次の目標を設定することも視野に入れておく必要があります。

とはいえ、教育目標を事前に明確に設定することは、意図的計画的な教育活動のためには必須です。学校として育成すべき資質・能力や、各単元・授業の目標を明確にし、その達成をめざすという枠組みがあるからこそ、自由で創造的な授業も可能になります。めざす山の頂上がはっきりわかっていれば、そこへの登り方は、メンバーの体力や登山経験、楽しみ方、天候等によって多様になりうるわけです。

2　手段の目的化を避ける

「漢字を20回書く」ことは手段です。目標は「学年までに配当されている漢字を書くことができる」「文字の形を整えて書くことができる」「繰り返し練習するという学習方法を身につける」などでしょう。「手段の目的化」は避けねばなりません。そんなことはわかっている、と思っても、これはしばしば起こります。例えば、言語活動は「言語の能力を高める」とか「各教科の目標をよりよく達成する」ための手段ですが、学習指導要領改訂の重点として示されると、いかにして言語活動を取り入れるかということを追究するあまり、教科の目標と適合しない取り入れ方をしてしまうこともあります。アクティブ・ラーニングについても、その危惧が多方面から指摘されています。「目標」「学習経験」「評価」を明確に区分し、目標を正確に記述する必要があります。

3　目標に求められる性質

あらゆるマネジメントにとって、目標設定は特に重要なプロセスであり、注意深く設定する必要があります。一般に、目標には次のような性質が求められます。

①選択されること：価値あることは多くありますが、ひとつの組織がありとあらゆることをめざすことはできません。目標とすることとしないことを区分する必要があります。

②達成可能であること：達成不可能な目標は、絵空事となります。岡本薫氏は、目標の達成可能性は「目標を達成する手段が存在するか、利用できるかということで決まる」と述べています[3]。学校が実施することができる教育手段によって達成できる目標を選択する必要があります。

③手段選択の規準となること：学校組織が用いる手段とは、授業を中心とした教育活動であり、カリキュラムです。目標は、何を、いつ、どのように、どれくらいの時間をかけて教育するかを選択する規準となるものです。

④具体的であること：学校の教育目標は、子どもの姿で表すと具体的になります。

⑤結果と比較できること：評価が可能である、ということです。評価は、数値で測定できるものとは限りません。質的に、「このような子どもの姿が見られた」ということでもよいのです。数量的には測りにくい、深い学びを評価するパフォーマンス評価については、第Ⅱ部第４章を参照してください。

⑥期限があること：「卒業するまでに」「この学年の終わりには」「単元の終末時には」といった期限を決めることも、目標には必要です。

これらの性質から、キャッチフレーズやスローガンは目標とは言えないことがわかります。しかし、キャッチフレーズやスローガンは目標を印象深く伝え、人々を惹きつけるためには有効な手段となりえます。明確な目標を設定した上で、使用するとよいでしょう。

本章では、これまでの議論を踏まえて、学校教育目標の設定と共有化について考えていきます。なお、教科等の目標については、第Ⅱ部第４章（教科）、第５章（総合的な学習の時間、道徳、特別活動、スタートカリキュラム）を参照してください。

第2節　どのような学校教育目標を設定するか

1　学校教育目標と重点目標の検討

子どもや学校の実態、社会の動きは、刻々と変化していますから、学校教育目標の適切性を検討する必要があります。学校教育目標は通常、方向目標ですから、頻繁に変更されるものではなく、数年の時間をかけてじっくりと取り組まれるべきものです。したがって、前年度と同じ学校教育目標が継続されるのが常でしょう。それでも、目標の意義や意味、適切性を年に一度は再確認するべきでしょう。法令改正時や学習指導要領改訂時は特にその必要があるといえます。検討の結果、その目標が継続される場合でも、その意味を確認することが大切なのです。その上で、学校教育目標を踏まえた重点目標を設定します。重点目標は、実践の進捗や目標の達成状況、入学してくる子どもの実態等に応じて、比較的短いサイクルで加除修正される目標です。

2　教育理念・哲学など教育ビジョンを映し出した目標

学校教育目標の設定においては、校長はもちろん、教師の教育理念・哲学、あるいは教育ビジョンが問われます。目標には、これまで培ってきた識見や実践経験から得た教育観、子ども理解等が反映されます。目標は「選択される」ものです。何が選ばれるかは目標設定者が保持する価値観の影響を受けます（第Ⅰ部第３章**図1**カリキュラムマネジメント・モデル中の矢印⑥）。したがって、自らの「観」を省察する必要があります。

子どもたちが大人になって活躍する10年後20年後を見据えた教育を実践するためには、大きな社会的動向やそれに応じて必要とされる資質・能力、学習の在り方についてのイメージを思い描く必要があるでしょう。臨時教育審議会（1984～87年）以降続いている教育改革は、「第三の教育改革」と呼ばれる改革が続けられています。第一の教育改革は明治５年の「学制」、第二の教育改革は戦後の復興期を指しますから、今は明治維新や戦後復興期に匹敵するような教育の変わり目なのです。しかし、多くの大人は、従来の学びや学校の在り方を当然の前提として価値観の奥底に保持しがちです。私たちは、現在と未来を生きる子どもたちのために、これまでの前提を問い直すことが求められています。だからこそ、本書では、第Ⅰ部において、次の学習指導要領において育成をめざそうとしている資質・能力や、現代的課題について丁寧に論じました。しかし、筆者が2015年にある市で行った教務主任対象の調査では、「学習指導要領改訂など、教育政策の動向に関心をよせ積極的に学ぶ教職員が多い」への肯定的回答は54％程度に留まっていました。教育目標や教育方法の変更の理由や背景を十分理解しないまま行う授業実践は、仮に形が変わっても、本質的な変化には結びつきにくいでしょう。中央教育審議会の議論や答申を読んで議論する機会をつくりましょう。しかし、教育には不易な部分もあります。あわせて、国内外の教育哲学者や思想家、優れた実践家たちによる古典的な書物からも学び、学校では子どもたちにどのような資質・能力を育成するのか、できるのか、を問い続けなければなりません。

３　わが校の課題解決に結びつく具体的な目標設定

カリキュラムマネジメントは、学校が組織的に行う課題解決的な営みです。全ての子どもには成長課題、教育課題があります。子どもたちの実態を明らかにし、どこをどのようにどこまで伸ばしたいか、考えましょう。現状と目標のギャップが、学校組織として解決すべき課題となります。そして、目標を「めざす子どもの姿」として描きだすことにより、教職員も子どもも共にめざすことができる具体的な目標になります。目標に基づいてカリキュラムの編成方針を決めます。また、目標は評価規準と連動します。評価は基本的に目標の達成度をみることになります。

４　ミッション、ビジョン、グランドデザイン

学校組織がめざすことにかかわる言葉として、目標以外にも、「目的」「ミッション（使命）」「ビジョン」「グランドデザイン」などがありますので整理しておきましょう。

目的は目標より広い概念で、抽象的、全体的、最終的なものです。教育基本法前文には、教育の目的として「人格の完成」および「平和的な国家及び社会の形成者として、心身ともに健康な国民の育成」が示されています。また、同法第５条第２項には「義務教育として行われる普通教育は、各個人の有する能力を伸ばしつつ社会において自立的に生きる基礎を培い、また、国家及び社会の形成者として必要とされる基本的な資質を養うことを目的として行われるもの」とされています。

ミッションは、組織の使命、果たすべき役割、存在意義といった意味です。そして、ミッションは組織構成員にとっては、ものごとの判断基準となります。ドラッカーは「顧客を満足させることこそ、企業の使命であり目的である」と論じました[4]。ここで言う「顧客」は、児童生徒や保護者だけでなく、学校の教職員や地域住民、より広い視野でみれば社会全体をも含みます。これらの関係者が満足すること、それを一言でいえば「子どもの成長」でしょう。児童生徒個人の人格の完成に向けた成長、社会にとっても「平和的

な国家および社会の形成者」に向けた成長を促すことが学校の最大のミッションです。

ビジョンは、組織が「こうなりたい」と願う姿です。先に示した目的やミッションを果たすために、どんな組織になるか、ということがビジョンです。センゲは、「学習する組織」には、共有ビジョンが不可欠だとしました。共有ビジョンとは「『自分たちは何を創造したいのか？』という問いに対する答え」「組織中のあらゆる人々が思い描くイメージ」と説明しています。センゲは、組織のビジョンは個人のビジョンとは異なり、構成員個々人のビジョンがそこに反映され、彼らに共有されていることが不可欠だと言っています。なぜなら、人は、だれかから押しつけられたビジョンに対しては「我がこととして責任をもって取り組むこと」にならないからです[5]。

天笠茂は、ビジョンをグランドデザインとして描き出すことを、奨励しています[6]。グランドデザインとは、大きな構想を描いたものを意味します。グランドデザイン作成を早くから奨励してきた新潟県上越市による『上越市総合計画』においては、「各学校がそれぞれ自校の教育課題を明確にするとともに、教育方針や教育計画、教育課程全般を示したビジョンが学校のグランドデザイン。教育目標は一般的・抽象的になりがちですが、グランドデザインは具体的なマニフェストとして示され、分かりやすく説明されることが重要である」と説明されています。

次に示す例は福岡県春日市立春日東中学校（古澤裕二校長・当時）によるビジョンです(平成 27 年度)。「『人間力』を育成するコミュニティ・スクールの創造～学校・家庭・地域をつなぐ『鍛える教育』を通して」という学校経営理念を示した上で、学校教育目標、重点目標、目指す生徒像を示しています。そしてめざす生徒像を実現するための教育方針「鍛える教育」を提示し、その観点から学校・家庭・地域の在り方を構想しています。重点目標①～③が、めざす生徒像①～③として具体的に描き直されているので、生徒の具体的な姿が思い描きやすくなっています。また、めざす生徒像に迫るための教育方針を「鍛える」というわかりやすいキーワードと、具体的な方策（目的の設定→努力→目的の達成→より高いレベルの目的の達成→努力……という繰り返し）によって示しています。目標と手だての対応関係が明確です。さらに、学校・家庭・地域のかかわり方について「生徒の何を鍛えるのか」「どう鍛えるのか」という視点から具体的に示しています。誰が、何をめざして、何をすればよいのかという役割や方策がわかりやすく示されています。

■校長のビジョンの例（春日市立春日東中学校・古澤裕二校長〈当時〉）

学校経営方針「『人間力』を育成するコミュニティ・スクールの創造～学校・家庭・地域をつなぐ『鍛える教育』を通して」

○「人間力」の育成

本校がめざすものは、生徒の「学力・体力」だけでなく、「将来を展望する力（未来志向力）」や「社会に貢献する力（社会関係力）」など、人間としての総合的な力を意味する「人間力」の育成です。

【学校教育目標】

「人間力を培い、地域に貢献できる生徒」

【重点目標】

①学力・体力の向上　②未来志向力の向上　③社会関係力の向上

【めざす生徒像】

①学力や体力を伸ばす生徒　②将来の生き方や進路の実現を目指す生徒

③社会のために人に役立つ生徒

○　学校・家庭・地域をつなぐ「鍛える教育」とは

コミュニティ・スクールとして、学校・家庭・地域それぞれの役割の明確化を図り、学校の役割を「人間力を鍛える」、家庭の役割を「自立心を鍛える」、地域の役割を「社会性を鍛える」と位置づけ、「鍛える」をキーワードに、三者の連携を測る取組を実施しています。

学校・家庭・地域それぞれの本校がめざす「人間力」を育成する方策として、「目的の設定」→「努力」→「目的の達成」→「より高いレベルの目的の設定」→「努力」……という繰り返しによる「鍛える教育」を実施します。これは言い換えると「成功体験」の積み重ねとも言えますが、目的達成における達成感を味わうことで、「やる気」や「努力」という新たな駆動力が生まれます。

【めざす学校像】：「人間力を鍛える」

・生徒を鍛える学校　・地域に開かれた学校　・家庭・地域に信頼される学校

【めざす家庭像】：「自立心を鍛える」

・生徒自身に考えさせる家庭　・生徒自身に行動させる家庭　・生徒自身に責任をとらせる家庭

【めざす地域像】：「社会性を鍛える」

・目標を共有化する地域　・生徒の出番・役割を与える地域　・生徒の安全を見守る地域

第3節　どのように学校教育目標を設定し共有化するか

1　学校教育目標はどれだけ意識されているか

学校教育目標は学校の教育活動全体を方向づけるものです。どこの学校にも教育目標は掲げられています。しかし、筆者がこれまで収集した質的データによれば、「学校の教育目標は毎年同じで、新しい時代を見据えた検討が行われていない」「目標の達成について、教職員はあまり意識していない」といった実態の学校も存在します。

校内の教職員をはじめ学校の関係者は、学校の教育目標とその意味、めざす具体的な子どもの姿について、その目標が必要な背景も含めて説明できるでしょうか。すべての管理職、大半の教務主任は説明できると思われます。では、一般の教職員も管理職等と同じように学校教育目標を説明できるでしょうか。筆者がある市の教務主任対象に実施した調査によると、「教職員は学校教育目標とその意味を具体的に説明できる」という項目への肯定的回答は44.9%でした。それでは、児童生徒はどうでしょう。保護者や地域の関係者はどうでしょう。また、上記の調査において「教職員は、学校教育目標を意識して日々の授業をしている」という項目への肯定的回答は33.0%でした。

授業では教科の目標を意識するので、学校の教育目標は意識される必要がないという考え方もあるかもしれません。しかし、学校のアウトプットである授業によって、学校のアウトカムである目標の達成がめざされないのであれば、いつどこで学校の教育目標の実現化に迫るのでしょうか。

もし、学校教育目標の意識化が不十分ならば、それは目標の内容に要因があるのか、目標の共有過程に要因があるのか、どちらでしょうか。次に、目標の共有化の方法を考えます。

2　みんなで創るビジョンや目標

センゲ他著『学習する学校』には、学校の教職員、保護者、子どもなど80～200人で行う大規模な対話により、半年かけて学校の共有ビジョンを生成する「コミュニティ・ビジョン・ミーティング」の事例が紹介されています。ある１日に、学校や子どもについての心配ごとや問題をブレインストーミングで出し合い、選択された５つのテーマに対して「学校の役割」と「保護者の役割」を議論します。別の日には、理想的な学校の様子を思い描き、そこから優先順位をつけて５つの関心事を選びます。こうして共有された大きな方向性を具体化し戦略を立てるチームや委員会を設けます。そこで戦略上の優先順位が確認されると次はプロジェクトのための責任チームをつくります。各チームは、毎年２つの測定可能な目標を選び、それを学校のビジョンに関係づけて発表し、実行に移します。学年末には再び大規模なセッションを開き、目標達成状況の評価結果を発表します[7]。

それほど大規模な営みではありませんが、筆者も、教職員や保護者、児童生徒が共に学校教育目標や学年目標をつくる実践に出会いました（以下、囲み参照）。

■みんなで創るビジョンや目標

〈事例１〉

H高等学校は、生徒の学力差が大きく、すべての生徒を伸ばすためには授業改善が喫緊の課題でした。授業改善の方向性を得るために、H高校では、約1年間をかけて、教職員のワークショップ型校内研修を繰り返し、生徒の課題や生徒に育てたい資質・能力を話し合いました。話し合いの際は、学力調査のデータを徹底的に分析することもあれば、学校評価のデータを参照すること、教師の日々の気付きに基づいて話し合うこともありました。また、全校生徒に対して、「今の自分にはできないが、高校卒業時までにはできるようにしたい（身につけたい）ことを書いてください」「今の自分から大人の自分になるためには、どんな努力をすればいいと思いますか」など4項目を尋ねるアンケートを実施しました（保護者対象のアンケートも実施）。そして、生徒たちの希望と教職員の願いをあわせて、「最後まで努力をすることができる」「文章を書くときに適切に漢字を書くことができる」「他の人と協力して活動することができる」など21項目の目標を設定しました。H高校では、これを「生徒の目標＝教師の目標」ととらえ、「生徒と教師による成長の二十一か条」と命名しました。目標は印刷され全校生徒と保護者に配布され、各学級に掲示されました。校長は全校集会で生徒たちに目標について話しました。

次に、研修主任の提案により、各教科会において、21項目のうち当該教科の特性と適合するものを選択し、教科の授業で追究することにしました。授業において目標に迫る手だてを話し合い、教科ごとに授業改善に向けた所信表明をしました。それ以降、日常的に、目標と手だてを意識した授業が展開されました。そして、研究授業においても、その目標と手だての観点から、授業観察と協議を行いました。研究授業は、教科の枠を越えて、全ての教員が全ての教科について参観しました。それは、目標が全員の手で策定されたものであり、目標の内容が特定教科に限定されるものでなかったため、目標の観点からであれば、教科の枠を越えた授業評価が可能であったためです。

H高校は、授業改善と学校評価を組み合わせて取り組んだ結果、授業が変わっていき、生徒の授業満足度は80%を超えるに至りました。

〈事例２〉

H高校のカリキュラムマネジメントにヒントを得た北見俊則主幹教諭（当時。現在は横浜市立公立中学校長）は、横浜市立洋光台第一中学校にて、リーダーシップを発揮し、生徒と教師の全員の手で学校教育目標とキャッチフレーズを策定しました。この活動の結果、「誰もが目標を言える、そして愛着をもっている」「目標を創った経験がその後の主体的な学校づくりに向けて、大きな財産となった」といいます。またキャッチフレーズ「笑顔で学び合い」と照らし合わせて、「生徒たちは本当に学び合っているのか？」「授業で学び合いをするためにはどうしたらいいのか？」という教師の課題意識が浮かび上がり、学び合いについて研究する契機となりました[8]。

下に示すのは、洋光台第一中学校の生徒たちが創った目標です。生活面に関する目標が中心ではありますが、自分たちでよい学校をつくっていこうという気概を感じます。

・すすんで挨拶をし、クラス・学年を越えてかかわりを深めよう
・委員会活動が活発で、行事が盛り上がる楽しい学校にしよう
・いじめや仲間はずれのない、明るい元気な学校にしよう
・ルールを守り、集中力とけじめのある集団をめざそう
・相手のことを思いやり、自分の行動を考える生徒になろう

補足ですが、このとき横浜市教育委員会は、平成20年の学習指導要領改訂に合わせて市内全ての小中学校に学校教育目標の検討を指示していました。平成18年の教育基本法改正、平成19年の学校教育法改正を受けての学習指導要領改訂ですから、全国の学校で学校教育目標が再検討されるべきであったといえます。

〈事例３〉

上越市立大手町小学校では、学級開きの際に子どもたちが話し合って、今年どんなことが大切になるかを話し合います。教師の願いも子どもに伝え、子どもたちと教師が話し合って全員で学年目標を決めます。そして、子どもが活動するときや活動を振り返るとき、絶えずこの目標を意識するようにします。そのことが、主体的な活動を生み、資質・能力の発揮につながっています[9]。

※事例２・３の詳細は、田村知子編著『実践・カリキュラムマネジメント』（ぎょうせい、2011年）を参照

授業をするのは教師、学ぶのは児童生徒です。教師も子どもも、目標づくりにかかわり、そこに自分自身の願いや思いが反映されることにより、自分自身の目標だと感じられるようになります。ただ、学校教育目標は、毎年変更するものではなく、目標設定への参画の機会を設けることは簡単ではありません。しかし、既に存在する学校教育目標であっても、その意味を考えたり、自分自身の言葉で語り直したり、あるいは学校教育目標と連動した学級目標を話し合ったりする機会を設けることにより、ずっと身近で意識しやすいものになるでしょう[10]。教職員にそのような機会を提供するワークショップ型校内研修の方法は、第Ⅲ部第４章で紹介します。

最後に本章の議論を要約すると、カリキュラムマネジメントにおいては、学校の使命やビジョンを見据え、子どもや学校の実態や課題を明確化し、具体的な教育目標とそれに基づく教育課程の編成方針を策定し、これらを関係者と共有することが重要です。

[注]

1　ラルフ.W.　タイラー著（金子孫市監訳）『現代カリキュラム研究の基礎』社団法人日本教育経営協会、1978年（原著）Ralph W. Tyler, Basic Principles of Curriculum and Instruction, The University of Chicago, 1949年

2　アトキン教授は一般的目標を直ちに特殊目標に分節化することなく教授・学習活動を試みる「羅生門的接近」を提唱しました。このアプローチは黒澤明監督により映画化され世界的に知られるようになった芥川龍之介の小説『羅生門』にちなんで命名されました。文部省『カリキュラム開発の課題ーカリキュラム開発に関する国際セミナー報告書』大蔵省印刷局、1980年、pp.47-57、pp.154-161

3　岡本薫著『なぜ日本人はマネジメントが苦手なのか』中経出版、2011年、p.124

4　P.F. ドラッカー（上田惇生訳）『マネジメントー基本と原理』ダイヤモンド社2001年（原著：P.F.Durucker, Management: Tasks, Responsibilities, Practices, 1974年の抄録）

5　ピーター・M・センゲ著（枝廣淳子他訳）『学習する組織ーシステム思考で未来を創造する』2011年、p.281-2（　原　著：Peter M. Senge, The Fifth Discipline, The Art & Practice of The Learning Organization, 1990, 2006年）

6　天笠茂著『カリキュラムを基盤とする学校経営』ぎょうせい、2013年

7　ピーター・M・センゲ他著（リヒテルズ直子訳）『学習する学校』英治出版、2014年（原著：Senge, P.M., et al. Schools That Learn, Crown Business, 2012年）

8　詳細は、北見俊則「学校をみんなで創る『学び合い』の授業づくり」田村知子編著『実践・カリキュラムマネジメント』ぎょうせい、2011年、pp.102-108を参照。

9　詳細は、野田晃「「生活・総合学習」「ふれあい」「教科学習」の３領域で創り、子どもと共に動かすカリキュラム」田村知子編著『実践・カリキュラムマネジメント』ぎょうせい、2011年、pp.150-156を参照。

10　佐古秀一氏も、組織開発の議論において、協働的な目標設定の場を設けることの有効性を指摘しています。佐古秀一「学校の内発的改善力を支援する学校組織開発の基本モデルと方法論― 学校組織の特性をふまえた組織開発の理論と実践 ―」鳴門教育大学研究紀要第25巻、2010年、pp.130-140

第2章

マネジメントサイクルによるスパイラルアップ

評価・改善・計画・実施を確実につなごう

●

田村知子

第1節　カリキュラムのマネジメントサイクル

目標を達成するための手段であるカリキュラムを、より効果的なものに変えていく営みは、カリキュラムマネジメントの中核です。カリキュラムのPDCA（計画-実施-評価-改善）がその基本プロセスです。中教審教育課程企画特別部会「論点整理」では、次の事項をカリキュラムマネジメントの「側面２」として挙げました。

> ２　教育内容の質の向上に向けて、子供たちの姿や地域の現状等に関する調査や各種データ等に基づき、教育課程を編成し、実施し、評価して改善を図る一連のPDCAサイクルを確立すること。

マネジメントサイクルは、数年単位、年間、学期、単元や行事、研究授業などのレベルにおいて考えられますが、本章では、年間レベルを中心に解説します。

第2節　評価を核としたマネジメントサイクル

1　カリキュラム評価の重視

カリキュラムマネジメント研究においては、評価段階の重要性が強調されてきました。カリキュラムを「学校教育における学習経験の総体」ととらえた場合（第Ⅰ部第１章第3節 p.13参照）、カリキュラムという概念には、カリキュラム実施（授業）の結果、最終的に子どもが何を学んだかに注目するという考え方が内在されています。

長い間、わが国ではカリキュラム評価は活発ではなく、実質的には「計画→実施→計画→実施→計画……」というサイクルの学校が多かったという見方もあります。実際、筆者も協力者として分析を担当した中留武昭らの調査研究（2003年実施）によれば、評価はカリキュラム計画段階や実施段階に比べて不活発でした[1]。筆者が2007年にある教育事務所管内の教務主任対象に、カリキュラムマネジメント上の課題を尋ねる調査を実施したところ、「評価から改善につなげること」「具体的で有効な改善策」「PDCAサイクルにかかる時間の長さ」「評価の実施の不十分さ」「評価の規準や方法、体制の不十分」さなど、「評価から改善段階」における推進の困難さを指摘する回答が多くありました。近年では、2007年学校教育法改正により学校評価が法制化されたため、以前よりカリキュラム評価が行われていますが、まだまだ「評価は難しい」という声を聞きます。

2　評価から始めるマネジメントサイクル

カリキュラムは、毎年ゼロからつくるものではありません。前年度までのカリキュラムとその検証結果を踏まえて、効果や教育的価値の高い内容や方法を継承・発展させながら、必要な修正を加えて創り変えられるものです。したがって、カリキュラム計画の前提として、実態把握と評価が必要です。初期からのカリキュラムマネジメント研究者である中留武昭はSPD（See-Plan-Do）サイクル[2]、同じく田中統治はCAPDサイクルの考え方を主張しました[3]。どちらも、計画に先立ち評価を行うという考え方です。計画に先立つ評価に近い考え方として、調査・診断（research）を加えた「R-PDCAサイクル」や、それにビジョン（vision）策定を加えた「RV-PDCA」も提唱されています[4]。筆者は、「評価から始めるマネジメントサイクル」の考え方に基づいた上で、評価結果をより確実に次の計画につなげるために、CAP-D（キャップドゥ）サイクルを提案します。というのも、筆者が実施した教務主任対象の調査の回答に、「改善策が計画につながらない」という悩みが一定数みられたからです。これは、評価と改善策策定は年度末、計画は年度開始時に行われるため連続性が断ち切られることが要因のひとつと考えられます。そこで、C→A→Pの連続性を高める工夫が必要です。評価をしながら改善策を考える、評価からあまり時間を空けずに暫定的な計画を作成する、暫定的な計画を新年度に見直して計画を確定する、という流れです。

第3節　計画段階に先立つ評価

1　教育課題の明確化、共有化、要因の探索

前節で述べたように、カリキュラムマネジメントは、現状把握とこれまでのカリキュラムの評価から始めるのがコツです。まず、子どもの実態を明らかにします。学力調査の結果、学校評価にかかわって実施されたアンケート、教員の日常の実践を通しての記録、校務分掌や学年会で話し合われた反省事項、研究授業で明らかにされた成果や課題、PTAや

地域における集会やかかわりから得られた情報や要望の記録は実態把握の資料となります。

実態把握においては、資料収集と整理のための視点が必要です。その視点の第一は教育目標です。目標に従って実態を整理し、目標と現状との間のギャップを明らかにします。目標と現状の間のギャップが大きい（目標に達していない）ことは、学校にとって教育課題です。課題は教職員間で共有します。子どもの事実に即した課題の共有化によって改善の必要感を喚起します。そして、ギャップの要因を探ります。目標に達しなかった要因はもちろんですが、当初の想定以上に目標を達成できた場合もその要因を考えます。効果の高い教育内容・方法は、今後も意識的に継続したほうがよいからです。達成状況が十分なため目標として掲げなくてよいと判断される場合や、目標が適切でなかったと判断される場合は、目標自体を変えることを検討します。

2　カリキュラム評価

カリキュラム評価は次のように定義されています。

「学習活動として開発された一連の内容と配列を有するもの・ことを対象とし、その利点、価値、意義を決定する手続」

（根津朋実「カリキュラム評価の理論と方法」田中統治・根津朋実編著『カリキュラム評価入門』勁草書房、2009年、pp.29-49）

「カリキュラム（教育課程）が、法令などに定められた規定を遵守し、学校が掲げる教育理念や教育目標と整合しているかどうか、さらには、教育活動実施にあたって、諸資源を適正に活用し、最適な効果をあげられるようになっているかどうかなどを評価すること」

（中留武昭「カリキュラム評価」辰野千壽他監修『教育評価事典』図書文化、2006年、pp.450-451）

上の定義に「利点、価値、意義を決定する手続」とあるように、根津は、評価には最終的には「良いか悪いか」「悪かったらどこを修正すれば良いのか」という価値判断が求められると述べています[5]。判断は、効果と適切性の両面で行います。

まず、効果の面です。カリキュラムは教育目標を達成するための手段ですから、教育目標をよりよく達成したかという効果から判断します。しかし、第Ⅱ部第１章で述べたように、予め設定された目標以外の効果がみられる場合もありますので、「目標にとらわれない評価」も必要です。

次に、適切性です。上に示した中留の定義にあるように、法令や学習指導要領に定められた規定に適合している必要があります。その他に、倫理的道徳的な側面からも適切性は判断されます。さらには、適時性や持続可能性、中留が指摘するように、教育活動実施にあたっての諸資源の活用の適切性も判断されるべきでしょう。

3　カリキュラム評価の方法

カリキュラム評価の方法は色々ありますが、筆者は（独）教員研修センター「カリキュラム・マネジメント指導者養成研修」受講者を対象に、複数の評価手法を比較検討するための調査を実施しましたので紹介します[6]。比較したのは、予め項目を設定したアンケート、自由記述式アンケート、話し合い、KJ 法、SWOT 分析、カリキュラムマネジメント・モデルを利用した分析です（第Ⅰ部第３章参照）。

予め項目を設定したアンケートは、最も経験者が多い方法でした。この手法の利点は、児童生徒や保護者、教職員といった多くの関係者の意見を収集できる、全体的な傾向を数値化できるといったことです。アンケートの目的を明確にし、その目的にかなう評価項目を設定することが鍵となります。実施自体は比較的簡単ですが、回答の収集、データ入力には時間と労力が必要ですし、統計スキルも求められます。

KJ 法は、実践が整理される、良さや課題が明確になる、今後取り組む方策が明らかになる、多面的・多角的に考えられるといった点や、簡便さや使い勝手のよさが評価されました。「今、どこの学校でもやっています」という自由記述もあり普及が伺われました。

SWOT 分析は、経験者こそ少なかったのですが、学校内と学校外の関係が明確になること、良さや課題が明確になること、学校の取組み全体を鳥瞰できることなどについて高い評価を得ました。

カリキュラムマネジメント・モデルを利用した分析の利点は第Ⅰ部第３章で詳述しますので省略しますが、モデルの理解が必要な点やモデルの複雑さが課題として指摘されました。

自由記述式のアンケートと話し合いは、その他の方法に比べるとやや低く評価される傾向にありました。目的や話し合いの視点を明確に示さないと、個人的な関心や主観的な感想に傾きやすいことが指摘されました。利点としては、自由記述によって自分の実践が整理されるとか、話し合いはその場で共通認識が得やすい、といった点が指摘されました。

根津は、評価の目的を明確にする重要性について強調していますが、上記の調査結果もそれを支持するものでした。カリキュラム評価の目的は、カリキュラム改善です。カリキュラムの良い点や悪い点を判断し、続けるところと変えるべきところを明らかにするのが目的です。

このとき、評価の観点や規準が必要です。自由記述式や話し合いよりも、項目設定されたアンケートや、枠組みが示されたSWOT 分析やカリキュラムマネジメント・モデル分析のほうが高く評価されたのも、視点の有無による違いだと考えられます。

KJ 法に代表されるようなワークショップ型研修は、カリキュラム評価でも活用できます。比較的短時間で実施可能なこと、教職員の日々の実感に基づいた生の声が反映されること、話し合いの過程で相互に触発されて考えが深まること、カリキュラムに対する評価や改善策についてその場で全職員に共有されること、などの利点があります。そして何より子どもや実践の課題や学校の教育目標について、自分自身の言葉で語り合うことにより、カリキュラムに対する当事者意識が生まれやすいのが利点です[7]。

根津は、評価における教員間のコミュニケーションを重視しています。複数の教職員で話し合いながら、「このカリキュラムの目標は何か」「このカリキュラムの替わりになるものはあるか」「どこをなおすともっと良くなると思うか」といった問いに対して、言語で記述する、簡便なチェックリスト法を提案しています[8]。

このように、評価の方法は多様です。数値で表す統計的な手法が客観的で良いように考えられがちですが、そうとばかりはいえません。数量的手法では事前に決めた内容しか調査できません。また、教師は教育の専門家です。専門家としての教師が、複数でお互いの主観的な見方を交流しながら合意点を探っていく質的で協働的な評価過程によって、質的な評価の信頼性を高められるでしょう。

第4節　共有・発展・継続を含んだ改善過程

PDCA の A（act）は「改善」とされていますが、改善には「よいことは継続したり広めたりする」という意味で、維持や管理も含まれます。PDCA サイクルは、もともとは企業経営（特に製造業）の管理過程の研究から教育分野に援用されたマネジメントサイクルです。**図1**はトータル・クオリティ・マネジメント（TQM）理論において ACT の段階についての考え方が示されたものです[9]。**図**は、管理のみを行えば一定レベルの品質は保持されますが発展はないこと、しかし改善だけが志向された場合は改善による一時的な高まりをみせても維持の手段がないため長期的にみれば品質は低下していくこと、したがって改善と管理を組み合わせる必要があることを示しています。この点を強調するために筆者は、A 段階をあえて「維持・改善」と示したこともありますが[10]、Act は「改善」と示されることが一般的ですので、混乱を避けるため本書より「改善」に改めました。その上で、あらゆるものを「改善」のフィルターにかけて検討した上で、続けるべきところは続け、変えるべきところは変えるべく行動（措置）するという趣旨を強調しておきます。

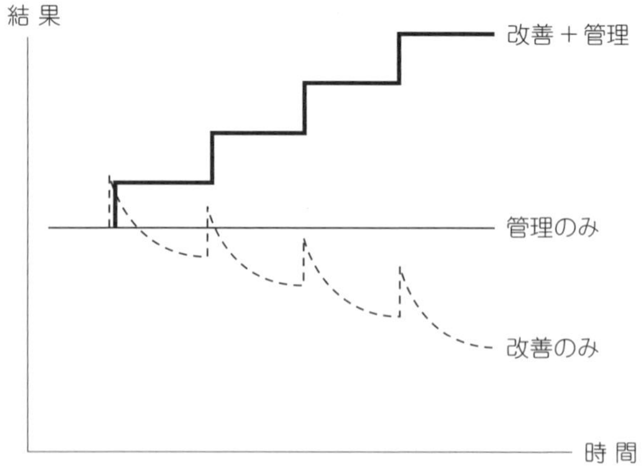

（出典：中條武志・山田秀編著『TQM の基本』日科技連、p.19）

図1　改善と管理

改善を志向するあまり不足点や課題

だけを探したり、新しい実践の開発に力を入れるあまりこれまで積み重ねてきた実践の良さを継続することが疎かになったりすることは避けねばなりません。うまくいっていることは、その要因を明らかにし、有効な手だては組織的に共有し継続していくことも大切なことです。ただし、物の製造とは違い、子どもも教師も固有の存在です。単なる維持・管理（同じ実践の繰り返し）では、実践の形骸化や衰退つながるでしょう。実践の意味や意義を再確認し、毎年の子どもの実態に合わせたマイナーチェンジをする必要性があり、調整しながら継続することも改善だととらえられます。そして、その時点で有効な改善策を見出せない場合は、改善策を見出すための方法やプロセス（研究テーマ設定、先進校の視察、専門家の招聘など）を次の計画に折り込むとよいでしょう。

また、成果や良さに目を向け、管理職や主任が、あるいは同僚同士で、認め賞賛することも大切です。「ここまでできた」「子どもがこんなに伸びた」と達成感や自信を得ることは、教員の次の実践へのエネルギーになります。児童生徒にフィードバックすれば、彼らの意欲づけにもなります。

有効な手立てを共有化する手段として、学習過程や学習指導案、板書のルール、教室掲示の基本、子どもの学習スキルやノートの書き方などについて、学校として一定のモデルや型、ルールを開発し共有化することも有効です。ただし、教師の個性や学級の実態の違いはむろん考慮されるべきで、モデルや型に「とらわれる」ことは厳に戒めねばなりません。モデルや型はツールであり、目的ではありません。また、モデルや型の背景には理念があります。なぜ、そのモデルや型を採用するのか、常に確認する必要があります。

第5節　計画段階で評価計画を立てる

計画段階（カリキュラム編成）については、第３章で教科等横断的な編成の在り方、第４章で教科、第５章で総合的な学習の時間等について述べますので、ここでは簡単に、２点に言及します。

１点目は、「カリキュラム編成の基本方針」の重要性です。中留・曽我（2015）は、「教育目標-重点目標-経営方針」と連関した「カリキュラム編成の基本方針」を全教職員が共有する必要性を主張しました[11]。校長が中心になりながらビジョンを具現化するのです。

２点目は、カリキュラム評価を確実に行うために、マネジメントサイクルの計画（P）段階において、評価の計画も策定しておく、ということです。その際に、評価規準・基準だけでなく、評価方法、評価の時期、評価データの収集・蓄積・分析の方法、評価結果の活用方法や公開方法とその推進組織、指導要録や通知表への記録方針等までを予め設定し、それらについて教職員間で共有化と理解を促しておくことです。

第6節　教室の現実に応じた柔軟な実践とその記録化と改善

年度当初に作成したカリキュラムは、子どもの実態や学びの進捗状況によって、柔軟に変更されてよいものです。ただ、その変更は理由とともに記録するべきです。次年度の計画のために、総括的なカリキュラム評価を年度末に行う際は、実施（授業）時点からのタイムラグが生じています。そこで、実施段階での即時的な評価と変更履歴を蓄積しておくのです。また、必要な修正を加えられた実践が、結果的に当該年度のカリキュラムの最終形となり、次年度のカリキュラム計画の土台となります。実践に基づいたカリキュラム評価と変更の記録を元に行う年度末の総括評価は、実践に基づいた具体的なものとなります。これは長い目でみれば、時間や労力の節約にも寄与します。

まずは、簡単なメモを書き残すことを習慣にしたいものです。では、何に書き込むのでしょうか。それをどこに保管するのでしょうか。いつでも気軽に手に取れ、探す手間がかからず、散逸しない方法を考えたいものです。板書や子どものノートを写真に撮るのも記録化の方法の一つです。次に紹介する千葉県館山市立北条小学校は、単元レベルのPDCAサイクルを協働的かつシステマティックに回している秀逸な例です。

■カリキュラム管理室を利用した「プラン実践検証サイクル」

「北条プラン」の開発で全国的にも著名な館山市立北条小学校のカリキュラムマネジメントは、昭和41年に設置された「カリキュラム管理室」の実践が特徴的です。カリキュラム管理室には、学年、教科、月別に作られた660の棚が設置されています。棚には、同校の学習指導案や教材、関連資料、出版物、ワークシート、子どもの活動記録などが、指導者の反省やコメントと共に収められています[12]。これらは同校の共有財産です。

同校は学年裁量が大きく、学年団でカリキュラム開発・実践を行います。昨年度までに作成された資料を当該年度の学級担任がそれぞれ２、３教科を分担して読み込み、目の前の子どもの実態と照らし合わせ、学級担任の願いを込め、工夫を加えて今年度の指導計画を立てます。そして学年で共同実践を行います。単元実施中に学年の担任教諭間で情報交換し、先行した学級の反省・課題を次に実施する学級担任が改善していきます。実践結果をもとに、課題や要改善点を学年で話し合い、翌年のために、今年度作成の資料や反省文書を棚に返納します。これが翌年度のマネジメントサイクルにつながっていきます。

「プラン実践検証サイクル」と命名されている同校のマネジメントサイクルにおいては、前年度のCAが今年度のＰに見事につながっています。前年度のCAにおいて残された資料を読み込み修正する営みは、今年度のＰに先立つＣと解釈することが可能です。
　このマネジメントサイクルは、初任者や初めて担当する学年の担任が先輩教師や教科指導の優れた教員の考え方や指導技術を学ぶことで「指導の平準化」が可能なだけでなく、人材育成にもなっていると考えられます。

　このような実践に感心しても、自校に導入するにはハードルが高いと感じる方も多いと思います。その点、福岡県柳川市立小学校の野間口美奈子主幹教諭は、北条小学校の実践を知り、勤務校に18の引き出しを設置しました。学校が研究テーマとしている教科について、各学年に学期別の引き出しを３つずつ設置したわけです。660の棚を有する北条小学校のカリキュラム管理室は50年の歴史があります。これと同じレベルのことを学校に取り入れるのは困難ですが、範囲や規模を縮小すれば、実践しやすくなります。
　また、学年の共通実践の場合は、大きな紙に書いた単元計画を張り出し、これに書き込んだり付箋のメモを貼り付けたりすることで、実践の進行中にも教師間のコミュニケーションを図ることもできます。特に力を入れている単元や行事については、直後の学年会などの機会に、短い時間でも反省会を行い、記録を残す仕組み（反省会を計画に組み込む、共通の記録用紙を作成するなど）をつくりたいものです。

■西留安雄元校長のDCAPサイクル

　西留安雄氏は、実施直後に評価-改善-計画を短期間で行うDCAPサイクルを提案しています。東京都東村山市立大岱《おんた》小学校校長在職時には、教育活動のまとまりや行事において、このサイクルを実施していました[13]。ある行事が終わったその日のうちに、関係者、あるいは全教職員による20分程度の評価ワークショップを行い、良かった点、要改善点、改善案などを明らかにします。そこで出された意見を担当者が集約し、３日以内に次年度の同じ行事の計画を作成するのです。これを主幹教諭や管理職がチェックして完成させ、全教職員に配布します。各行事、教育活動の度にこのサイクルを実施するので、年度末には全ての行事について次年度の計画が完成しています。教育課程編成に多くの時間をかける必要がありませんし、出来上がった計画は、既に協働的な検討過程を経たものです。次年度は、これを土台として若干の修正を加えて実施します。

　最後に、授業研究は、個々の教師の力量形成の機会であるばかりでなく、学校の研究やカリキュラムの評価やカリキュラム開発のための重要な機会でもあります。近年、わが国の授業研究は「レッスン・スタディ」と翻訳され、国際的に注目されています。

　これまでの議論を**図2**にまとめました。ポイントは、①計画段階に評価計画を組み込むこと、②実践段階での気付きや修正記録を書き残す仕組みをつくること、③評価・改善・

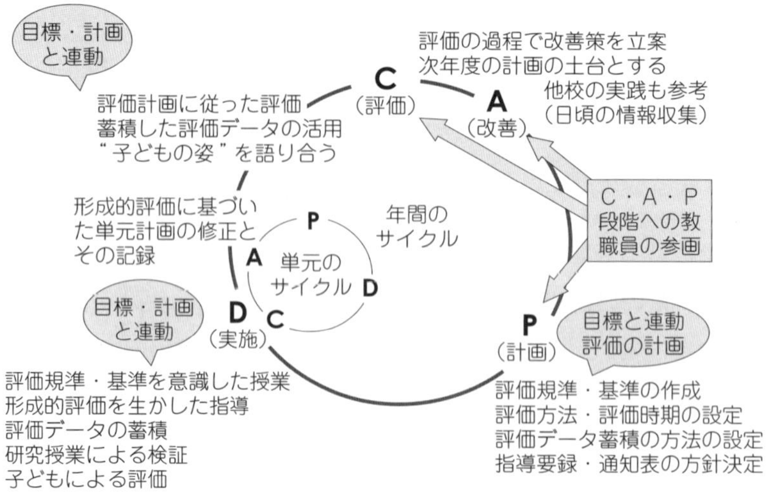

図2　カリキュラムマネジメントのサイクル

計画を連続的に行うこと、④計画段階や評価段階に教職員の参画の機会を設けること、などでしょう。

[注]

1　中留武昭編著『カリキュラムマネジメントの定着過程』教育開発研究所、2005年

2　中留武昭編著『総合的な学習の時間－カリキュラムマネジメントの創造』日本教育綜合研究所、2001年

3　田中統治「カリキュラム評価の必要性と意義」田中統治・根津朋実編著『カリキュラム評価入門』勁草書房、2005年、pp.1-27

4　田中博之・木原俊行・大野裕己監修『学力向上ハンドブック』ベネッセ教育研究開発センター、2007年

5　根津朋実「カリキュラム評価の理論と方法」田中統治・根津朋実編著『カリキュラム評価入門』勁草書房、2006年、pp.29-49

6　田村知子・本間学「カリキュラムマネジメントの実践分析方法の開発と評価、日本カリキュラム学会」『カリキュラム研究』第23号、2014年、pp.43-55

7　田村知子「カリキュラムマネジメントを促進する校内研修」村川雅弘編『ワークショップ型研修のすすめ』ぎょうせい、2005年、pp.24-42

8　根津朋実著『カリキュラム評価の方法 - ゴール・フリー評価論の応用』多賀出版、2006年

9　中條武志・山田秀氏編著『TQMの基本』日科技連、2006年、p.19　本書ではACTは「処置」とされています。

10　田村知子著『カリキュラムマネジメント－学力向上へのアクションプラン』日本標準、2014年

11　本事例紹介は、筆者により2011年の訪問調査および、羽島真史「カリキュラム管理室を活用した授業開発（北条プランの今）」田村知子編著『実践・カリキュラムマネジメント』ぎょうせい、2011年、pp.186-192に基づいて執筆しました。

12　村川雅弘・田村知子・東村山市立大岱小学校編著『学びを起こす授業改革』ぎょうせい、2011年を参照。

第３章

教科等横断的な視点によるカリキュラム編成

カリキュラムで「見える化」して、カリキュラムを使いこなそう

●

田村知子

第１節　教科等横断的な視点による教育内容の組織的配列

１　教科等横断的な視点の求めと現状

中教審教育課程企画特別部会「論点整理」では、カリキュラムマネジメントを三側面からとらえ、なかでも次の側面が強調されました。

> 各教科等の教育内容を相互の関係で捉え、学校の教育目標を踏まえた教科横断的な視点で、その目標の達成に必要な教育の内容を組織的に配列していくこと。

「論点整理」は、「これからの時代に求められる資質・能力を育むためには、各教科等の学習とともに、教科横断的な視点で学習を成り立たせていくことが課題となる。そのため、各教科等における学習の充実はもとより、教科等間のつながりを捉えた学習を進める観点から、教科等間の内容事項について、相互の関連づけや横断を図る手立てや体制を整える必要がある」と述べています。つまり、「各教科ならでは」の教科の本質に迫る学習を生み出す一方、一教科に限定されない汎用的な資質・能力を様々な教科・領域で総合的に育成する視点でカリキュラムを編成することを求めています。

実は、教科横断的な視点の求めは、今に始まったことではありません。下に示すように、「連関」や「関連」といった言葉で、戦後初期の学習指導要領から一貫して、60年以上の間、指摘され続けてきたのです。

■昭和26年「学習指導要領一般編（試案）」

「教科による組織のしかたであっても、教育課程は、全体として児童・生徒の望ましい経験の発展を目ざすものであるから、教科間の連関をじゅうぶんに考慮し、学習内容の重複を避け、有効で能率的な組織ができるように計画しなければならない。」

「教科間の連絡がふじゅうぶんであれば、その結果児童・生徒の学習活動は、断片的なものとなり、空

隙ができたり、むだな重複があったりすることになる。それをさけるためには、各教科の教材排列や学習する単元の構成や配列において、無理なく関連をはかることのできるものは、できるだけその関連をはかることが必要であろう」

■平成 20 年「小学校学習指導要領」

第 1 章総則 第 4 指導計画の作成等に当たって配慮すべき事項 1

　各学校においては、次の事項に配慮しながら、学校の創意工夫を生かし、全体として、調和のとれた具体的な指導計画を作成するものとする。

　⑴各教科等及び各学年相互間の関連を図り、系統的、発展的な指導ができるようにすること

　しかし、実際には、各学校における教科等横断的な視点でのカリキュラム編成はあまり進んでこなかったようです。たとえば、「義務教育に関する意識調査（2005 年実施）」によれば、総合的な学習の時間が「単なる体験になっており、教科との関連が不十分で学力が身につかない」を肯定した回答が半数を超えました（小学校担任 55.2%、中学校担任 73.1%）[1]。筆者による調査（2006 年実施、対象Ｆ市教務主任（小学校 128 人回答：回収率 92.1％・中学校 59 人回答：回収率 92.2%）でも、「教職員は、教科間および教科・道徳・特別活動との関連を意識して、日々の授業を行っている」に肯定的に回答した割合は 39.8％でした[2]。ベネッセ『VIEW21』小学版読者モニター（小学校教師）へのアンケート

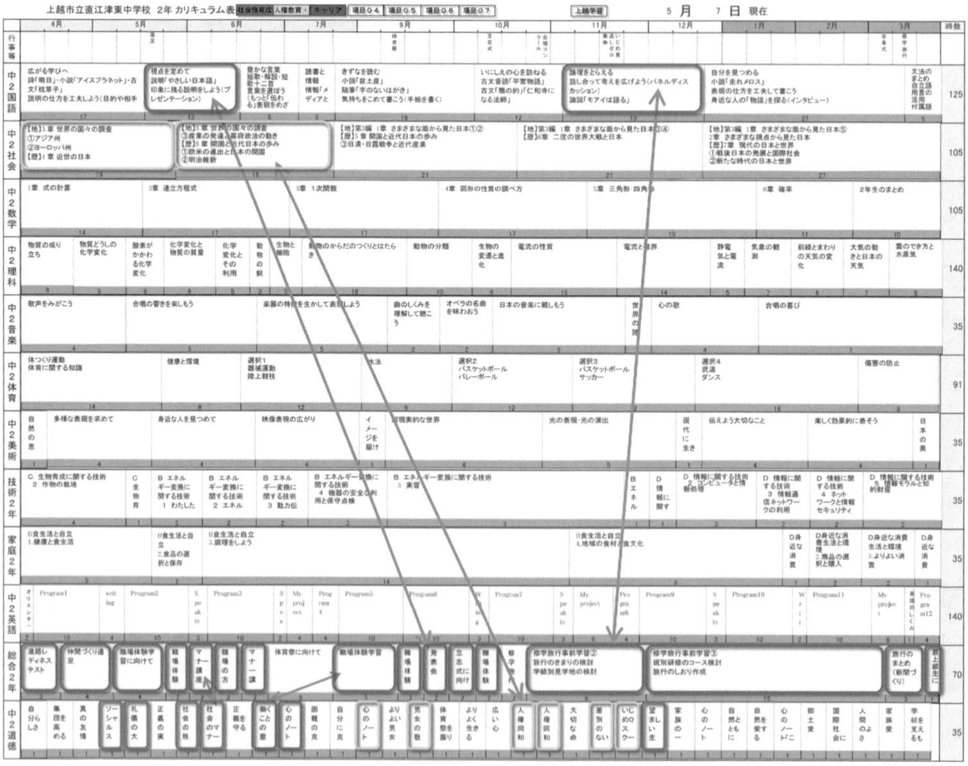

図 1　上越市の視覚的カリキュラム（上越市立直江津東中学校）

調査（2010年実施、有効回答数73）は、カリキュラムにかかわる実践の低調さを明らかにし、その背景要因として「教師のカリキュラムづくりに対する意識の低さ」「カリキュラムを作成するのは一部の教師」「日々の学習指導や活動に追われ、それぞれの教育活動の意義やねらいが見えなくなる教師もいる」「重点目標と具体的な実践事項が必ずしも一貫性がなく、日々の教育活動にまで生かせていないことが多い」などを指摘しました[3]。

そのような中で、新潟県上越市の「視覚的カリキュラム」の実践は特筆すべきです。同市では全ての小中学校で、**図１**に示すような教科等横断的なカリキュラムが作成されています（エクセルをベースとしたソフトウェアを開発）。縦軸は教科・領域等、横軸は４月から３月までの時間軸が示されており、１学年分の各教科・領域の全ての単元が見渡せるようになっています。欄外の上部には重点目標や育てたい資質・能力が記載されており、このボタンをクリックすれば、その力を重点的に育成する単元がボタンと同じ色枠で囲まれて表示される仕組みになっています。視覚的カリキュラムは保護者に配布されたり、「グランドデザイン」とともにホームページに掲載されたりしており、その意味で「社会に開かれた教育課程」として地域社会に共有されるツールともなっています。

２　教科等横断的な視点の意義

では、なぜ教科等横断的な視点が必要なのでしょうか。実は、カリキュラム上の関連、連関、相関といった「つながり」はカリキュラム研究の主要なテーマのひとつであり続けました。最も古典的なカリキュラム構成である「教科並列型カリキュラム」は人類の文化的遺産を系統的かつ効率的に教授できる良さはありますが、一方では、産業・経済・社会の発展に伴い、19世紀後半から、次のような観点から批判されてきたのです。

・子どもは全体的、統合的な存在であるのに、教科に分断され断片化された知識が与えられており、それらが統合されない
・学校知は子どもの生活と乖離している
・急速な知識増大への対応が困難である
・社会や経済、技術等の急速な変化に対応できずニーズに合わない
・現実の社会の課題は複合的であり、それに対応できない

これらの問題点を克服するべく、相関カリキュラムやコアカリキュラム、経験中心カリキュラムなど多くのカリキュラム構成原理が開発され、実践されてきたのですが、それは一部の先進校での取組みや、一時的な流行に留まりがちで、十分根づいてはきませんでした。しかし、急速な知識基盤社会への移行に直面する今、変化に対応できる資質・能力や「生きる力」は、一教科で限定的に育てられるものではないことから、改めて教科等横断的なカリキュラム編成が強く求められているのです。

教科等横断的な視点によるカリキュラムの整理には、次のような効果も期待されます。

・単元や単位時間の意義付けを一層明確にすることにより、限られた時間の中での実践の効果を高める。
・学習内容、教材、学習方法、体験活動などを、複数の教科・領域で繰り返し活用したり関連づけたりすることにより、学びが深まる。知の活用可能性（特定教科の知識が他の教科や生活でも使えるということ）を児童生徒が実感できる。
・ひとつの体験や学習内容を複数教科等に活用することにより、新たな体験や教材の追加や特設授業を抑制し、カリキュラムのスリム化につながる。
・教師に、カリキュラム全体で子どもを育てる意識を促し、先の見通しをもった実践へつながる。

3　教科等横断的なカリキュラムの作成と活用の進め方

教科等横断的なカリキュラム作成は、具体的には、だれがどのように進めていけばよいのでしょうか。カリキュラム作成主体については、教務主任等のリーダー層だけで進めるのではなく、授業者自身が作成するか、授業者が何らかの形で主体的にかかわりながら作成する必要があります。なぜなら、授業をする当事者が、関連を意識して実践をできることこそが目的であり、授業者が関連づけの意味を十分に理解している必要があるからです。

進め方は、まず、教科横断的に関連づける観点を明らかにします。「育てたい資質・能力（例：論理的思考力、主体的態度など）」「学習内容（例：総合的な学習の時間、道徳など）」「教育課題（例：キャリア教育、環境教育、安全教育、食育など）」「学習方法（例：言語活動、調べ方など）」が主な観点となります。そして、これらの観点から、各単元の意義をじっくり考え、相互に関連づけられそうな単元を探し、線で結んだり、色分けしたり、表を作成したりして整理していきます。ただ、最初から全ての教科等を見渡して、全ての関連を明らかにしようとすると、かなりの時間と労力がかかりますし、相当熟練した教師にしかできないことになってしまいます。そこで、計画段階ではある程度のところでこの作業は留めます。そして、むしろ、関連づける意識をもって実践を進め、その過程における気づきを書き残し、これを次の計画に反映させる、という方法が、現実的でうまくいくでしょう。

では、次のコラムを参照しながらより具体的にみていきましょう。コラムで紹介するA小学校の「見えるカリキュラム表」は先述した上越市の「視覚的カリキュラム表」とほぼ同様の形式ですが、この小学校独自の取組みです。また、実践と見直しを重ねるうちに、使い勝手がよいように、少しずつ形を変え進化してきました。

■「見える」年間カリキュラム表で見通しを共有し、目標達成へ向かう実践

元福岡市立Ａ小学校　熊谷節子元校長

１　教育課程の充実に向けて

本校では、当該年度において「ことばを大切にし、社会力をもった子どもの育成」を学校教育目標とし、「ことばは心」にこだわり、様々な人とかかわることによって、「よりよい社会を創ろうとする意欲・構想力・行動力」を身につけさせる教育活動の推進を図ろうと考えました。そして、教職員の協働意識の高揚と実践的指導力の向上をめざした課題対応型校内研修への改善を経営の重点として捉えました。

そこで、まず、教育目標の具現化と経営方針の共有化を図るためには、できていることを大切にしながら改善の視点を導き出す必要があると考え、カリキュラムのPDCAを中心にした教育活動と組織や文化を中心にした経営活動の関連図を教職員に示し、「子どもの考える力を高める授業研究の推進」と「保護者・地域と共に行う教育活動の推進」に取り組むこととしました。

２　育てたい力の育成に向けた「見える」年間カリキュラム表

⑴見通しの共有化

「自分の学校の教育目標は、何ですか」と聞かれたら、すぐに言葉にできますか。「どうやって育てたい力を育成しますか」と聞かれたらどうでしょう。これを学校の先生方全員に聞くと、様々な答えが返ってくると思います。ましてや、子どもの課題解決のための「見通し」となったら、一層とらえ方がまちまちになってしまうと思われます。

そこで、カリキュラムを中心にして、いつでも、誰でも、それがすぐに見えるようにしたいと思って作ったのが、A3判の「見える」年間カリキュラム表です（**図２**）。

⑵「見える」年間カリキュラム表の作成

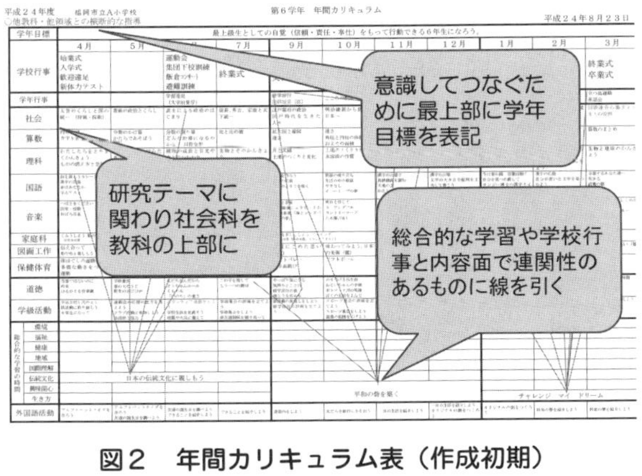

図２　年間カリキュラム表（作成初期）

まず、教育目標の「ことばと社会力」という育てたい力の理念を先生方が常に意識し、教科学習をはじめ、すべての教育活動に盛り込んでいけるように年間カリキュラム表の左上段に明記し、縦軸に教科・領域を横軸に年・各月を書くようにしました。そして、この手作りの年間カリキュラム表をもとに１年間の見通しを持ち、教科

等の連関性を捉えながら、実践・評価・改善を繰り返していくことにしました。

当初は研究教科である生活・社会の単元配列のみからスタートし、それを職員室後ろに掲示したり、自分の手元に置いたりしながら、先生方は日々の気付きを直に朱書きしていかれました。例えば6年生のカリキュラム表には、日々の授業の中で子どもの課題を解決するために重点を置く単元や内容を決め、そこに補充時間を加えたり、教科と教科や教科等と行事（体験活動等）を関連づけたりする工夫や修正を日々行っていかれた取組みの足跡が見えてきます。

⑶「見える」年間カリキュラム表の変容

運用して2年目、6年生の先生方から「本校の研究教科である社会は、どうしても引く線が多くなるので、教科の一番上に置きたい」というアイディアが出されました。その後、学年目標を意識化するために新たに上部にそれを表記し、次いで総合的な学習の時間や学校行事と内容面で連関性のある教科等が線でつながれていきました。

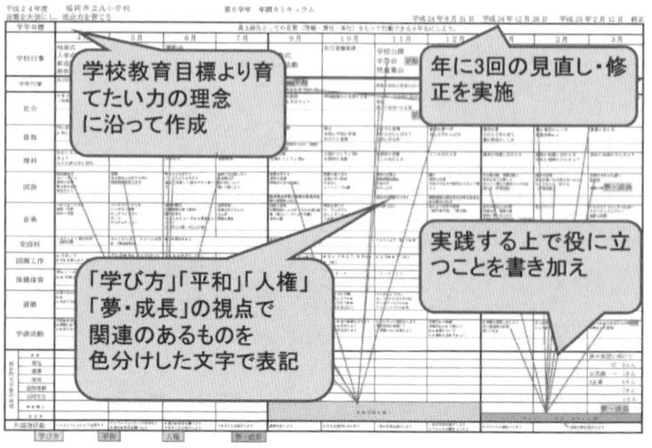

図3　年間カリキュラム表の変容（平成24年度）

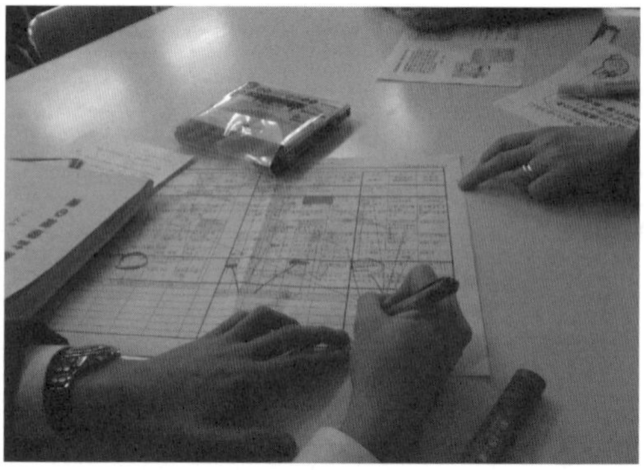

長期休業期間中の校内研修会で協働的に修正

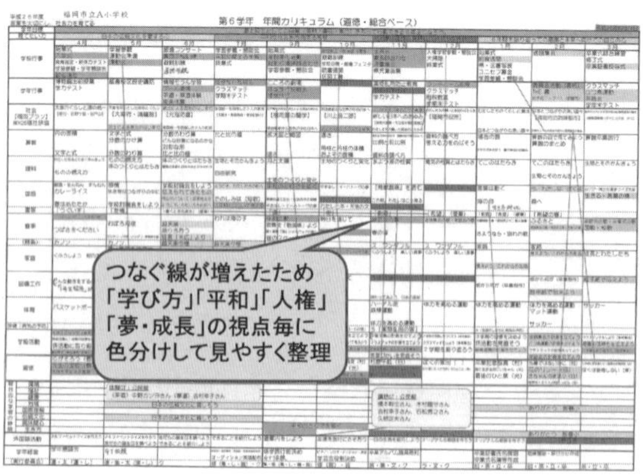

図4　年間カリキュラム表の変容（平成26年度）

このように、学校の教育目標から学年目標へのつながりを意識して教育活動を実践してきた結果、6年生では「伝統文化」「平和」「夢・成長」「感謝・自立」という4つの取組みの重点を設定することができ、関連した単元の枠内に色分けした文字で書き込んだり、線でつないだりしながら授業に反映させ、改善していくことができました。

さらに、2学期以降には、外部講師との打ち合わせの手はずや指導上の段取り、悩み、アイディア、工夫などの実践していく上で役に立つことが欄外に数多くメモされるようになり、年度末には、4つの取組みの重点ごとにつないだ線や色分けした文字が見やすくなるように整理されたカリキュラム表が、次年度の担任へと引き継がれていきました。

⑷「見える」年間カリキュラム表の日常的な活用

職員室にカリキュラム表を掲示し書き込みをしている

職員室後ろに掲示された各学年の「見える」年間カリキュラム表は、日々の授業の中で気づいた子どもの課題をどのように解決していくのかについて、見通しをもって考え、話し合うときに先生方が随時活用されるようになりました。そして、その話し合いは、同学年はもちろんのこと、例えば6年生の先生と４年生の先生が「感謝・自立」について交流を持つ姿、ベテランの先生と若年の先生が「学習規律」について交流を持つ姿などへと広がりを見せていきました。

３　成果と課題をふまえて

子どもに身につけさせたい力は、急に身につくものではありません。私は、見通しをもって日々の教育活動にあたるとき、見える年間カリキュラムの修正が必要になり、それがひいては、授業改善や保護者・地域を巻き込む活動へとつながっていったととらえています。そして、このような取組みを続けることで、子どもが自分の考えを持ち、その考えが友達と違った場合でも、自分の考えをことばで説明したり、相手に尋ねたりできるようになって、自らの考える力を高めることができるようになると考えています。

Ａ小学校の実践は、教科横断的なカリキュラムを作成しただけでなく、カリキュラム表を有効に「使いこなした」点でも優れた実践です。コラムからは、次のような特徴が読み取れます。

①　実践したことを元にして次のカリキュラムへとつなげていったので、取り組みやすい。また、カリキュラムが教師の知恵や実感がこめられたものになっていった。
②　授業者自身が作成することで授業者にカリキュラム編成の視点が育った。
③　定期的に校内研修会を設けて振り返りや計画を学年単位で行った。そこではベテラン層が指導的役割を引き受けながら、教師間に学び合いが生まれた。

④　掲示されたカリキュラムを囲んだ教師間の日常的なコミュニケーションが生まれた。

筆者は、同校のカリキュラムの見直し校内研修を参観したことがありますが、そのときの研修タイトルが「ああ、こうすればよかった、を形に残そう」研修でした。「ああ、こうすればよかった」は日常的に経験することです。これを「形に残す」ことが大切です。遊び心も垣間見えるセンスのよい研修タイトルだと思います。A小学校の事例は、教科等横断的なカリキュラム表を使って、PDCAサイクルを組織的に回しており、まさに、「論点整理」が示したカリキュラムマネジメントの三つの側面を満たした事例です。

第2節　生徒による知の総合化

教科等横断的なカリキュラム編成・実施の目的や利点は、前節に述べたように複数ありますが、最終的には、学習者（児童生徒）の中で「知の総合化」がなされることが重要です。つまり、ある教科で学んだことと他教科での学びとをつなぎあわせて考えることができるようになったり、ある教科での学びが他教科や生活上の問題解決に役立ったりすることで、事実的知識の暗記から、知識と知識が関連づけられ構造化された深い知識理解、そして、新たな問題場面においても「使える」知識習得となるようにすることです（知識だけでなく、技能や方略についても同様です）。

また、教科担任制をとる中学校以上では、学級担任がほぼ全ての教科・領域を見渡せる小学校に比べると教科等横断的なカリキュラムの編成・実施は難しくなります。ちなみに、昭和26年の学習指導要領（一般編）には「特に中学校以上では、学年や学期の初めに、さらに週の初めに、教師相互の連絡を密にして、各教科の有機的な連関をつけることが必要」と述べられており、早くから中等教育における教師間の意識的な協働の必要性は指摘されてきました。本節では、生徒は、教師間の協働的な教科等横断的カリキュラム編成の一助になりうる、という提案をします。なにしろ生徒は全ての教科を学んでいますので、教師は生徒の視点から気づきを得られる可能性があります。「生徒にとっての知の総合化」および「教師による教科横断的カリキュラム編成の一助」の双方にとって有効な方法として村川雅弘・三橋和博両氏が提唱する「知の総合化ノート[4]」を「コラム」で紹介します（pp.94-95参照）。

第3節　カリキュラム文書の工夫による連関性の確保

1　多様な連関性

前節１、２では、教科等横断という、いわば「ヨコの連関性(スコープ)」を見てきました。「連関性（つながり)」は、カリキュラムマネジメントを考える上で、最重要のキーワードです[5]。実は、「連関性（以下、「つながり」とします)」は、各教科・領域間のつながり以外にも、次のようなものの間に必要です。

①　目標とカリキュラム（内容、方法、手立て、授業など)
②　目標と評価規準・基準
③　学校での学びと子どもの生活経験
④　教科等における系統性・シークエンス（学年間、学校段階間)
⑤　学習内容と季節や地域性
⑥　授業と家庭学習
⑦　年間指導計画と月案、週案、単元学習指導案など
⑧　研究授業・校内研修と日常の授業

これらのつながりも、教科等横断的なつながりと同様、これまでも意識的に実践を重ねてきた先生方も多いと思いますが、たとえば新任教師であれば、どうしても「今日のこの授業」のことで手一杯になりがちで、同一教科内における単元間のつながりや系統性にまで行き届かないこともあります。そこで、「他者を通してパフォーマンスする」（マグレッタ 2001）というマネジメントの観点から、カリキュラム文書を活用して、先生方の「つながりの意識化」を促進する方法を以下に提案します。

2　マネジメント・ツールとしてのカリキュラム文書

カリキュラム関連文書（例：年間カリキュラム表）は「マネジメント文書」、つまりマネジメントのためのツールでもあります[6]。全ての教師が、何も見なくても、長期的スパンの教科の系統性や、全教科・領域を見渡したつながりなどを、頭の中でいつも整然と整理でき、それを実践に即時的に生かせるのであれば、カリキュラムを紙に書き出す必要はないかもしれません。しかし、通常、私たちは自分の頭を整理するためにも、個々の実践や一人ひとりの頭の中にある構想や経験を組織的に共有するためにも、カリキュラム文書（表）に書き込み、「見える化」することが必要です。計画文書を作成するからこそ、組織で共有し、継承・発展させることができます。

3　カリキュラム表は実践のための地図であり記録簿でもある

カリキュラム表（カリキュラム計画）は、これまでの実践の積み重ねを土台として創られた、「これからの実践のためのおおまかな地図」です。この地図を目安として実践を進めますが、その過程では、児童と教師の相互作用から新たな実践が生まれたり、新たな発見があったりします。その、新たに発見した価値や要修正点をカリキュラム表に書き込んでいきます。そうすれば、カリキュラム表は実践を集積した記録簿にもなります。あたかも、現地でしか知り得なかった情報を地図に書き残すように、です。それでは、次項では、マネジメント文書としてのカリキュラム関連文書の工夫について事例から学びましょう。

4　カリキュラム文書の工夫による「見える化」の事例

カリキュラム文書をマネジメントのツール（手段）と考えれば、作成の目的を明確にして取り組むことが必須です。「見える化」は、誰に何を見せたいのかを明確にして行います。「見える」ようにしたいのは、目標でしょうか、教科間の関連でしょうか、授業時数でしょうか。では、次の１～３の事例から、「何を見えるようにしたいのか」というカリキュラム文書作成のねらいを読み取っていきましょう。

事例１は、柳川市内の小学校では必ず作成する週案に、一工夫を加えたものです（柳川市立矢ケ部小学校野間口美奈子主幹教諭（当時）考案）。週案の左下に「本年度重点目標」が示され、その目標に迫るための「今週の重点と方策・評価」の記

【事例１】週案の工夫

平成26年9月1日～平成26年9月12日（第1～2週）　　柳川市立矢ヶ部小学校

	9／1(月)	9／2(火)	9／3(水)	9／4(木)	9／5(金)
関連行事等	○始業式 ○職員会議13:30～ ○学校安全の日	○委員会活動⑤ ○夏休み作品展示 （放課後まで）	○夏休み作品展（～9日）	※木曜時制 ○研修（主題研修） ○質問教室17:20	○ALT②2年 ④6年（給食）⑤5年 ○定時退校日
出張		◇学校事務共同実施 14:00三庁（田中）		◇市小中学校長会 10:00三庁校長	◇市小学校経営に係る校長研修会 15:00垂見小（校長） ◇研究員会 三庁（遠山）
朝の指導	学級	音読	音読	学級	音読
1	始業式	算数 整数1／13 ○本単元の学習課題をとらえ、整数が偶数と奇数に類別されることを理解する。	国語 詩と俳句を味わおう2／2　○情景や心情を想像しながら俳句を声に出して読み、文語調のリズムや響きを味わう。	学級活動 発育測定 生活習慣を正しくしよう	国語 パネル討論をしよう2／5　○グループで、討論に向けて練習をする。
2	学級活動 係をパワーアップしよう	国語 詩と俳句を味わおう1／2　○情景や心情を想像しながら声に出して	算数 整数2／13 ○倍数の意味を理解し、倍数を求める。	国語 パネル討論をしよう1／5　○パネル討論の進め方や、役割分担などに	算数 整数4／13 ○公倍数、最小公倍数を工夫して求める。

～　中　略　～

【本年度重点目標】生き生きと活動し、粘り強く考える子どもの育成

今週の重点と方策・評価	(学)かんがえる子ども・重点	具体的方策	評価・改善策
	国語:「パネル討論をしよう」 4／5 ☆ねらい　自分の立場を明確にして、相手の意図を考えながらパネル討論をする。 視点（ 相手の意見を聞いて自分の考えをつなげて話すことができる。 ）	○パネル討論の進め方を掲示しておく。 ○司会の進め方を書いたナビを持たせて進めさせる。　○「～さんは、～と言いましたが～」「～さんが言うように～ですが、～」という言い方を提示し友だちの発言につなげさせる。	4－3－②－1
	算数:「整数」　3/13 4/13 ☆ねらい　最小倍数の意味を理解し、倍数を求めることができる。 視点（最小公倍数を求めることができる。 ）	○3人1組の組の数と人数表をもとに考えさせる。 ○数直線で、倍数に丸をつけさせる。 ○2つの数の最小公倍数の求め方を学習した後、、3つの数の最小公倍数の求め方を同じように考えさせる。	4－③－2－1

矢ヶ部小学校の合言葉　「しない・させない・許さない　飲酒運転・薬物」

入欄が特設されています。この小学校の重点目標は「考える子ども」です。「考える子ども」の育成に向けて、日々の授業において、具体的な手立てを打つ必要があります。しかし、一般的に、学校においては、研究授業のときは重点目標と研究主題に沿った手立てを入念に準備するのですが、それが日常の授業につながりにくい、ということが起こりがちです。そこで、２週間のうち、２時間だけは、特に重点目標を意識し（表中「(学) 考える子ども・重点」の欄)、研究授業で開発している手立てを導入した授業（表中「具体的方策」の欄）を実施するように促しているのです。この表では、国語の１時間と算数の２時間分がその授業ですが、その授業を実施する時間には朱筆で印がつけられて管理職に提出されます。管理職と主幹教諭はその時間に、当該学級を訪れて参観し、授業者にフィードバックをします。授業者は自己評価し改善策を考えます（表中「評価・改善策」の欄)。この１枚に、学校の重点目標と研究内容、そして授業レベルの PDCA が集約されています。この実践は、必ず作成する週案を利用した点、週に１時間程度に限定した点でも優れた実践といえます。新たに文書を増やすことは大きな負担増となりますし、すべての授業に開発的に取り組むのも難しいです。負担は最小限に抑え、効果を高めることが重要です。この週案の考え方は、現在では柳川市の小学校で共有されています。

【事例２】行事の PDCA 表の開発

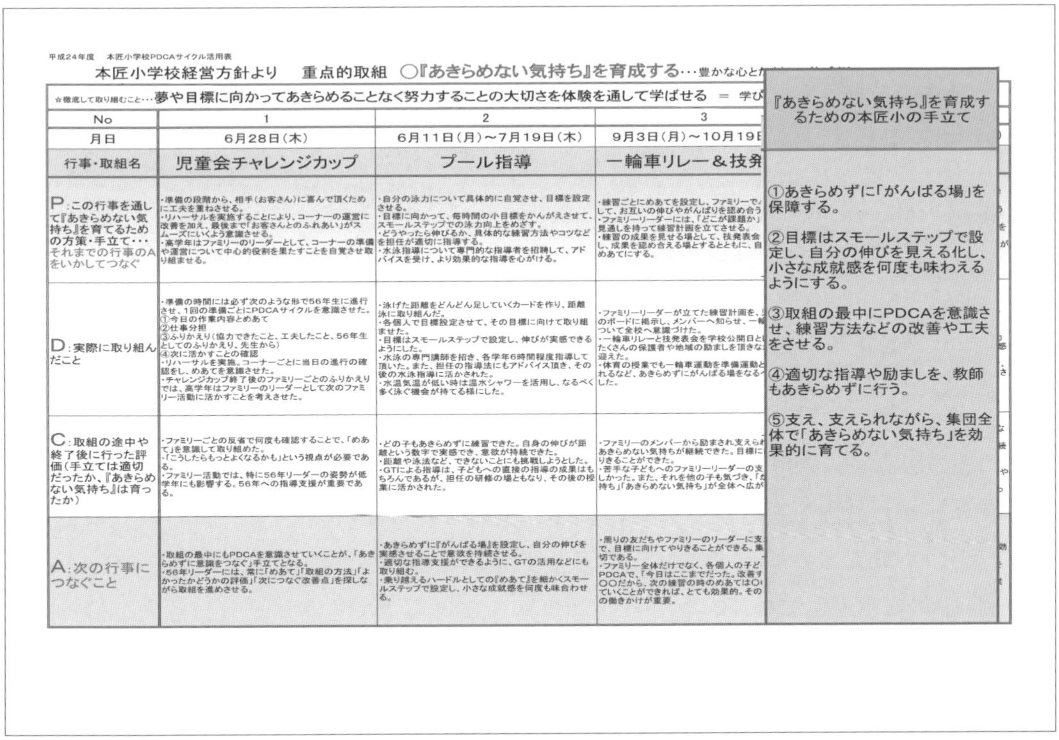
平成24年度　本匠小学校PDCAサイクル活用表

本匠小学校経営方針より　重点的取組　○『あきらめない気持ち』を育成する…豊かな心とた

☆徹底して取り組むこと…夢や目標に向かってあきらめることなく努力することの大切さを体験を通して学ばせる　＝　学び

No	1	2	3
月日	6月28日（木）	6月11日（月）～7月19日（木）	9月3日（月）～10月19日
行事・取組名	児童会チャレンジカップ	プール指導	一輪車リレー＆技発
P：この行事を通して『あきらめない気持ち』を育てるための方策・手立て… それまでの行事のAをいかしてつなぐ	・準備の段階から、相手（お客さん）に喜んで頂くために工夫を重ねさせる。 ・リハーサルを実施することにより、コーナーの運営に改善を加え、最後まで「お客さんとのふれあい」がスムーズにいくよう意識させる。 ・高学年はファミリーのリーダーとして、コーナーの準備や運営について中心的役割を果たすことを自覚させ取り組ませる。	・自分の泳力について具体的に自覚させ、目標を設定させる。 ・目標に向かって、毎時間の小目標をかんがえさせて、スモールステップでの泳力向上をめざす。 ・どうやったら伸びるか、具体的な練習方法やコツなどを担任が適切に指導する。 ・水泳指導について専門的な指導者を招聘して、アドバイスを受け、より効果的な指導を心がける。	・練習ごとにめあてを設定し、ファミリーで、 して、お互いの伸びやがんばりを認め合う ・ファミリーリーダーには、「どこが課題か」 見通しを持って練習計画を立てさせる。 ・練習の成果を見せる場として、技発表会 し、成果を認め合える場とするとともに、自 めあてにする。
D：実際に取り組んだこと	・準備の時間には必ず次のような形で56年生に進行させ、1回の準備ごとにPDCAサイクルを意識させた。 ①今日の作業内容とめあて ②仕事分担 ③ふりかえり（協力できたこと、工夫したこと、56年生としてのふりかえり、先生から） ④次に活かすことの確認 ・リハーサルを実施。コーナーごとに当日の進行の確認をし、めあてを意識させた。 ・チャレンジカップ終了後のファミリーごとのふりかえりでは、高学年はファミリーのリーダーとして次のファミリー活動に活かすことを考えさせた。	・泳げた距離をどんどん足していくカードを作り、距離泳に取り組んだ。 ・各個人で目標設定させて、その目標に向けて取り組ませた。 ・目標はスモールステップで設定し、伸びが実感できるようにした。 ・水泳の専門講師を招き、各学年6時間程度指導して頂いた。また、担任の指導法にもアドバイス頂き、その後の水泳指導に活かされた。 ・水温気温が低い時は温水シャワーを活用し、なるべく多く泳ぐ機会が持てる様にした。	・ファミリーリーダーが立てた練習計画を、 のボードに掲示し、メンバーへ知らせ、一輪 ついて全校へ意識づけた。 ・一輪車リレーと技発表会を学校公開日と たくさんの保護者や地域の励ましを頂きな 迎えた。 ・体育の授業でも一輪車運動を準備運動と れるなど、あきらめずにがんばる場をなる した。
C：取組の途中や終了後に行った評価（手立ては適切だったか、『あきらめない気持ち』は育ったか）	・ファミリーごとの反省で何度も確認することで、「めあて」を意識して取り組めた。 ・「こうしたらもっとよくなるかも」という視点が必要である。 ・ファミリー活動では、特に56年リーダーの姿勢が低学年にも影響する。56年への指導支援が重要である。	・どの子もあきらめずに練習できた。自身の伸びが距離という数字で実感でき、意欲が持続できた。 ・距離や泳法など、できないことにも挑戦しようとした。 ・GTによる指導は、子どもへの直接の指導の成果はもちろんであるが、担任の研修の場ともなり、その後の授業に活かされた。	・ファミリーのメンバーから励まされ支えら あきらめない気持ちが継続できた。目標に りきることができた。 ・苦手な子どもへのファミリーリーダーの支 しかった。また、それを他の子も気づき、「 持ち」「あきらめない気持ち」が全体へ広が
A：次の行事につなぐこと	・取組の最中にもPDCAを意識させていくことが、「あきらめずに意識をつなぐ」手立てとなる。 ・56年リーダーには、常に「めあて」「取組の方法」「よかったかどうかの評価」「次につなぐ改善点」を探しながら取組を進めさせる。	・あきらめずに『がんばる場』を設定し、自分の伸びを実感させることで意欲を持続させる。 ・適切な指導支援ができるように、GTの活用などにも取り組む。 ・乗り越えるハードルとしての『めあて』を細かくスモールステップで設定し、小さな成就感を何度も味合わせる。	・周りの友だちやファミリーのリーダーに支 で、目標に向けてやりきることができる。集 切である。 ・ファミリー全体だけでなく、各個人の子ど PDCAで、「今日はここまでだった。改善す ○○だから、次の練習の時のめあては○ ていくことができれば、とても効果的。その の働きかけが重要。

『あきらめない気持ち』を育成するための本匠小の手立て

①あきらめずに「がんばる場」を保障する。

②目標はスモールステップで設定し、自分の伸びを見える化し、小さな成就感を何度も味わえるようにする。

③取組の最中にPDCAを意識させ、練習方法などの改善や工夫をさせる。

④適切な指導や励ましを、教師もあきらめずに行う。

⑤支え、支えられながら、集団全体で「あきらめない気持ち」を効果的に育てる。

事例２は、佐伯市立本匠小学校で開発された表です。どのような意図で作成されたか考えてみてください。これは、各行事はそれぞれ年度単位のPDCAサイクルが確立している（**図７**の左側の「今までのPDCAサイクル」）が、それだけでもったいない、という発想から生まれた表です。小学校では、「あきらめない気持ちの育成」が重点目標です。「あきらめない気持ち」は、児童会チャレンジカップでもプール指導でも一輪車リレーでも育成できる。そうであれば、各行事を「あきらめない気持ちの育成」という目標の視点からつなぐべきだと考えたのです（**図７**の右側の「もう一つのPDCAサイクル」）。行事が単発に終わるのではなく、一つ一つの行事が一層意図的に行われ、ある行事で有効だった手だてが他の行事で応用され、その結果として、児童が多様な経験を積み重ねる過程で「あきらめない気持ち」が徐々に育っていくように、この表は促しています。

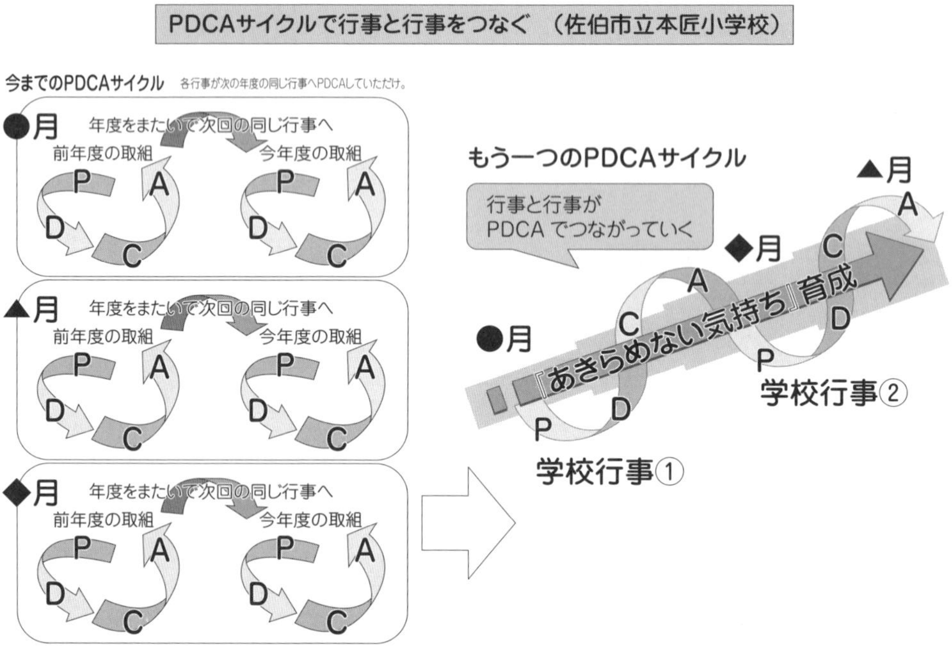

図７　本匠小学校　重点目標の視点で行事と行事をつなぐPDCAサイクルの考え方

この表のもう一つの優れた点は、全ての計画を一気にするのではなく、まず児童会チャレンジカップの計画を書き込み（P）、実際に実践したことを書き（D）、その行事を振り返り（C）、有効だった手だてやもっと工夫したい点を明らかにし（A）、次のプール指導の計画（P）に生かしていく、という手順を踏んでいる点です。つまり、意図を持って実践し、実践の記録を残し、そこから得た知恵を確実に次に生かし、より意図的な実践へ、とつながっているのです。さらに、表の右端には「あきらめない気持ちを育成する手だて」がありますが、これは各行事を通して有効だった手だてが集積されたものです。「結果としてのカリキュラム」が「計画としてのカリキュラム」につながっていきます。

【事例 3】「単元の指導計画」を創意工夫するための「単元構想図」の作成

1 「単元構想図」の役割

学校現場における教科指導においては、「単元の指導計画」を作成し、それをもとに単位時間の授業案を具体化することが多くあります。「単元構想図」は「単元の指導計画」を作成する際に、その指導方針を明確にする役割を担っています。例えば、算数科では、「小学校学習指導要領解説算数編」（文部科学省 2008)、第４章「指導計画の作成と内容の取扱い」において、指導計画作成上の配慮事項が以下の４点で示されています。

⑴継続的な指導や学年間の円滑な接続

⑵領域間の指導の関連

⑶算数的活動を通しての指導

⑷道徳教育との関連

例えば、⑴に配慮すれば、本単元で学習する内容が前学年までのどんな学習を基盤にしているのか、また、次の学年以降どのように発展していくのかを明確につかみ、スパイラルによる学習指導を位置づけたり、発展的に学習を進める学習活動を位置づけたりする工夫が考えられます。しかし、「単元の指導計画」は指導目標、指導内容、授業の時間配当、指導の方法、評価の計画など多くの要素を含むので、作成した内容が複雑になり創意工夫の意図がわかりにくくなることがあります。そこで単元の指導方針を端的に示す「単元構想図」が必要となるのです。「単元構想図」は「単元構造図」や「単元の指導構想図」などと呼ばれることもありますが、その役割は**図8**のようにまとめられるでしょう。

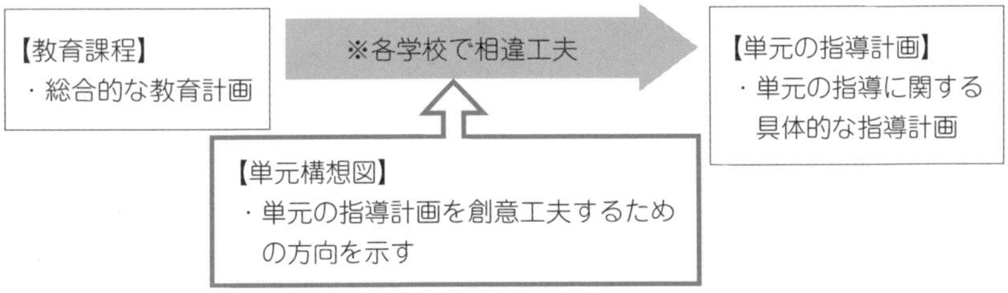

図８「単元構想図」の役割

2 小学校算数科における「単元構想図」の具体例

図９は、小学校算数科の５年生「分数のたし算とひき算」の「単元構想図」です。上記の指導計画作成上の配慮事項のうち、「単元の指導計画」作成に大きくかかわる⑴と⑶の内容を受けて筆者が考案したものです。

1)「⑴継続的な指導や学年間の円滑な接続」についての「単元構想図」作成の工夫点

・算数科の内容は、他教科と比べると系統性や連続性はっきりしており、既習内容を基にして、それに積み重ねる形で新しい内容を学習することが多い。

・各学年で学習した内容が身に付いているかどうかを評価し、上級学年においても、必要に応じて継続して指導する必要がある。

○本単元の学習の基盤となる既習内容と、今後本単元の学習を発展させていく学習内容を**＜既習内容＞**と**＜つなげる内容＞**として明記した。

○これまでの学習で獲得している数学的な見方や考え方を**＜高めたい数学的な見方や考え方＞**として示し、それらが本単元の学習を通してどのように高まるのかを**＜教科の本質に迫る数学的な見方や考え方＞**として明記した。

2)「(3)算数的活動を通しての指導」についての「単元構想図」作成の工夫点

・算数的活動とは、児童が目的意識をもって主体的に取り組む算数にかかわりのある様々な活動であり、算数の学習では重要な役割を果たすものである。

・算数的活動を、そのねらいや形態などに着目して整理すると、大きく２つ（A、B）に分類でき、更にそれぞれを４つに細分することができる。

A：内容そのものを理解するための算数的活動

1　手や身体などを使ってものを作るなどの作業的な活動

2　教室の内外において各自が実際に行ったり確かめたりする体験的な活動

3　身の回りにある具体物を用いた活動

4　実態や数量などを調査する活動

B：他の場面や学習に活用するための算数的活動

5　数量や図形の意味、性質や問題解決の方法などを見付けたりつくりだしたりする探究的な活動

6　学習したことをさらに発展させて考える活動

7　学習したことを様々な場面に応用する活動

8　算数や他教科等の学習を通して身に付けたものを総合的に用いる活動

○単元の学習を通して、子どもたちがどのように認識を深めていくのかを、子どもの立場で**＜単元を貫く課題意識＞**と**＜単元学習後の意識＞**として明確にする。

○各単位時間のねらいを明確にし、ねらいを達成させるためにはどの算数的活動が適しているのかを判断して位置づける。

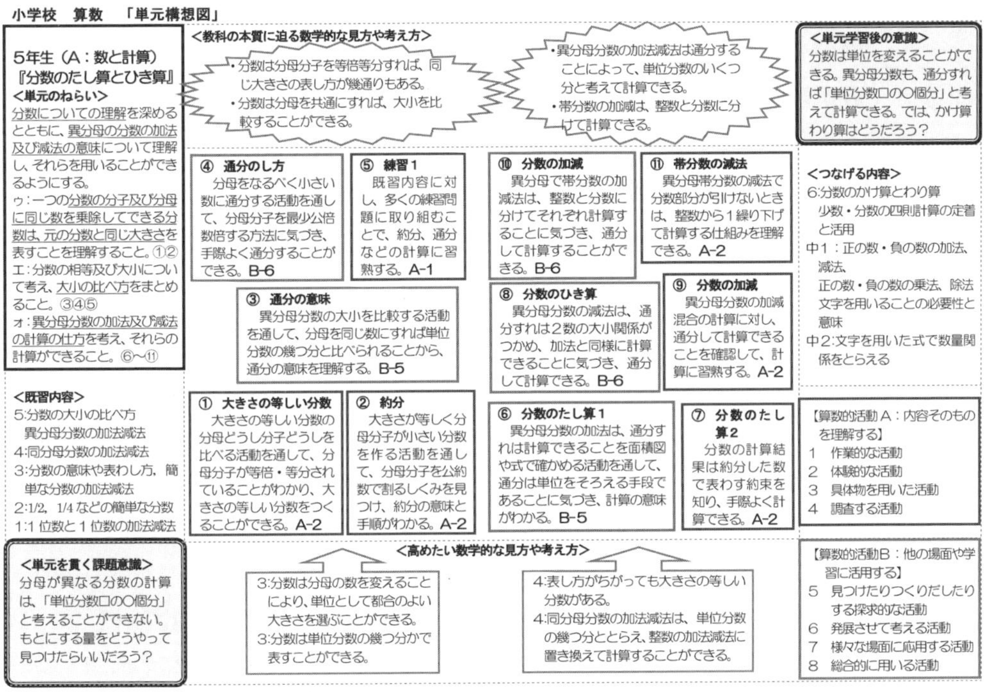

図９「単元構想図」小学校算数５年生『分数のたし算とひき算』

３「単元構想図」を作成する効果

「単元構想図」は「単元の指導計画」の創意工夫にあたり、以下の効果をもたらします。

○**＜既習内容＞**と**＜つなげる内容＞**との関連や、**＜高めたい数学的な見方や考え方＞**と**＜教科の本質に迫る数学的な見方や考え方＞**との関連を描くことにより、単元の学習の入口と出口が明確になり、単位時間のねらいや算数的活動を具体化することができる。

○**＜単元を貫く課題意識＞**と**＜単元学習後の意識＞**を明示することにより、子どもの学習意欲を喚起する課題化へのアプローチが明確になるとともに、各授業をつなぐ連鎖的な課題が子どものレベル水準で明らかにすることができる。

４「単元構想図」作成の手順

「単元構想図」を作成するには、それなりの時間と労力が必要です。ここで、筆者の経験から「単元構想図」作成の手順を述べます。

・手順１：学習指導要領を基に、単元のねらいを捉え算数的活動を通して身につけることがらにアンダーラインを引き、具体的な目標を達成する授業の位置を明確にする。

・手順２：学習指導要領や教科書を基に、学習の基盤となる既習内容と本単元の学習内容を発展させて今後学習が進められる内容を明らかにする。
・手順３：課題解決の根拠となる既習の見方や考え方と、本単元の学習を通して、新たに身につけさせたい見方や考え方を明らかにする。
・手順４：単元を貫く課題意識と、単元学習後の意識を子どもの言葉で書く。
・手順５：様々な要素をつなげて、単位時間の位置、ねらい、必要な算数的活動を明確にする。

5　おわりに

先にも述べたように、ここに紹介した「単元構想図」はあくまでも筆者が開発した一例に過ぎません。したがって「単元構想図」は「単元の指導計画」や単位時間の展開を創意工夫するための方向を示す役割を担うものであれば、様々な形式があって当然だと考えます。また、算数に限らず、他教科や総合的な学習の時間等でも汎用できると考えます。要するに、各学校や各教師が、「このような指導をした根拠はここにあります。」と、意図を明確にして指導計画の創意工夫（カリキュラムマネジメント）に取り組むことが大切だと考えます。

（岐阜大学教職大学院准教授　吉村嘉文）

事例３は非常に構造化された本格的な取組みですので、全ての単元でこのような構造図を作成するのは時間的に難しいかもしれません。しかし、年に１回でも、本格的に一単元に向き合い、このような単元構造図を構想する経験は、他の単元実施の際にも生かされるのではないでしょうか。構造図を作成しなくても、系統性を意識する、単元全体における単位時間ごとの意味付けをする、という意識が養われることが重要でしょう。

事例１～３を紹介してきましたが、これらはあくまでも「事例」です。学校によって、先生方に一層意識的になってほしいポイントは異なります。学校の実態に応じて、「何に意識的になることが今、大切なのか」をまず考えましょう。また、取り組みやすさの点から言えば、今まで作成していない文書を新たに導入するよりは、現在も作成している文書の様式に一工夫を加える、つまりマイナーチェンジのほうがスムーズでしょう。たとえば、学習指導案はどこの学校でも作成します。そこに、たとえば「学習指導要領における本単元の位置づけ」の欄を設けると、授業者は必ず学習指導要領と照らし合わせます。学校には必ず作成しているカリキュラム文書があります。それらを、一度見直してみてください。

5　カリキュラム文書を使いこなすための工夫

教育課程は毎年、教務部でとりまとめて教育委員会へ提出されますが、提出した後こそがカリキュラムマネジメントの本番です。計画は実行されなければ意味がありません。マネジメントは「実行すること」でもあります。カリキュラム文書は義務的に作成して校長室やパソコンの中で保管しておくためのものではなく、マネジメント・ツールとして、徹底的に使いこなすものです。使われない計画は、「計画のための計画」であり、無用な労力・時間の消費でしかありません。

「使いこなす」ためには、カリキュラムを、教職員がいつも「使える」状態にしておくことが必要です。紙に印刷したり冊子にしたりして、全員分が手持ちできるようにしましょう。A3判の年間指導計画を職員室の机のデスクマットの下に入れておいたり、大きめの厚紙に張り付けて二つ折りにしてひもをつけてデスクサイドにかけておいたりするのもよいでしょう。いずれにしても、目にしやすい、手にとりやすい、そして書き込める形にしておくことが「使う」前提となります。これからは、タブレット端末に利便性を感じる先生も増えるかもしれませんが、現時点では、「簡単に書き込める」のは紙の良さです。

模造紙大の年間指導計画や単元指導計画を職員室や資料室の壁に貼っておくのもよいでしょう。湯茶コーナーの近くなど、集まりやすい場所であれば、そこは教師間のコミュニケーションの場になります。側に書き込み用の付箋やペンを常備しておくとよいでしょう。

6　カリキュラム文書の作成を目的にしないこと

最後に、目的と手段を混同しないように、という指摘をしておきます。カリキュラム表作成も、力を入れるうち、ついつい作成自体が目的のようになってしまったり、作成していることに安心してしまったりすることが起こりえます。目的は子どもの教育的成長であり、教育目標の具現化です。指導技術もカリキュラムもカリキュラムマネジメントも、手段です。手段の適否の判断基準は「子どもにとってどうなのか」です。そのことは肝に銘じておきたいものです。

[注]

1　平成16・17年度文部科学省委嘱調査「義務教育に関する意識調査」報告書，文部科学省ウェブサイト http://www.mext.go.jp/b_menu/shingi/chukyo/chukyo0/toushin/1217009_1424.html, 2014/12/22確認

2　田村知子「教務主任のカリキュラムマネジメントへの関与の状況」『九州教育経営学会研究紀要』第13号、2007年、pp.29-36

3　「どこが難しい？カリキュラムづくり」『VIEW21（小学校版）』2010.vol3、ベネッセコーポレーション、pp.3-4

4　詳細は、村川雅弘・三橋和博編著『「知の総合化ノート」で具体化する21世紀型能力』学事出版、2015年を参照。中学校だけでなく、小学校や大学生の実践も紹介されています。

5　カリキュラムマネジメント論を最初に提唱した中留武昭氏は「連関性」を「基軸」だと論じました。中留武昭編著『総合的な学習の時間－カリキュラムマネジメントの創造』日本教育綜合研究所、2001年

6　Fenwick W. English, Improving Curriculum Management in the Schools, Council for Basic Education, Washington D.C. 1980年

コラム

「知の総合化ノート」を活用して、教科等横断的なカリキュラムの見直しを

1　知の総合化ノート

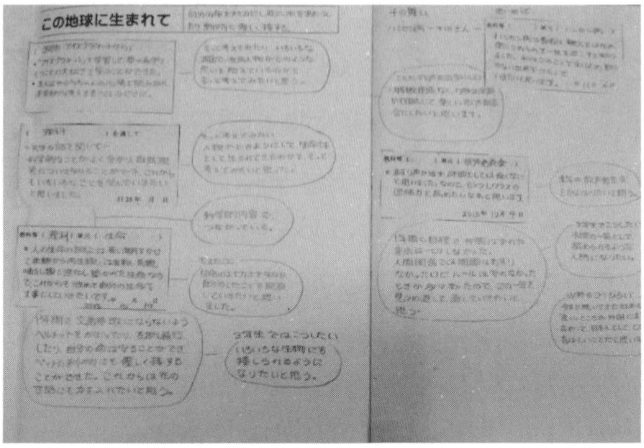

生徒の「知の総合化ノート」

教科等横断的なカリキュラムの必要性や、教師の主体性・協働性の重要性に気付かせたのが、生徒のノート（写真）でした。このノートは、「知の総合化ノート」とよばれ、１枚の紙の上で、教科等での学び、学校行事を体験して学んだこと、道徳の時間の後に感じたこと、総合的な学習の時間（以下「総合」）で学んだことがつながっています。

この「知の総合化ノート」を活用した生徒は次のように言っています。

「みんなの前で発表したとき、うまくいかなかったけれど、ふりかえってみると国語の学習にヒントがあった。自分の言いたいことをどうすればうまく表現できるかわかった」

「このノートを始めてから、表現力や思考力について友達と話すようになった。表現力や論理的思考力が向上してきたと実感できるようになった」

生徒たちの感想をみると、総合での体験から、自分の課題を認識し、教科等で学んだことを生かし、自分の成長につなげ、そして、次の総合に生かしていることが分かります。それだけでなく、総合を通して、教科等でも学びの重要性を理解しています。

また、生徒の意識調査の結果から、「道徳と総合の間につながりを感じることがありますか」「教科同士の学習につながりを感じることがありますか」「教科の学習と総合の間につながりを感じることがありますか」などの質問項目に対して、肯定的な回答をした生徒の割合が高いことがわかりました。これらから、少なからず教科間の壁がある中学校において、生徒自らがその壁を貫いて、教科や道徳、特別活動、総合等で学んだことを有機的に関連づけて課題解決にあたっていることがわかります。

それだけでなく、「学校で学んだことが、自分の意識や生活に影響を与えていることがありますか」「学校で学習していることが試験に関係なく将来に役立つと感じることがありますか」という質問項目に対しても、肯定的に回答している割合が高く、学校で学ぶ知識が知識のままで終わっていないことが伺えます。「知の総合化ノート」で自己評価することによって、学びが知識や技能の習得で終わるのではなく、知識や技能の活用まで意識させることができました。これが、学びの有用性を実感させたと考えます。

2　「知の総合化ノート」の作成

生徒の発言や意識調査で、「知の総合化ノート」の効果の一端をご理解いただいたと思

います。それでは、生徒たちを変容させた「知の総合化ノート」の作成方法について紹介していきたいと思います。

⑴「学びのカード」の作成方法

教科、道徳、特別活動、総合で学んだ後、**図5**に示す名刺大の用紙に感想や学んだ事を記入します。その名刺大の用紙のことを「学びのカード」と呼んでいます。

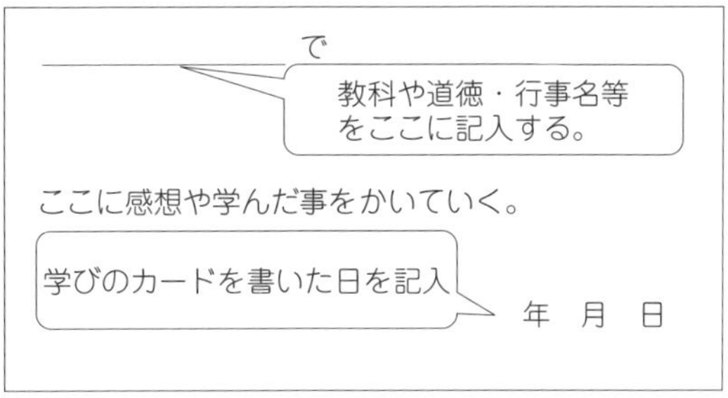

図５　「学びのカード」の作成

⑵「知の総合化ノート」の作成方法

次に、学校として育成したい「資質・能力」と「目標」を書いた用紙を準備します。この用紙が、「知の総合化ノート」です。**図6**のように、「学びのカード」を、「知の総合化ノート」に貼っていきます。その際、「学びのカード」をそのまま貼るのではなく、「学びのカード」同士につながりがないかについて考えさせます。つながりのあるものを線で結び、その理由についても書かせます。そして、「疑問に思ったこと」や「もっと考えたい事柄」についても書かせます。

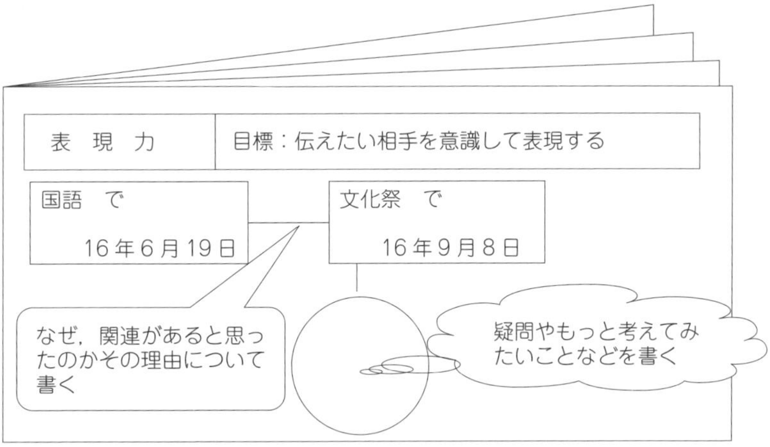

図６　「知の総合化ノート」のイメージ

３　生徒の学びから変わっていく教師たち

求められる資質・能力を身に付けさせるためには、実際の生徒の学びを評価しながら、指導方法を改善していくことが重要です。教科横断的・総合的な資質・能力を育成するためには、各教科等の中での改善や見直しを、カリキュラム全体で考えていくことが大切になってきます。小学校であれば、全教科を担当するために、このようなことは比較的簡単かもしれませんが、教科担任制である中学校では、その重要性は理解できていても、どうしていいのかわからないのではないかと思います。そんな時の有効な方法の１つが「知の総合化ノート」です。生徒の「知の総合化ノート」を見ると、そこには学校のカリキュラム全体の学びが蓄積されています。それを見ることにより、各教科等での改善や見直しをカリキュラム全体とのかかわりで考えることができるのです。

引用文献：村川雅弘・三橋和博『「知の総合化ノート」で具現化する21世紀型能力』学事出版、2015年

（徳島県阿波市立土成中学校教諭　三橋和博）

第4章

教科のカリキュラムづくり

「本質的な問い」に対応させてパフォーマンス課題を活用しよう

●

西岡加名恵

第1節　アクティブ・ラーニングの意義と課題

現在、次の学習指導要領改訂に向けた議論が中央教育審議会で進められています。教育課程企画特別部会の「論点整理」（2015年８月）では、「知識・技能」「思考力・判断力・表現力」「学びに向かう力・人間性等」という３つの柱でとらえられるような「資質・能力」の育成をめざすという方針が打ち出されています。また、そのために「深い学び」「対話的な学び」「主体的な学び」という「アクティブ・ラーニング」の視点に立って、指導を改善することが勧められています。

「論点整理」では、「アクティブ・ラーニング」は指導法を一定の型にはめるものではないと注記されています。しかしながら通常、アクティブ・ラーニングは、書く、話す、発表するといった活動を取り入れるものとして理解されることでしょう[1]。そのような授業は、受動的な学習を乗り越える点で意義が期待される一方で、知識（内容）と活動が乖離しかねない、という問題点も指摘されています[2]。アクティブ・ラーニングを取り入れるにあたっては、単に浅薄なレベルでの学び合いをするにとどまらず、重要な概念やプロセスを使いこなして思考・判断することを求めるような深いレベルでの知的問題解決に取り組む活動としていくことが重要だと言えるでしょう。つまり、そのような知的問題解決を求めるような評価方法を明確にしつつ単元設計に取り組むことによって、「深い学び」「対話的な学び」「主体的な学び」の過程の実現につながると考えられます。

平成13年改訂指導要録で「目標に準拠した評価」が全面的に導入されて以来、指導の前に目標と評価規準を明確にし、それに照らして学習の実態を捉える評価を行い、評価結果を活かして指導の改善を図るという取組みが進んでいます。しかしながら「目標に準拠した評価」をさらに充実させるためには、指導の前に評価規準だけでなく評価方法を明確にしておくことが重要です。特に、知識・技能を習得させるだけでなく思考力・判断力・表現力を育成するためには、パフォーマンス評価を取り入れることが有効です。上記の「論点整理」の中でも、「バランスのとれた学習評価を行っていくためには、指導と評価の一体化を図る中で、論述やレポートの作成、発表、グループでの話合い、作品の制作等といった多様な活動に取り組ませるパフォーマンス評価を取り入れ、ペーパーテストの結果に留まらない、多面的な評価を行っていくことが必要である」と述べられています。

そこで本章では、教科において、パフォーマンス評価を取り入れつつカリキュラムをどうつくることができるのかについて紹介します。なお、本稿で提案するカリキュラムづくりの進め方は、ウィギンズとマクタイの提唱する「逆向き設計」論[3]に基づくものです。「逆向き設計」論では、求められている結果から遡ってカリキュラムを作ること、ならびに目標に対応する評価方法を明確にしてから指導を構想することが提唱されています。

第2節　学力評価の様々な方法

まず、学力評価の方法にはどのようなものがあるかについて、確認しておきましょう。**図１**には、現在までに登場している様々な学力評価の方法を分類しています。ここには、評価方法を単純なものから複雑なものへと並べるとともに、左側に「筆記による評価」、右側に「実演による評価」を示すという形で整理しています。

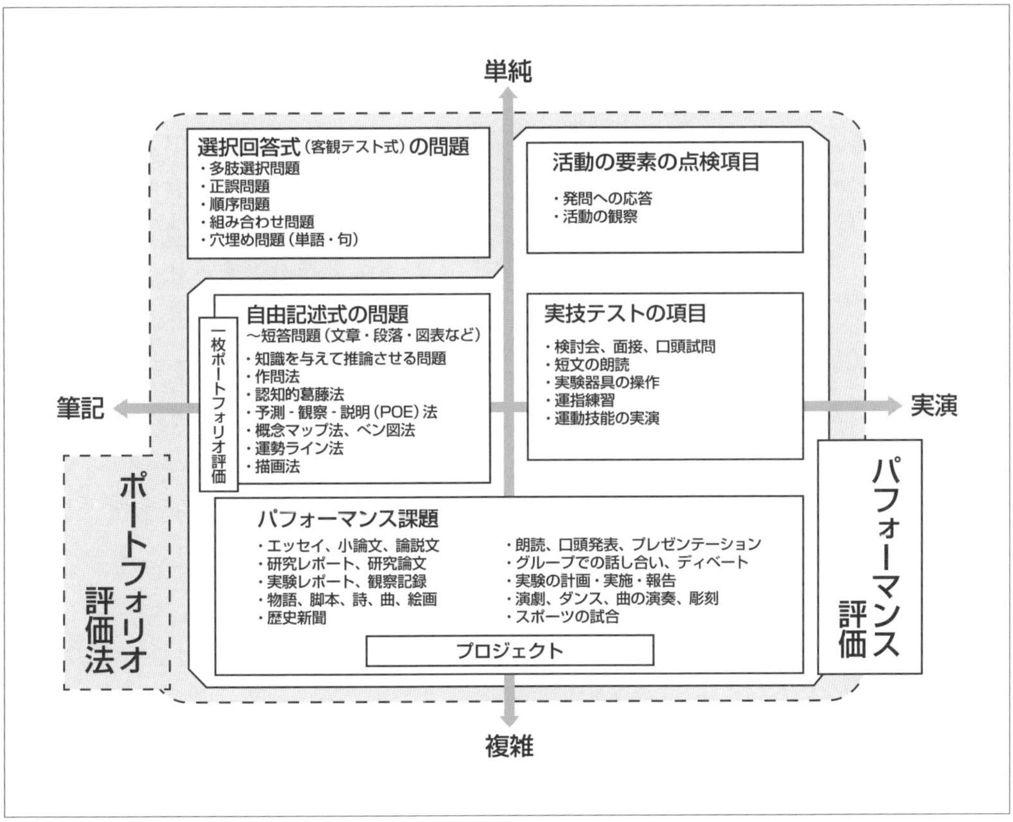

図１　学力評価の様々な方法[4]

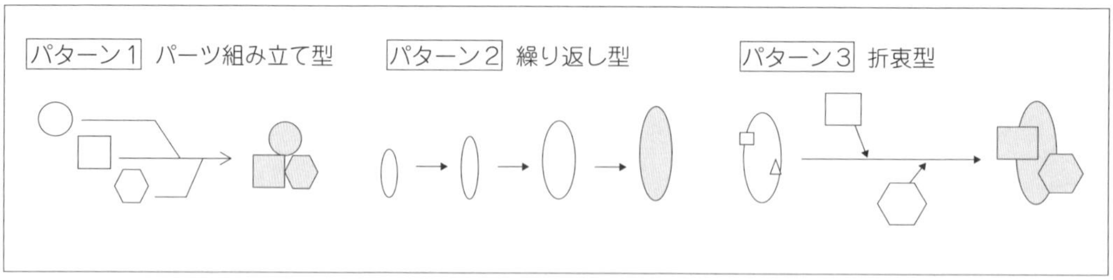

図2　パフォーマンス課題の位置づけ[5]

「筆記による評価」で最も単純なものが「選択回答式（客観テスト式）の問題」です。「筆記による評価」でやや複雑なものは、自由記述式の問題です。

さらに複雑になると、レポートやリーフレットなど、まとまった作品を求める課題となります。これを、パフォーマンス課題と言います。パフォーマンス課題とは、様々な知識やスキルを総合して使いこなすことを求めるような複雑な課題を言います。パフォーマンス課題には、実演を求めるものもあります。例えば、プレゼンテーションや実験の実施を求める課題などが考えられます。リアルな状況の中で与えられる課題は、真正のパフォーマンス課題となります。パフォーマンス課題は多くの場合、**図2**の網掛けに示したように、単元で学んだ要素（パーツ）を総合して取り組んだり、同じ課題に繰り返し取り組んでレベルアップを図ったり、といった形で取り組む「まとめの課題」として単元の中に位置づけられると考えられます。

さて「実演による評価」のうち、パフォーマンス課題よりやや単純なものは実技テストです。理科を例にとると、一連の実験を計画・実施し、報告するのを求めるのはパフォーマンス課題、一定時間内に早く正確にガスバーナーを操作することを求めるのは実技テストと言えます。さらに単純になると、発問への応答を確認したり、評価活動の中でチェックリストに沿って活動の諸要素を点検したりといった評価方法が考えられます。

パフォーマンス評価とは、知識やスキルを状況において使いこなすことを求めるような評価方法の総称です。「客観テスト」で測れる学力は限定的なものであるという批判を基盤として登場した用語であるため、**図1**では「客観テスト」以外の評価方法をすべて含むものとして示しています。

なお、ポートフォリオ評価法とは、ポートフォリオづくりを通して、子ども・青年が自らの学習のあり方について自己評価することを促すとともに、教師も子ども・青年の学習活動と自らの教育活動を評価するアプローチです。ポートフォリオとは、子ども・青年の作品（work）や自己評価の記録、教師の指導と評価の記録などをファイルや箱など系統的に蓄積していくものを意味しています[6]。

バランスのとれた学力評価を行うためには、「知の構造」（**図3**）に対応させて、目標に適した評価方法を用いることが重要です。特に、深いレベルでの知的問題解決に取り組むカリキュラムをつくるためには、教科の中核に位置づく「原理や一般化」に対応させてパ

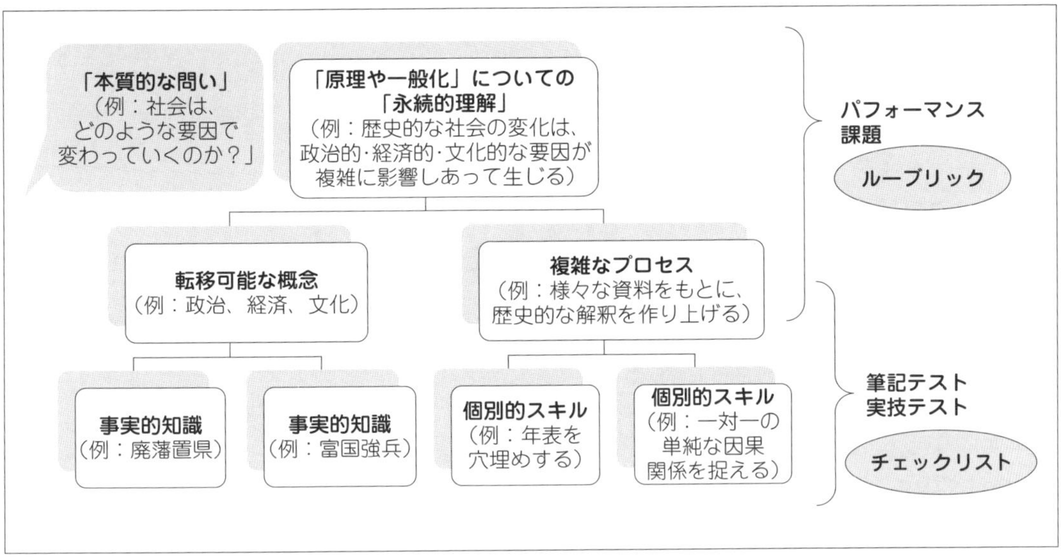

図３　「知の構造」と評価方法・評価基準の対応[7]

フォーマンス課題を活用することが有効です。次にそのようなパフォーマンス課題の作り方を説明しましょう。

第３節　パフォーマンス課題の作り方

１　単元の中核に位置する重点目標に見当をつける

パフォーマンス課題を用いるにあたっては、まず、パフォーマンス課題に適した単元を設定することが求められます。すべての単元で、パフォーマンス課題を用いる必要はないので、様々な知識やスキルを総合してレポートなどの作品を作ったりプレゼンなどの実演に取り組ませたりするのに適した単元を選定することが重要です。

その上で、単元全体で達成させるべき重点目標は何かと考えます。人間の知は、**図３**の左側に示したような構造で身に付けられていると考えられます。まず、最も低次には、「事実的知識」と「個別的スキル」が存在しています。歴史的分野の学習でいえば、例えば富国強兵、廃藩置県といった知識、年表を穴埋めするスキルや一対一の単純な因果関係を捉える思考スキルなどが考えられます。これらはもちろん知っておく価値がありますが、それだけでは現実的な状況の中で使いこなせる力とはなりません。より重要な知識・スキルとして、「転移可能な概念」や「複雑なプロセス」があります。例えば、「政治」「経済」「文化」といった概念、「様々な資料をもとに、歴史的な解釈を作りあげる」といったプロセスが考えられるでしょう。さらに、それらの概念やプロセスを総合して理解しておくべき「原理や一般化」があります。例えば、「歴史的な社会の変化は、政治的・経済的・文化的な要因が複雑に影響しあって生じる」といった理解が考えられるでしょう。パフォーマンス課題については、このような「原理や一般化」についての「永続的理解」という重点目標に対応させて考案することが有効です。

なお、指導要録の観点に照らすと、「事実的知識」と「転移可能な概念」が観点「知識」、「個別的スキル」と「複雑なプロセス」が観点「技能」、「原理や一般化」についての「永続的理解」が観点「思考・判断・表現」に対応するものとして捉えることができます。

2 「本質的な問い」を明確にする

単元の中核に位置する「原理や一般化」を見極めるのは、容易なことではありません。そこで、「本質的な問い」を明確にしておくことが有効です。

「本質的な問い」は、学問の中核に位置する問いであると同時に、生活との関連から「だから何なのか？」が見えてくるような問いでもあります。通常、一問一答では答えられないような問いであり、論争的で探究を触発するような問いです。「本質的な問い」を問うことで、個々の知識やスキルが関連づけられ総合されて「永続的理解」へと至ることができます。「～とは何か？」と概念理解を尋ねたり、「～するには、どうすればよいか？」と方法論を尋ねたりする問いが、「本質的な問い」となる場合が多いことでしょう。

「本質的な問い」は、カリキュラムにおいて入れ子状に存在しています（**図4**の上半分）。

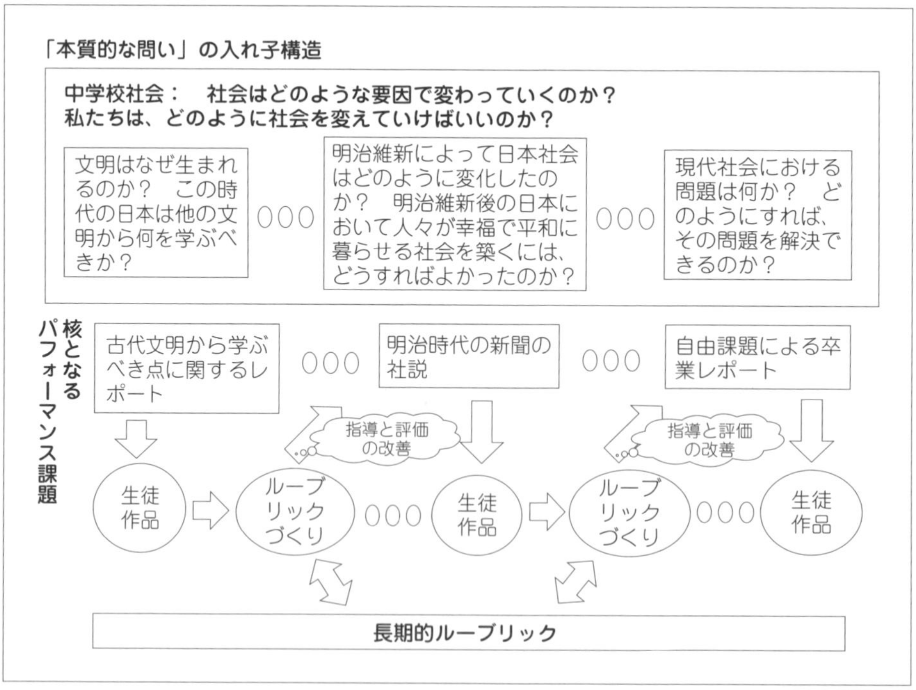

図4　「本質的な問い」の入れ子構造と、パフォーマンス課題やルーブリックとの関係[8]

「社会は、どのような要因で変わっていくのか？　その変化の意義と課題は何だったのか？」という問いは包括的な「本質的な問い」ですが、単元の指導にあたっては、単元の具体的な教材に即してより具体的な単元ごとの「本質的な問い」を設定することが求められます。例えば、「明治維新が起こったのは、なぜか？　その意義と課題は何だったのか？」といった問いが考えられます。

3　パフォーマンス課題のシナリオを作る

最後に、単元の「本質的な問い」を学習者自身が問わざるを得ないようなシナリオを設定して、パフォーマンス課題を考案します。具体的には、**表1**に示した6つの要素（GRASPSと略記される）を考えるとよいと提案されています（「なやンだナ、ァァそうか」は、筆者が日本語に翻案したものです）。

表1　パフォーマンス課題のシナリオに織り込む6要素[9]

な―何がパフォーマンスの目的（Goal）か？
や―（学習者が担う、またはシミュレーションする）役割（Role）か？
だ―誰が相手（Audience）か？
そ―想定されている状況（Situation）は？
う―生み出すべき作品（完成作品・実演：Product, Performance）は何か？
か―（評価の）観点（成功のスタンダードや規準：Standards and criteria for success）は？

6つの要素を考えた上で、それらを織り込みつつ課題文を整えると、例えば次のような課題ができます。

「あなたは、タイムマシンに乗って時代の変化を取材し、レポートする新聞記者です。この度、日本の社会が大きく変化した明治維新の取材をして、B４用紙一枚の特集記事をまとめるという仕事を任されました。明治維新はなぜ起こったのか、その意義と課題は何だったのかが現代の読者にわかるように、具体的な資料を示しつつ記事をまとめてください」[10]

単元末のまとめの課題として、このようなパフォーマンス課題を位置づけると、それまでの授業では、明治維新の原因や意義と課題について、事実を踏まえながら考えていくこととなります。当然、事実について教師が伝える場面もあってしかるべきですが、その事実を踏まえて「原因は何か？」「意義や課題は何か？」については、子ども同士で根拠を示しつつ話し合うような活動が取り入れられることとなるでしょう。

なお、**表2**には、「逆向き設計」論の考え方にもとづいて単元指導計画を立てるための書式の一例を示しています。また、「本質的な問い」とパフォーマンス課題の例を表３に整理しています。京都大学大学院教育学研究科E.FORUMのサイトでも課題例を紹介しているので、参照いただければ幸いです[11]。

表２　単元指導計画の書式例（記入のためのコメント入り）[12]

単元計画書　　　　Ver2014.8.28

教科名（科目名）	○○○○（○○○）	学校名	○○県立○○○○高等学校
単元目標（学習指導要領）	学習指導要領　解説から関連する部分を抜き出す。		
対象クラス	○○○○○○○科　○学年　○組	教科担当者	○○　○○
実施時期	具体的な日にちでも良いですが、２学期中頃のような書き方でもOKです。	単位数	○単位

1	この教科で重視したいこと（生徒の実態・教科の本質／社会に出てからの必要性等）
	担当クラスの生徒の授業中の様子や、雰囲気、学力観等を記入します。 指導している教科・科目が社会から求められていることや、その教科・科目の本質的な内容を記入してください。

2	このクラスの学年末到達目標			
	①関心・意欲・態度	②思考・判断・表現	③技能	④知識・理解
	年間を通しての４観点を記入してください。			

3	単元名	「○○○○○」	授業における、計画された学習活動のひとまとまりの事（章にあたる）

4	単元目標	ここには、この単元を通して、身に付けさせたい力や考えさせたい内容などを記入してください。	
		重点目標	身に付けて欲しい知識・技能
		<本質的な問い> ざっくりで良いので、この単元で身に付けさせたい「本質的な問い」を記入します。答えが複数ある、または、複数考えられるような内容がよいでしょう。長い文章ではなく、短めの問いがよいと思われます。 例：○○はどうなっているのか？　どのように考えればよいか？　どうすればよいか？　など <永続的理解> 「永続的理解」とは、「本質的な問い」に対応する答えです。理解の中身を具体的に記述します。なるべく「～は～である。」「～するには、～するとよい。」「～が有効である。」「～が必要である。」といった書き方が望ましいです。	この教科・科目において最低限身に付けて欲しい知識・技能を箇条書きで記入します。 その時、「～がわかる。」「～ができる。」と言った書き方になります。 例　○○の計算ができる。○○の意味を説明できる。○○の行動ができる。○○の意味が分かる。etc.
	評価の方法	パフォーマンス課題	その他の評価
		「タイトル」 今回はパフォーマンス課題を行うことを前提に話を進めています。全ての単元で行う必要はないと思います。ここでは、「タイトル」とパフォーマンス課題の内容を記入します。	その単元で、パフォーマンス課題以外で行う評価方法を記入します。 （例　小テスト、期末考査、発表、実験、レポート、多岐選択問題、正誤問題、穴埋め問題、単語の説明（記述）など）

5	単元計画							
	時数	小単元	主な学習内容・活動	①	②	③	④	評価の方法等

指導書に標準時間数が書いてあるので参考になります。

小単元の題目を記入します（節や節の中の小節にあたります）。

簡単でよいので、授業内容を記入します。

その授業において①～④の観点の内、どの観点を見るのかに○、◎印を付けます。
見る観点は１つ、多くて２つくらいです。
場合によっては無いときもあります。

左で○や◎を付けた観点を確認するためにどんな課題、テストで評価するのかを簡単に記入します。
（例：小テスト、発表、パフォーマンス課題、ノート提出、期末考査、etc.）

○印と◎印の使い方
○印：授業改善のための評価（形成的評価）。形成的評価とは、授業の過程で生徒の実態を把握し、指導の改善のために使う評価。
◎印：指導後の生徒の状況を記録するための評価（総括的評価）。総括的評価とは、実践の最後（単元末・学期末・学年末）における学習結果を把握するために行う評価。成績づけに用いられる。

6	4のパフォーマンス課題についてのルーブリック			
		観点A	観点B	観点C
	5			
	4			
	3			
	2			
	1			

ルーブリックとは、成功の度合いを示す数レベル程度の尺度と、尺度に示された評点・標語のそれぞれに対応するパフォーマンスの特徴を期した記述語からなる評価基準表です。

簡単に言うと、パフォーマンス課題において、「こんな解答ならば良い」、「そこまで行かなければ普通」、「全然ダメなら良くない」といった内容をできるだけ具体的に記入して数字で段階分けしたり、ABCで段階分けする評価基準表です。

できれば、このルーブリックも付けた状態で生徒にパフォーマンス課題をやらせてください。このルーブリックの一番良い評価ができると言うことは、我々教師が生徒達に身に付けさせたいと考えていることだからです。ただ、予想を上回る生徒もいるので、パフォーマンス課題が出てから全ての生徒の課題を分類したのち、改めてルーブリックを作り直すことをおすすめします。

そして、このルーブリックを使うことでその教師の主観ではなく全ての教員が客観的に評価することができるようになります。また、入学してきた生徒の能力によって作り直すことも必要だと思います。

7		
	コミュニケーション能力	
	計画力	
	情報収集能力	

項目７ではその授業中に伸ばすことのできる能力を明記し、どのような活動・行動が、左の項目の能力を伸ばすことになるのかを記入します。項目の内容は授業内容によって変更してください。枠としては３つ程度あるとよいでしょう（多くなっても問題はありません）。
例：主体的行動力、創造力、論理的思考力、傾聴力、柔軟性、状況把握力、考え抜く力、リーダーシップ、問題解決力、etc.

表３「本質的な問い」とパフォーマンス課題の例[13]

学年、教科 「本質的な問い」	パフォーマンス課題
小学校・国語 うまく伝えるには、どうすればよいのだろうか？　ポスターセッションで、一番理解が得られるような提案をするには、どうすればよいのだろうか？	**①「わが町　ビフォーアフター　プロジェクト」** あなたたちは、この町の役場の人です。この町を誰もが暮らしやすい町にするために２週間後に「わが町　ビフォーアフター　プロジェクト」を立ち上げることになりました。この町で多くの人が困っていると思われる場所をどのように改善できるか、ポスターセッションをした中で、一番理解が得られた提案をプロジェクトの企画書にします。現状写真と改善デザイン画を提示しながら、自分の提案について町の人に理解がえられるようにアピールしてください。
中学校・数学 自然や社会にある数量の関係を捉え、未知の数量を予測するにはどうすればよいか？ 一次関数とは何か？　座標平面上における直線を決定づけるものは何か？	**②「花粉の量を予測しよう」** 次の資料は、福岡市における各年ごとのスギ、ヒノキの花粉の量と前年７月の全天日射量を示したグラフです。毎年、花粉症に悩まされている人が多くなっています。花粉の量は、前年の全天日射量が影響していると言われています。それが正しいとした場合、この資料から今年の花粉の量を予測し、予測の根拠を説明しなさい。
中学校・理科 身の回りの事象や現象は、どのように探究していくことができるだろうか？　物質を分類するには、物質のどのような性質や実験手段を使えばいいだろうか？	**③「黒い粉の正体」** あなたはある学校の理科の実験助手の仕事に就いています。ある日実験室の整理を頼まれ、薬品棚などを掃除していると、ラベルのはがれた黒い粉の入った瓶が出てきました。あなたは自分でその薬品が何かを調べてラベルをはることにしました。実験室にあるもので物質を調べる実験を考え、実験計画書を作って実際に行い、結果とその考察（根拠を述べて黒い粉の物質名を明らかにすること）を書きなさい。
中学校・英語 英語を用いて他者とより良いコミュニケーションを図るには、どうすればよいのだろうか？　読み手に応じて効果的に伝えるには、どんな工夫が必要か？	**④「外国人向け日本生活マニュアルを作ろう」** 福岡では、APCC（アジア太平洋こども会議）が毎年開催されています。そこで、福岡にやってくる沢山の子どもたちのために、日本の生活習慣を書いた「日本生活マニュアル」を作成することになりました。海外の子どもたちが戸惑うであろうことを予想して、グループで役割分担を決め、作成しましょう。

第４節　ルーブリックの作り方

このような課題を取り入れる際に、おそらく多くの先生方が不安に思われるのが、採点しにくいという点でしょう。パフォーマンス課題で生み出された作品（完成作品や実演）については、様々な知識やスキルを総合するものであるため、○か×かで採点することができません。そこで、採点指針として、ルーブリックが用いられます。ルーブリックとは、成功の度合いを示す数レベル程度の尺度と、それぞれのレベルに対応するパフォーマンスの特徴を記した記述語からなる評価基準表です。

特定課題ルーブリックについては、例えば５つのレベルごとに該当する作品番号と記述語を書き込めるような表形式のテンプレートを用意した上で、**表４**のような手順で作ることができます。

表４　特定課題ルーブリックの作り方[14]

①　パフォーマンス課題を実施し、学習者の作品を集める。 ②　パッと見た印象で、「５　すばらしい」「４　良い」「３　合格」「２　もう一歩」「１　かなりの改善が必要」という五つのレベルで採点する。複数名で採点する場合はお互いの採点が分からないように工夫する。例えば、筆記による作品の場合は、評点を付箋紙に書き、作品の裏に貼り付ける。 ③　全員が採点し終わったら、付箋紙を作品の表に貼り直し、レベル別の作品群に分ける。それぞれのレベルに対応する作品群について、どのような特徴が見られるのかを読み取り、話し合いながら記述語を作成する。 ④　一通りの記述語ができたら、評価が分かれた作品について検討し、それらの作品についても的確に評価できるように記述語を練り直す。 ⑤　必要に応じて評価の観点を分けて、観点別ルーブリックにする。

表４の手順でルーブリックを作った場合、各レベルに対応する典型的な作品例（これを「アンカー作品」と言います）を整理することができます。ルーブリックには、そのようなアンカー作品を添付しておくと、各レベルで求められているパフォーマンスの特徴をより明確に示すことができます。

このような手順でルーブリックづくりに取り組めば、評価基準が明確になり、教員間で共通理解することができます。子どもの理解の深まりやつまずきなどについても、明瞭に捉えることができます。そのような学習の実態を踏まえつつ、指導の改善を図っていくことが重要でしょう。

第５節　長期的な指導計画の立て方

ところで、包括的な「本質的な問い」に対応させると、類似のパフォーマンス課題を繰り返し与えるカリキュラムを構想することができます（**図４**参照）。また、特定課題ルーブリックの記述語の抽象度を上げると、そのような類似の課題については同じルーブリックで評価できます。そのようなルーブリックを、長期的ルーブリックと言います。一例を**表５**に示しています。ルーブリックの下には、対応するものとして想定されている学年を示しています。思考力・判断力・表現力については、これぐらい長期にわたって成長を見通すことが良い場合もあるでしょう。

例えば、「社会は、どのような要因で変わっていくのか？　その変化の意義と課題は何だったのか？」という包括的な「本質的な問い」に対応させて、歴史的な社会の変化について論じる論説文の課題を繰り返し与えることができます。**図５**に示したのは、同じ生徒が中学校１年次と３年次に書いた作品です。①は古代文明から飛鳥時代の日本が学ぶべき点についてレポートしたもの、②は３年間の締めくくりに生徒自身が設定した課題で卒業レポートを書いたものです。**表５**の長期的ルーブリックに照らすと、①はレベル２、②がレベル５に相当していると評価できるでしょう。

このような長期的ルーブリックの発想を取り入れると、学力評価計画については、**表6**のように立てることができます。まず指導要録の各観点に対応して、どのような評価方法を用いるのかを明確にします。観点「知識・技能」は筆記テストと実技テスト、観点「思考・判断・表現」についてはパフォーマンス課題で評価するというのが、一例として考えられます。

次に、どの評価方法をどの単元で用いるかを決めます。表の右側には、長期的ルーブリックかチェックリストの形で評価基準を示します。特にパフォーマンス課題を用いる場合、繰り返し類似の課題を与えて一貫した長期的ルーブリックを用いて評価すれば、単元を越えて子どもの成長を捉えることができます。そのような場合には、到達したレベルをもとに成績を付けることができます。一方、筆記テストや実技テストを用いて観点「知識・技能」を評価するのであれば、評価項目を並べたチェックリストに照らしてテストを作成し、テストでの達成率で成績を付けることになるでしょう。

表5　長期的ルーブリック：中学校社会科の場合[15]

観点	レベル1	レベル2	レベル3	レベル4	レベル5
社会的な思考・判断・表現	社会的な事象について、政治・経済・文化・人口・地形などの構成要素から事実を述べることはできる。しかし、事実を断片的に羅列しているだけであり、主張と根拠を結びつけることに困難が見られる。基本的な資料の読み取りや作成に困難をきたしている。	社会的な事象について、政治・経済・文化・人口・地形などの構成要素から何らかの根拠に基づき主張を行うことができる。しかし、捉えられている因果関係は、表層的で単純なものにとどまる。基本的な資料を読み取ったり作成したりすることはできる。	社会的な事象について、政治・経済・文化・人口・地形などの構成要素から2つ以上の視点をもつことができる。これらの視点を関連づけつつ分析し、具体的な根拠をあげて明確な主張を述べることができる。複数の資料を関連づけながら論述を行うことができる。	社会的な事象について、政治・経済・文化・人口・地形などの構成要素から2つ以上の視点をもつことができる。これらの視点を総合的に関連づけて分析し、具体的で詳細な根拠をあげて説得力のある主張を組み立てることができる。主張に適した多様な資料を複数関連づけて論述している。	社会的な事象について、政治・経済・文化・人口・地形などの構成要素から3つ以上の視点をもつことができる。これらの視点を総合的に関連づけて多角的に分析し、最適で詳細かつ具体的な根拠をあげて、非常に説得力のある主張を組み立てることができる。最適な資料を複数選択し、多角的に関連づけつつ論述している。

中学校1年生（レベル1〜3）

中学校2年生（レベル2〜4）

中学校3年生（レベル3〜5）

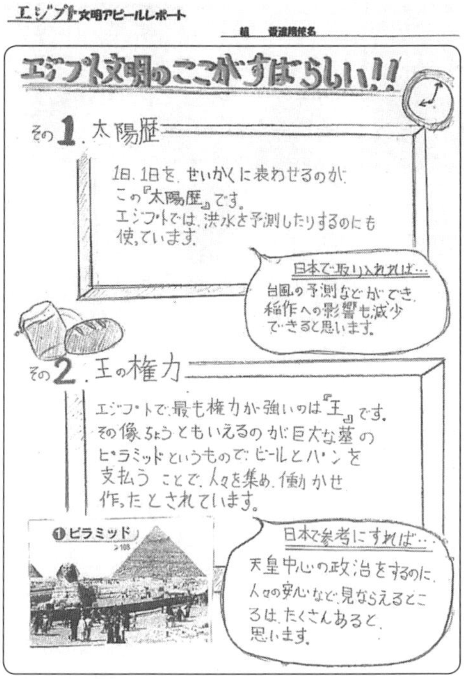

①

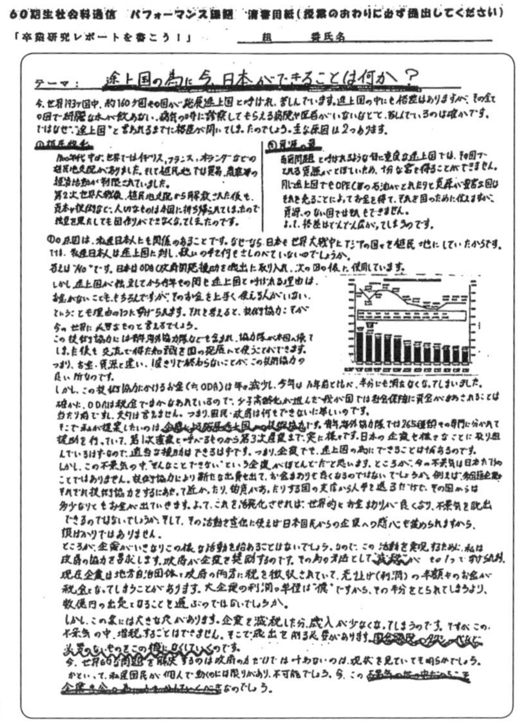

②

図5　生徒の作品例[16]　**①中学校1年次、②中学校3年次**

表6　学力評価計画の立て方

評価の観点	評価方法	単元1	単元2	……	単元X	評価基準				
						1	2	3	4	5
思考・判断・表現	パフォーマンス課題		◎							
知識・技能	筆記テスト、実技テスト	○	○		○					

どの単元でどの評価方法を用いるかを決める。

長期的ルーブリックに照らして到達レベルを評価する。

チェックリストを作成し、達成率を評価する。

どの観点に対応させて、どの評価方法を用いるかを明示する。

第6節　ポートフォリオ評価法の活用

このように長期的な見通しのもとで子どもたちの育成を図る上では、具体的な作品を長期的に蓄積していくポートフォリオを活用することも有意義です。ポートフォリオを、単なるファイルではなくポートフォリオ評価法として実践するためには、①なぜポートフォリオを作るのか、どういった作り方をするのかといった見通しを、子どもと教師の間で共有すること、②蓄積した作品を編集する機会を設けること、③ポートフォリオを振り返りつつ、達成点や今後の課題について話し合うような検討会（conference）を定期的に行う

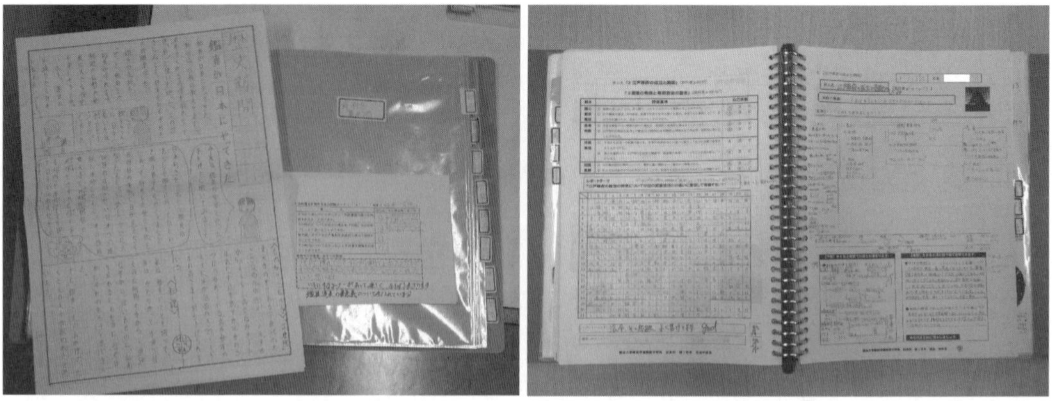

図6　ポートフォリオの例[17]　①観点別長期ポートフォリオ、②社会科のポートフォリオ

ことが求められます。総合的な学習の時間ではポートフォリオに残す作品は教師と子どもの間で相談しながら決めていくのに対し、教科において「目標に準拠した評価」を充実させるためには、学力評価計画に対応して生み出される作品をポートフォリオに収めるよう指定することとなります。

図6には、教科におけるポートフォリオの活用例を２つ載せています。①は各教科の観点別に作品を収めている例です。通年で活用し、より良い作品が生まれれば差し替える作業を行うことで、子ども自身が自分の成長を実感することができました。また保護者面談でも活用され、子どもの達成点や今後の課題を教師と保護者との間で具体的に共通理解することができました。②は単一の教科（社会科）で作品を残していった例です。ファイルの冒頭には、効果的な学習を進める上でのポイント（グループ学習のルールやノートの取り方など）や、どのような資料にもとづき成績づけが行われるのかを説明するプリントが綴じられています。子どもたちはそれを参照しながら学習を進め、先生からのフィードバックも踏まえつつ日々の記録を残すとともに、単元末にはそれらを振り返って、まとめのレポート課題に取り組むという構造になっています。

このようなポートフォリオは、教師がカリキュラム評価を行うためにも重要な基礎資料となります。パフォーマンス課題に対して子どもたちが生み出した作品例を用いてルーブリックづくりを行うと、指導の効果や改善点が明確になります。できれば学校として、パフォーマンス課題や子どもたちの典型的な作品例、ルーブリックなどを蓄積し、学年を超えて引き継ぐような「学校ポートフォリオ」を作ることをお勧めします。

[注]

1　溝上慎一著『アクティブラーニングと教授学習パラダイムの転換』（東信堂、2014年）参照。

2　松下佳代「ディープ・アクティブラーニングへの誘い」松下佳代編著『ディープ・アクティブラーニング』勁草書房、2015年、p.5

3　G. ウィギンズ　& J. マクタイ著（西岡加名恵訳）『理解をもたらすカリキュラム設計――「逆向き設計」の理論と方法』日本標準、2012年

4　西岡加名恵「パフォーマンス課題の作り方と活かし方」（西岡加名恵・田中耕治編著『「活用する力」を育てる授業と評価　中学校』学事出版、2009 年、p.9）の図に一部加筆した。
5　西岡加名恵「『逆向き設計』とは何か」西岡加名恵編『「逆向き設計」で確かな学力を保障する』明治図書、2008 年、p.12
6　西岡加名恵『教科と総合に活かすポートフォリオ評価法』図書文化、2003 年
7　西岡加名恵「教育実践の改善」（西岡加名恵・石井英真・田中耕治編著『新しい教育評価入門』有斐閣、2015 年、p.146）の図に例を加筆した。
8　三藤あさみ・西岡加名恵『パフォーマンス評価にどう取り組むか』（日本標準、2010 年）を踏まえて筆者作成。
9　ウィギンズ＆マクタイ、前掲書を踏まえて筆者作成。
10　三藤あさみ先生の実践を踏まえて、筆者が課題文を作成した。
11　「E.FORUM スタンダード（第 1 次案）」（http://e-forum.educ.kyoto-u.ac.jp/seika/）
12　京都府立園部高等学校・京都市立衣笠中学校・京都市立京都御池中学校、ならびに石井英真氏・神原一之氏が作成した書式を組み合わせて、岐阜県立可児工業高等学校において作成されたもの。
13　前掲 11 より引用。①足立素子先生、②八尋純次先生、③井上典子先生、④中村国広先生の実践。
14　西岡、前掲『教科と総合に活かすポートフォリオ評価法』pp.149-153
15　三藤・西岡、前掲書（pp.58-59）より一部引用。
16　同上書、pp.47-48
17　①宮本浩子先生提供。宮本浩子・西岡加名恵・世羅博昭著『総合と教科の確かな学力を育むポートフォリオ評価法　実践編』（日本標準、2004 年）も参照。②佐伯綱義先生提供。

コラム

パフォーマンス課題、いいね！

1　誰でも取り組める　～パフォーマンス課題は公式戦のようなもの～

例えば部活動で新チームをスタートさせるとき、ベスト８をめざすのか、ベスト４をめざすのか、そのチームの最終の姿をイメージします。そのために今のチームに必要な練習は何か、できていないことは何かを分析します。そしてそれらを身につけるための練習メニューを考え、取り組みます。練習の意味が分かっている生徒は単調な基礎練習でも、それが最終の試合のどこに生かされるかを理解しているので、一生懸命頑張ります。いきなり公式戦では大変なので、練習試合をして、ねらい通りに上達しているかどうかを点検します。

教科の学習も同じことです。単元の学習が終了した時点で、学習したことを使って何がどのようにできるようになればよいのかということを考えます。それがパフォーマンス課題です。生徒が不安なくこの課題に取り組めるように、基礎的・基本的な知識や技能を身につけさせ、それを活用する場面を設定し、十分練習を積んだ状態でパフォーマンス課題に取り組ませます。

2　自分の授業がよく見える　～パフォーマンス課題を通して授業改善～

パフォーマンス課題に取り組むためには、単元の初めにその単元の学習終了時の生徒の姿をイメージしておくことが必要です。その単元の目標・内容の分析をしっかりとやり、生徒が身につけるべきことをわかって授業をすすめなければなりません。授業時間数は限りがありますから、教えるエッセンスを見極め、生徒の練習時間を確保するために時間配分を考えることが大切です。つまり単元全体の計画を立てることが大切です。

したがって、自分の授業についてよく考えるようになります。何より生徒が今どのくらい理解できているのか、どこでつまずいているのかを常にわかっておかなければならないので生徒をよく見るようになります。

授業のゴールがわかっているので、授業がぶれることがありません。また、パフォーマンス課題を評価するために、ルーブリックを作成しますが、これが私たちの良い勉強になります。ルーブリックの文言は生徒の姿です。ルーブリックを考えることによって、どんな生徒になってほしいのか、何がどの程度できればよいのかなどが明確になってきます。教科内で検討するのでよい研修になります。ルーブリックがあれば、どのような授業展開になったとしてもめざすところが決まっているので、指導すべきポイントも明確になります。

生徒の作品をみれば、自分の教えきれていないところ、教えたつもりになっているところなどが明らかになります。それが自分の授業改善にもつながります。

また、パフォーマンス課題は、その課題について考える必然性があり、知識や体験を再構築し、思考をめぐらせるという知的な活動をさせるものですから、思考力・判断力・表現力や関心・意欲・態度を評価するのに適していると思います。

３　生徒の伸びを実感できる　～やる気も学力もUP～

繰り返しパフォーマンス課題に取り組むことで、生徒たちは伸びます。ある一定の学習量がないと内容が浅くなるので、一年間に２～３回の実施が適当かと思いますが、回を重ねるごとによくなっていきます。記憶の再生ではなく、自分の頭で考えなければならないので、生徒自身も日常の授業を意図的にしっかりと受けるという雰囲気が出てきます。正解、不正解ではないので、どんな解答にも必ず励ましてやれる部分があります。それが生徒のやる気を育てることにつながると思います。

４　とりあえず、やってみる　～みんなでやってみよう～

どのように課題を作ったらよいのかわからない、ルーブリックが作れない、自信がない、採点に時間がかかるなど、パフォーマンス課題に興味はあるけれど抵抗がある、という人が多いことでしょう。そういった先生方の抵抗感を減らすために、京都御池中学校ではまず校内研修でルーブリックづくりのワークショップを実施しました。また、パフォーマンス課題の作り方の研修なども実施しました。最初は人の実践のまねでもよいと思います。

とにかくやってみて、生徒の作品を見ることが大切です。自分の教えたことが生徒の作品にうまく反映されているのを見れば、やはりうれしいものです。それがまた私たちのやる気にもつながります。入試前の授業になってパフォーマンス課題がなくなると、生徒たちは授業が楽しくないといいます。パフォーマンス課題をめざすことで、授業内容に変化があるからだと思います。また、自分が覚えていること（理解している範囲）で、最大限に力を発揮し、何とか取り組まなければならないのがパフォーマンス課題です。そういう意味でも今の時代に必要な力を生徒に身につけさせる有効な評価方法の一つだといえると思います。

（京都市立修学院中学校教諭・前京都市立京都御池中学校教諭　森 千映子）

コラム

パフォーマンス課題の魅力と実践上のコツ

1　「逆向き設計」論との出会い

現在、高等学校では、観点別評価をどう実践するかが問われています。一体どうやって生徒の態度や思考を評価すればいいのか、具体的にどのように指導していけばいいのかが分からず悩んでいました。そんな時に本校が評価手法に関する研究指定を受けたことで、西岡先生に出会うことができました。

パフォーマンス課題？　「逆向き設計」？……初めて聞く言葉でした。西岡先生の本を読んで、はじめは「これは大変だ！」と思いました。しかし、「面白そうだな！」とも感じました。

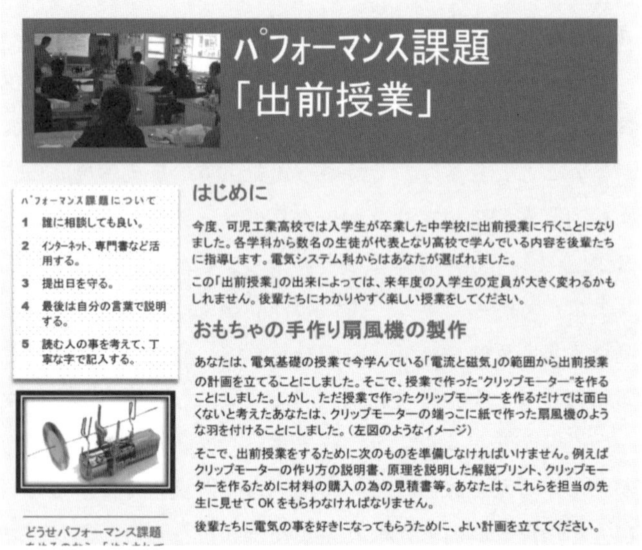
パフォーマンス課題
「出前授業」

パフォーマンス課題について
1　誰に相談しても良い。
2　インターネット、専門書など活用する。
3　提出日を守る。
4　最後は自分の言葉で説明する。
5　読む人の事を考えて、丁寧な字で記入する。

どうせパフォーマンス課題

はじめに

今度、可児工業高校では入学生が卒業した中学校に出前授業に行くことになりました。各学科から数名の生徒が代表となり高校で学んでいる内容を後輩たちに指導します。電気システム科からはあなたが選ばれました。

この「出前授業」の出来によっては、来年度の入学生の定員が大きく変わるかもしれません。後輩たちにわかりやすく楽しい授業をしてください。

おもちゃの手作り扇風機の製作

あなたは、電気基礎の授業で今学んでいる「電流と磁気」の範囲から出前授業の計画を立てることにしました。そこで、授業で作った"クリップモーター"を作ることにしました。しかし、ただ授業で作ったクリップモーターを作るだけでは面白くないと考えたあなたは、クリップモーターの端っこに紙で作った扇風機のような羽を付けることにしました。（左図のようなイメージ）

そこで、出前授業をするために次のものを準備しなければいけません。例えばクリップモーターの作り方の説明書、原理を説明した解説プリント、クリップモーターを作るために材料の購入の為の見積書等。あなたは、これらを担当の先生に見せてOKをもらわなければなりません。

後輩たちに電気の事を好きになってもらうために、よい計画を立ててください。

「逆向き設計」論で一番大切なことは、“あなた自身がどんな生徒を育てたいのか”をイメージできているかということです。そして、必要な能力が身に付いたかをどのように確認し、どの基準で評価するのかを考えます。キーワードは「本質的な問い」と「ルーブリック」になります。我々が教えている科目には単元があります。その単元で学んだことを総合して使わないと解けないような課題の事を「パフォーマンス課題」（上図）といいます。何度か作っていくうちにコツはつかめてきます。経験から言うと、よりリアルな状況設定をすると、生徒は一生懸命取り組むようです。

2　実践上の工夫と生徒たちの反応

パフォーマンス課題にはいろいろなパターンがあります。私は工業高校の教員なのでレポート提出という形をとりました。レポート作成に際して「友達と相談しても良い。インターネットを使っても良い。先輩や他の先生に聞いても良い。ただし、最後は自分の言葉で記入しなさい。」と必ず言います。すると、面白いことに生徒たちは昼休みや放課後に仲間同士で相談をします。また、他の教員にも積極的に質問をします。さらに、生徒たちに感想を聞いたところ、多くの生徒たちは課題を見たときに「難しそう」「めんどくさそう」という思いだったようです。しかし、パフォーマンス課題に取り組んだ結果、約８割の生徒たちから「やってよかった」「面白かった」「授業の内容が良く分かった」といった感想を書いてくれました。

提出されたパフォーマンス課題のレポートを読むと、私が予想していた以外の方法で計算していたり、そこまで調べたの！という内容もありました。こんな考え方をしたのか、そこの考え方は違うな、といった読み取りができます。これが、思考・判断・表現を評価するということなのかと思いました。

ただし、定まった答えがないということは、単純な○×では採点できません。そこで有効な評価基準として「ルーブリック」があります。私は、レポート内の文章で、この文言が書いてある、書いてない、という評価はしません。かなり大雑把な基準を設けています。あまり細かい評価基準を設定すると、評価疲れをしてしまいます。また、評価のレベルをあまり細かく設定すると評価するときに大変です。私はABCかABCDの３～４レベルにしています。ここで、ルーブリックを生徒に提示すべきかどうかという問題がでてきます。先生方によって意見が分かれるところですが、私個人としては提示すべきだと考えています。なぜなら、示すことで生徒たちは求められているレベルを意識することができるからです。パフォーマンス課題は、単元を総括する総合問題です。そのため実施するのは単元末になります。期末考査前に実施するのが一番いいのですが、場合によっては考査後に行うこともあります。その学期の成績には加えられませんが、学年末の成績付けには活用できると考えています。

生徒にパフォーマンス課題を提示した後、生徒からの質問が増えます。「ここはどういう意味ですか」「この部分は、これでいいですか。」「これは、こう考えるのですか」。質問に来る生徒は、考査で高得点を出す生徒ばかりではありません。意外な生徒が反応してくれます。また、生徒に話を聞くと、昼休みや放課後にパフォーマンス課題の話で盛り上がったり、休みの日に友達の家に集まって一緒にレポートを書いたりと、私の予想を良い意味で裏切ってくれました。もちろん、すべての生徒がそうだとは言いません。しかし、多くの生徒が頑張ってくれます。

3　先生方の反応

今回は研究指定を受け、私以外にも十数名の先生方に協力していただきました。その先生方の多くも初めは重い気持ちで始めたように思います。しかし、パフォーマンス課題を実施して、生徒からの反応を体験すると「パフォーマンス課題、いいですね！」と言われます。中には「転勤しても、続けます。」と言われる先生もいました。この取組の良さは、実践し体験しなければ分からないと思います。もし、パフォーマンス課題を実践してうまくいかないときは、パフォーマンス課題の設定を問い直す必要があると思います。

我々は教育のプロとして学び続けることが必要だと思います。生徒に学びを教えている教員が学ばなくて指導できるのでしょうか。その一つの答えが「逆向き設計」論にあります。新たな可能性が見えてくると信じています。

（岐阜県立可児工業高等学校教諭　河合英光）

第５章

総合的な学習の時間等のカリキュラムづくり

総合や道徳等の指導計画をどのようにつくるか

●

村川雅弘／毛内嘉威／吉冨芳正／八釼明美

第１節　総合的な学習の時間

現行学習指導要領において、カリキュラムマネジメント（以降、「カリマネ」と略すことがあります）を意識して作成されている公的な刊行物として代表的なものが、『学習指導要領解説　総合的な学習の時間編』（以後、「解説」）および『今、求められている力を高める総合的な学習の時間の展開　総合的な学習の時間を核とした課題発見・解決能力、論理的思考力、コミュニケーション能力等向上に関する指導資料』（以後、「指導資料」）です。いずれも小学校編、中学校編、高等学校編があります。筆者は解説および指導資料の作成協力者として、小学校編および中学校編にかかわりました。高等学校編も基本的には小・中学校編をベースに作成されています。

解説は、改訂の経緯や趣旨・要点（１章）、この時間の目標（２章）について示した上で、「各学校において定める目標及び内容」（３章）、「指導計画の作成と内容の取扱い」（４章）、「指導計画の作成」（５章）、「年間指導計画及び単元計画の作成」（６章）、「評価」（７章）、「学習指導」（８章）、「推進体制づくり」（９章）と続きます。田村（2009）のカリマネ・モデルに照らし合わせると、２・３章が目標設定、４・５・６章がカリキュラムのＰ、８章がカリキュラムのＤ、７章がカリキュラムのＣＡ、９章がマネジメントに概ね相当します。この時間の目標が示されているだけで、基本的には目標や内容、方法を各校の実態に応じて作成・実施・評価・改善を行う教育活動として、カリマネ的な枠組みや考え方が必要です。

指導資料の作成にあたって、元々は事例集作成を目的に委員が招集されました。しかし、全国の事例を集め紹介し、それを参考にして各校で計画づくりをしてもらうのではなく、我々委員が事例を読み解き分析を行い、各校が実態に応じて総合的な学習の時間の指導計画の作成や具体的な指導を行う上で考えるべきことや具体的な手立てを示すことが有効ではないかとの結論に至り、指導資料作成に踏み切ったのです。

指導資料には、総合的な学習のカリキュラムづくりおよび運用のノウハウが遍く記されています。以下、指導資料（小・中学校編）に基づき、総合的な学習の時間のカリキュラムづくりの枠組みや手順を示していきます。なお、指導資料の構成は、実際のカリキュラムづくりの手順とは異なっています。まず、総合的な学習の時間の意義を述べた後、すぐに学習指導の進め方と体制づくりの在り方を具体的に示し、全体計画、年間指導計画、単元計画の作成、そして評価へと続いていきます。直接授業にかかわる具体的な事柄を示した上で、指導計画づくりを扱った方が読み進めやすいだろうとの配慮からです。（　）の中は解説または指導資料の該当ページです。小学校と中学校でページ数が異なる場合のみ分けて明記します。

１　全体計画の作成

総合的な学習の時間の全体計画の作成において考慮すべき要素として、次の７つが示されています。全体計画の書式としては**図１**が一般的です（指導資料 p.65、p.75 に記述例）。

① この時間を通してその実現をめざす「目標」です。学習指導要領に示された第１の目標を構成する５つの要素（解説 p.47）に配慮した上で、学校独自に定める必要があります。学校の実態に応じて、重点化や新たなものを組み入れることが望ましい。目標設定にあたっては、子どもや地域の実態や保護者や地域の願いなどを反映します。

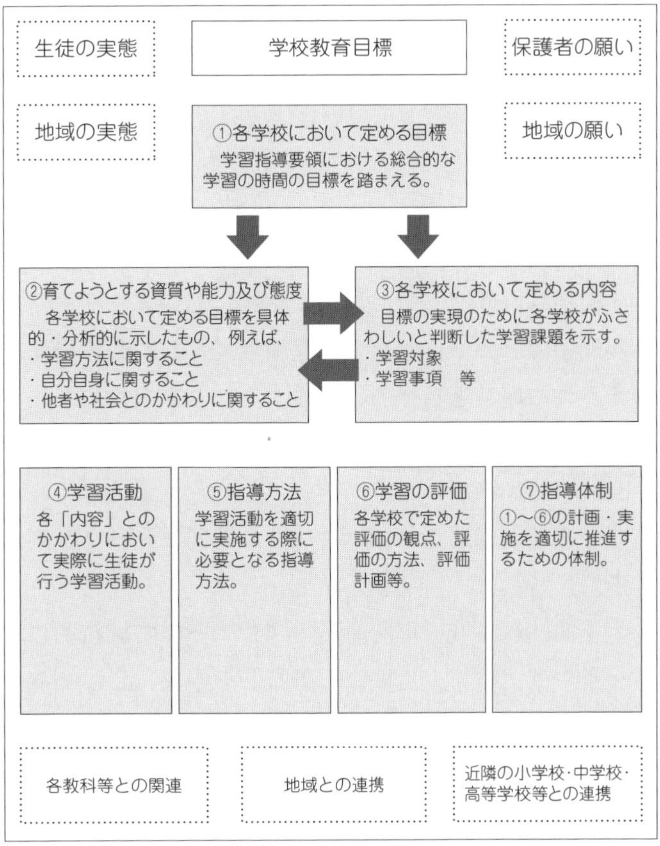

図１　全体計画の書式

② 目標をより具体的・分析的に示した「育てようとする資質や能力及び態度」（指導資料 p.70 に例示）です。今後は、①の目標にも関連してきますが、次代を生き抜く上で求められる資質・能力を踏まえることが重要になってきます。一般的には、1)学習方法に関すること、2)自分自身に関すること、3)他者や社会とのかかわりに関すること、の３視点で記述することが多いです。

③ 「目標」の実現に相応しい学習課題等の「内容」（学習対象や学習事項）です。要件として、1)横断的、総合的な学習としての性格をもつ、2)探究的に学習することがふさわ

しい、3)自己の生き方を考えることに結びつく、の3つが示されています。取り上げる課題としては、これまでの全国の数多くの事例より、1)国際理解、情報、環境、福祉・健康などの横断的・総合的な課題、2)児童の興味・関心に基づく課題、3)地域や学校の特色に応じた課題、の3つが例示されています。

④「内容」とのかかわりで実際に行う「学習活動」です。指導計画では、子どもにとって意味のある問題の解決や探究活動のまとまりとしての「単元」や単元を配列し組織した「年間指導計画」として示します。

⑤「学習活動」を適切に実施する上で必要とされる「指導方法」です。

⑥「学習評価」です。学習状況の評価、教師の学習指導の評価、①～⑤の適切さを吟味する指導計画の評価にあたります。

⑦　①～⑥の計画、実施を適切に推進するための「指導体制」です。

カリマネの要素としては、①②が実態等に基づく目標の設定、③④⑤がカリキュラムのP、⑥がカリキュラムのCA、⑦がマネジメントに相当します。

2　年間指導計画の作成

年間指導計画は、その学年や学級において、その年度の学習活動の見通しをもつための1年間の流れの中に単元を位置づけて示したものです。単元名や活動時期、主な学習活動、予定される時数を具体的に記述することが求められます。

単元の配列の仕方として、これまでの全国の実績を元に、次のように例示しています(小学校編指導資料 p.77)。

①　分散型（学期などのいくつかの期間に分けて配列。単元ごとにテーマが異なることが多い)

②　年間継続型（1年間通して同じテーマで継続的に取り組む)

③　集中型（季節や地域の行事などを中核にし、ある一定期間に集中的に取り組む。中学校における修学旅行や職場体験と関連させる単元はこれに該当する)

④　並列型（同じ時期に複数の単元を並行して取り組む)

⑤　複合型（学年単位の活動と学級単位の活動など、異なる学習形態や学習集団などによる活動を組み合わせて取り組む)

年間指導計画を作成する上での留意点として、7つ示してしています（小学校解説 pp.65-69、中学校解説 pp.64-68)。

①　子どもの学習経験に配慮する：小学校の場合は生活科、中学校の場合は各小学校での総合的な学習の時間の取り組みを理解し踏まえることが重要です。

②　十分な見通しを持った周到な計画にする：前年度の実績に基づいて適切な時期や時数を配当します。

③　季節や行事など適切な活動時期を生かす：地域に伝統的な行事がある場合、参画を目

的にして年間計画を立てることも、その参画がきっかけで地域の歴史や伝統に関心を持たせることもできます。

④　**各教科との関連を図る**：各教科で習得した知識や技能を生かして、調べたりまとめたり発表したりすることで、子ども一人ひとりの成就感や自信が育まれます。教科内容と社会との関連を理解し、教科を学ぶ意義理解にもつながります。年度始めに、教科書分析を通して教科学習と総合的な学習との具体的な関連づけができるように配慮しておきましょう。特に、教科担任制の中学校や高等学校では必要なことです。

⑤　**学年間の関連を見通す**：特に中学校の場合、活動が単発的に終わったり、単元間につながりがなかったりしやすい。**図2**のように、３年間を通した探究を考えたいものです。

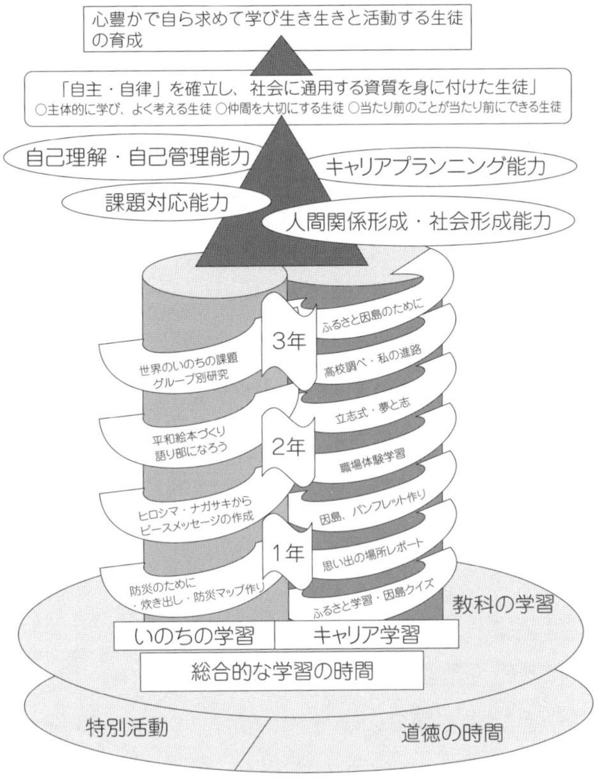

図2　３年間を通した探究

広島県尾道市立因北中学校では、「人間関係形成・社会形成能力」「自己理解・自己管理能力」「課題対応能力」「キャリアプランニング能力」の４つの資質・能力を育むために、これまで単発的な体験活動に留まっていた単元を大きく２つの流れ（「いのちの学習」と「キャリア教育」）で再整理した。「いのちの学習」として、１年の防災学習、２年の平和学習、３年のグローバルな視点での命の学習を繋げ、３年間を通した探究活動をめざしています。また、「キャリア教育」として、１年のふるさと学習、２年の職場体験と立志式、３年の高校調べとふるさとへの提言を繋げ、３年間を通して探究学習を実現しようとしています。総合的な学習の時間のこの２本柱を中心に、各教科学習の学びを関連させようと考えています。中学校においては、総合的な学習の時間や学校行事等での学習活動や様々な体験活動を２つほどの観点で一本化し、３年間を通した探究活動を考えていく上で示唆的な事例だと思います。

⑥　**弾力的な運用に耐えうる柔軟性をもつ**：様々な要因を視野に入れ周到に計画することが重要ですが、それでも児童生徒の興味関心や地域や専門家等とのかかわりにより変更が余儀なくされることがあります。その際には、必要に応じて弾力的に運用していきましょう。

⑦　外部の教育資源の活用および異校種の連携や交流を意識する：保護者や地域の人、専門家などの多様な立場や年代の人々とかかわったり、幼稚園や保育園、小学校や中学校、高等学校、特別支援学校などの園児児童生徒とかかわったりすることで、活動はより豊かなものとなっていきます。その際、互恵的な関係をもつことが大切です。

3　単元計画の作成

「単元」とは、学習過程における学習活動の一連の「まとまり」という意味です。全体計画や年間指導計画を踏まえて、子どもの実態等に応じて作成するものです。

①　子どもの興味・関心や教師の願い、教材やテーマの特性を踏まえて、探究的な学習となるように展開イメージを思い描くことが大切です。教師が一人であるいは学年団でウェビングなどの手法を用いて、学習活動や時数、必要となる物的・人的環境、各教科等との関連などを具体的に考えていきたいものです。

②　構想に基づいて単元計画を作成する際には、1)単元名、2)単元目標、3)子どもの実態、4)育てようとする資質や能力及び態度、5)学習課題や学習対象、学習事項、6)教材観、7)教師の願い、8)地域や学校の特色、9)社会の要請、10)学校研究課題との関連、11)各教科等との関連、12)単元の評価規準、13)指導案・評価計画、などの要素を踏まえて記述することが望ましい。

③　単元計画作成において、総合的な学習として重視すべき視点は以下です（指導資料pp.17-18）。

1)　探究的な学習：答えが一つとは定まらない、解決したと思えば新たな課題が生まれるような学習です。**図3**のように、課題設定、解決のための情報収集、その整理・分析、まとめ・表現が繰り返される学習です。

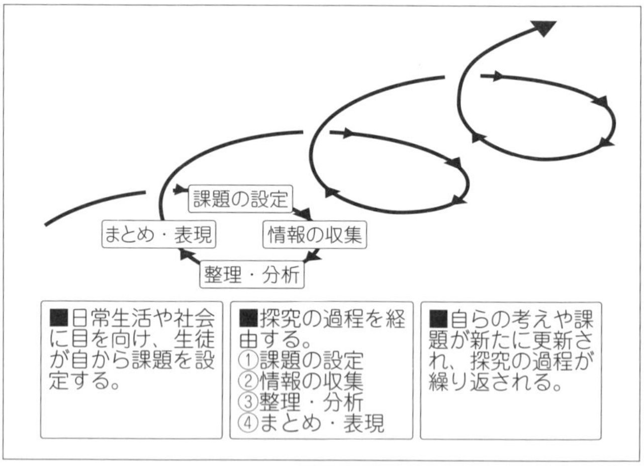

図3　探究のプロセス

2)　協同的な学習：同級生だけでなく異学年や異校種の児童・生徒あるいは同校種の学校の児童生徒、地域の多様な世代や立場の人と継続的・協同的に進められる問題解決です。

3)　体験活動の重視：本やインターネットに頼らず、実験や観察、インタビューや調査などの直接または間接的に他者とのかかわりがある体験的な活動を入れることです。

4)　言語活動の充実：体験で感じ取ったことを書き言葉や話し言葉で表現したり、集めた情報を整理・分析するだけでなく自己の考えを立てるのに活用したり、自己の考えを積極的に表明して問題解決に貢献したりするために、言語活動を積極的に取り入れることです。

5）各教科等との関連：各教科等との関連を図り、活動全体の質を高めることです。

6）社会貢献・地域貢献：指導資料には示されていませんが、地域の活性化のための活動を行ったり、子どもが取り組んでいることを身近な地域に還元したりすることです。そのことにより、子どもたちは地域に対する愛着をもつだけでなく、自信や自尊感情をより一層高めることになります。学習指導要領改訂に向け、「社会に開かれた教育課程」が提言されているので今後ますます重要視されてくる視点です。

（村川雅弘）

第2節　道徳

1　道徳教育における「カリキュラムマネジメント」の重要性

学校における道徳教育は、自己の生き方を考え、主体的な判断の下に行動し、自立した一人の人間として他者とともによりよく生きるための基盤となる道徳性を養うことを目標とする教育活動であり、「どのように社会・世界とかかわり、よりよい人生を送るか」の根幹となるものです。このような資質・能力の育成をめざす道徳教育においては、既に学習指導要領が一部改訂され、平成27年度から移行期間に入っています。小学校では平成30年度、中学校では平成31年度から、「特別の教科 道徳」（以後「道徳科」という）が完全実施されます。道徳教育の中核をなす道徳科は、「論点整理」がめざす「これからの時代に求められる資質・能力の育成」や、「アクティブ・ラーニング」の視点からの学習・指導方法の改善を先取りし、「考え、議論する」道徳科への転換により児童生徒の道徳性を育むものであり、道徳的諸価値についての理解を基に、自己を見つめ、物事を多面的・多角的に考え、自己の生き方や他者とのかかわりについても考えを深める学習を通して、道徳的判断力、道徳的心情や道徳的実践意欲と態度を育てるものです。

現行の学習指導要領においても、すべての校種で「道徳教育の全体計画」の作成が規定され、ほとんどの学校で計画が作成されています。しかしながら、現状では、そこで定められる重点目標や内容が形式的なものにとどまり、本来求められる成果を生み出しているとは言い難い状況です。道徳教育においては、「全体計画（「別葉」含む）」、そして道徳科の「年間指導計画」を作成するだけでなく、それをどのように実施・評価し改善していくのかという「カリキュラムマネジメント」の視点を取り入れることが求められています。

児童生徒の発達の段階に即した道徳教育の指導を学校教育全体を通じて充実させる上でも、また、道徳科と各教科等との役割分担・関連の下に実施していく上でも、学校全体としての道徳教育の重点目標の明確化とその目標達成に向けた計画の作成は極めて重要な意義をもっています。各学校において、学校の教育目標を踏まえ、校長をはじめとする管理職、道徳教育推進教師のリーダーシップの下に、全教職員の参画によって実質のある「道徳教育の全体計画（「別葉」含む）」を作成し、それに基づいて「道徳科の年間指導計画」を作成し、他教科等と有機的に関連づけながら授業を実施することが求められています。「道徳教育の全体計画」や「道徳科の年間指導計画」を実効あるものとして活用することは、学校全体のカリキュラムマネジメントの充実にも極めて有効です。

2　道徳教育と道徳科の関係

道徳科がめざすものは、学校の教育活動全体を通じて行う道徳教育の目標と同様によりよく生きるための基盤となる道徳性を養うことです。道徳科は、学校の教育活動全体を通じて行う道徳教育の要としての役割を果たすことができるよう、計画的、発展的な指導を行うことが重要です。特に、各教科における道徳教育としては取り扱う機会が十分でない道徳的価値にかかわる指導を補うことや、児童生徒や学校の実態等を踏まえて指導をより一層深めること、相互の関連を捉え直したり発展させたりすることに留意して指導することが求められています。

学校教育は、教育基本法第１条にあるとおり「人格の完成」をめざし、「平和で民主的な国家および社会の形成者として必要な資質を備えた心身ともに健康な国民の育成」を目的としています。道徳教育は、その人格形成の根幹にかかわるものであり、民主的な国家・社会の持続的発展を根底で支えるものです。道徳教育は、児童生徒の生活全体にかかわるものであり、学校で行われる各教科等、全ての教育活動を通して行うことを意味しています。しかし、これら各教科等で行われる道徳教育は、それぞれの特質に応じた計画によってなされるものであり、道徳的諸価値の全体にわたって行われるものではありません。このことに十分留意し、道徳教育の要である道徳科の目標と特質を捉えることが大切です。

道徳科は、このように道徳科以外における道徳教育と密接な関連を図りながら、計画的、発展的な指導によってこれを補ったり、深めたり、相互の関連を考えて発展させ、統合させたりすることで、道徳的諸価値についての理解を基に、自己を見つめ、物事を多面的・多角的に考え、自己の生き方についての考えを深める学習を通して、道徳性を養うことが目標です。道徳科は、道徳性を養うことをめざすものとして、道徳教育の中核的な役割を果たすものであり、いわば、扇の要のように道徳教育の要所を押さえて中心で留めるような役割をもっています。

道徳科の指導において、各教科等で行われる道徳教育を補ったり、それを深めたり、相互の関連を考えて発展させ、統合させたりすることで、学校における道徳教育は一層充実します。したがって、各教育活動での道徳教育がその特質に応じて意図的、計画的に推進され、相互に関連が図られるとともに、道徳科において、各教育活動における道徳教育で養われた道徳性が調和的に生かされ、道徳科としての特質が押さえられた学習が計画的、発展的に行われることによって、児童生徒の道徳性は一層豊かに養われていきます。

３「特別の教科　道徳」（道徳科）の年間指導計画

⑴　年間指導計画とは

「道徳科」において内面的資質としての道徳性を主体的に養っていくためには、カリキュラムマネジメントの視点を取り入れ、全教師の共通認識の下に道徳科の年間指導計画を作成し、PDCA サイクルを導入することが重要です。

> 年間指導計画とは、道徳教育の全体計画に基づき、道徳科の指導が、各教科等との関連をもちながら、児童生徒の発達の段階に即して計画的、発展的に行われるように組織された全学年にわたる年間の指導計画です。つまり、年間指導計画は、指導内容の重点化に応じて、学年段階に応じた主題を学年別に年間にわたって適切に位置づけ、配列し、展開の大要等を示したものです。

年間指導計画は、学校独自の重点内容項目や生徒の実態や多様な指導方法等を考慮して、学年ごとに主題を構成し、この主題を年間にわたって適切に位置づけ、配列し、学習指導過程等を示すなど道徳授業を円滑に行うことができるようにします。

⑵　年間指導計画の意義

年間指導計画は、児童生徒一人ひとりがねらいに含まれる道徳的価値についての理解を基に、自己を見つめ、物事を広い視野から多面的多角的に考え、人間としての生き方についての考えを深める学習を通して、内面的資質としての道徳性を養い、児童生徒や教師そして保護者・地域の人々の願いを実現するものです。

［その１］　小学校６年間（中学校３年間）を見通した重点的な指導や関連を図った指導を可能にします。

［その２］　一つの内容項目を複数の時間で扱う指導を可能にします。

［その３］　主題の構想を具体化し、学習指導案を考える際のよりどころとなります。

［その４］　問題解決的な学習や道徳的行為に関する体験的な学習の工夫など様々な指導方法を生かすことができます。

児童生徒の思いや願い
「生きるとは何」
「どう生きたらいいの」

教師の思いや願い
「道徳科を生徒にとって意味ある時間にしたい」
「生徒と共に考え、悩み、感動を共有したい」

保護者の思いや願い
「心豊かな、立派な人間に成長してほしい」
「家族との会話、触れ合いを大切にしたい」

地域の人々の思いや願い
「公徳心をもって、地域を愛し、大切にしてほしい」
「地域の活動に積極的に参加してほしい」

(3)　年間指導計画の作成とカリキュラムマネジメント

年間指導計画を作成するためには、全体計画を基にして、学年ごとに重点目標を設定し、指導内容の重点化を図ります。重点化する道徳の内容を考慮しながら時間数を決め、教材を選択し、実施時期を決め、年間にわたって配列します。

■年間指導計画の作成の順序

全体計画を基に、各学年の重点目標および指導の基本方針を明確にします。

ア　指導内容の重点化

児童生徒の発達段階や特性等を踏まえ、指導内容の重点化を図ります。

イ　主題構成表の作成

各学年で重点的に扱う「道徳の内容」を考慮して各内容の時間数を決め、教材を選択し、それぞれの主題を決めます。

ウ　主題配列表の作成

各主題の指導の時期を決め、年間にわたって配列していきます。

エ　展開の大要の設定

各主題について授業展開の概要を書き出します。

オ　学習指導の工夫

教材の活用を含め、学習指導過程の工夫や指導方法を明らかにします。

カ　道徳科の評価

児童生徒の自己評価等を生かしながら、児童生徒の道徳的よさや道徳的成長の共感的理解に基づいて指導計画や指導方法の評価の在り方を明確にします。

キ　道徳科の改善

児童生徒が、道徳科の目標である道徳的価値の自覚及び人間としての生き方について考えを深めることができたか、そして、全体計画で設定した重点目標が達成され、児童生徒一人一人が幸福な人生を生きるために必要な資質・能力を育むことができたか、という視点に立って常に改善して取り組むことが重要です。特に、重点的指導の効果の有無を明確にし、常に改善工夫に取り組むことが重要です。

指導内容の重点化を図るとは、生徒や学校の実態などを考慮して目標を設定し、重点的指導を工夫することです。道徳科の年間指導計画を作成するに当たっては、発達の段階や特性等を踏まえるとともに、学校、地域社会等の実態や課題に応じて、カリキュラムマネジメントを通じて子どもたちにどのような資質・能力を育むかを明確にすることです。

⑷　指導内容の重点化と主題配列

児童生徒、家庭や地域の実態に即し、学校・学年の特色を生かした道徳科を展開するためには、重点的な指導を計画的、発展的に行う必要があります。道徳科の計画的な実施と、内容項目の指導が効果的に行えるように配慮しつつ、指導内容の重点化のための指導計画を作成することが大切です。

①一定の内容項目の指導時間数を増やして重点的にあるいは繰り返し取り上げます

学校教育目標、生徒の道徳性の実態および社会的な要請や今日的な課題から、各学校において重点的に取り組む内容項目を選定します。

年間指導計画の作成に当たっては、次のような取り上げ方があります。

・一定の期間をおいて繰り返し取り上げます。

・一つの内容項目を年間にわたって何回かに分けて取り上げます。

・内容項目によっては、ねらいや教材の質的な深まりを図ります。

いずれの場合でも、発達段階において、単に同じようなことを繰り返すだけでは効果は期待できません。ねらいや教材の質的な深まりが図られるように工夫することが大切です。

②幾つかの内容項目を関連づけて指導します

ある内容項目を学習しますと、児童生徒は発展的に関連する内容項目に目が向くようになります。その自然な心の動きを、ある一定期間内において取り上げ、指導計画の中に生かしていくことによって効果的な指導が展開できます。

指導計画の作成に当たっては、心の理解を深めておくことが必要です。そして、授業の終末時に抱いた児童生徒の感想や人間としての生き方への疑問等が、次の授業の導入へと自然につながるように関連を十分に図ることが大切です。

③問題解決的な学習、体験的な活動など多様な指導方法を工夫します

実際の生活においては、複数の道徳的諸価値が対立し、葛藤が生じる場面が数多く存在します。その際、生徒は時と場合、場所などに応じて、複数の道徳的諸価値の中からどの価値を優先するかの判断を迫られます。こうした問題や課題について、問題解決的な学習などを通して、多面的・多角的に考察し、主体的に判断し、よりよく生きていくための資質・能力を養うことができます。

豊かな体験は、児童生徒の内面に根ざした道徳性を養うことに資するものです。これらの体験活動を通して児童生徒が気付く様々な道徳的価値は、それらがもつ意味や大切さなどについて深く考える道徳科の指導を通して、内面的資質・能力である道徳性としてより

確かに定着します。道徳科の指導においては、ボランティア活動、自然体験活動などの体験活動を通して感じたことや考えたことをもとに対話を深めるなど、心に響く多様な指導の工夫を積極的に取り入れることが大切です。

4　おわりに

「特別の教科道徳（道徳科）」は、これまで軽視されがちだったと指摘される従来の道徳の時間を検定教科書の導入等により着実に行われるように実質化するとともに、「考え、議論する」道徳科への質的転換を図ることを目的としています。「あなたならどのように考え、行動・実践するか」を子どもたちに真正面から考えさせ、自分とは異なる意見と向かい合い議論する中で、道徳的価値について多面的・多角的に学び、実践へと結び付け、更に習慣化していく指導へと転換することが道徳科の大きな目的です。義務教育においては、従来の経緯や慣性を乗り越え、道徳の特別教科化の目的である道徳教育の質的転換が全国の一つ一つの教室において確実に行われることが必要であり、そのためには、答えが一つではない、多様な見方や考え方の中で子どもたちに考えさせる素材を盛り込んだ教材の充実や指導方法の改善等が不可欠です。なお、道徳科は、改めて、教育課程全体を通して道徳教育の成果を上げるために、その核となる役割を果たすことを求めて実施を図るものです。そのために、道徳科と各教科等との関係性を明らかにすることを通して、教育課程に占める道徳科の位置づけを明確にする必要があります。

（毛内嘉威）

第3節　特別活動

1　特別活動の意義

特別活動は、望ましい集団活動を通して子どもたちの個人的および社会的な資質・能力を育成する教育活動であり、子どもたちの成長に大きな意義をもつ教育活動です。学校生活を振り返って想い出に残ったことといえば、例えば、特別活動に位置づけられる活動や行事において、仲間と共に何かに取り組み苦労しながらも成し遂げた経験や、日常とは異なる経験をしたことを挙げる人も多いでしょう。学級活動・ホームルーム活動、児童会活動・生徒会活動、クラブ活動（小学校のみ）、学校行事といった幅広い内容を有し、子どもたちの人間性や社会性などの育成に貢献する特別活動の存在は、日本の学校の教育課程の特徴の一つだといわれています。これからの学校教育の方向性を踏まえつつ、特別活動の意義を改めて明らかにして、一層効果的な教育活動にしていくことが求められています。

また、特別活動は、平成20・21年の学習指導要領の改訂で領域全体の目標に加えて活動や行事の目標が示され具体化が図られましたが、教科と比べれば柔軟に多様な教育活動を展開できるという特質は変わりません。全国共通の教科書があるわけでもありません。各学校において子どもたちや学校、地域の実態に即してその計画や実施について十分な創意工夫を行わなければ、特別活動の目標は実現できないということができます。

さらに、特別活動は、学校経営や学級経営と強いかかわりがあります。学校経営や学級経営を円滑に進める上で、特別活動の各活動や行事が全体として適切に計画され実施されることが不可欠です。特別活動の各活動や行事を通して学校や学級の集団づくりや人間関係づくりがうまく進められるかどうかが教科指導の成否に大きな影響を与えますし、内容的にみても特別活動と教科の間には関係が深いものがあります。また、特別活動は、道徳教育における道徳的実践の指導について主要な役割を担うとともに、キャリア教育における基礎的・汎用的能力（人間関係形成・社会形成能力、自己理解・自己管理能力、課題対応能力、キャリアプランニング能力）の育成や、生徒指導における自己実現や自己指導能力の育成とも密接にかかわっています。このほか、特別活動の各活動や行事は、家庭や地域の人々と連携し協力し合うことで効果を高めることができます。なかには、生活習慣や食に関する指導、進路の選択、入学式や卒業式、運動会、職場体験など、家庭や地域の人々の協力なくしては成立しないものも多くあります。

このような特別活動の意義や特性に着目し、「論点整理」では、総合的な学習の時間とともに、カリキュラムマネジメントを通じて子どもたちにどのような資質・能力を育むかを明確にすることが不可欠であると指摘されています。

子どもたちと学校が社会や世界とつながり、よりよい人生と社会を創り出していける資質・能力を育もうとするこれからの教育を実現する上で、特別活動は大きな役割を果たすと考えられます。子どもたちは、特別活動において、例えば、学級や学校での生活をよりよくするために、自分たちで目標や計画を決定し、役割を分担してそれらを実現する活動に取り組みます。また、自分たちが抱える様々な問題について、道徳科で学んだ道徳的価値なども手がかりにしながら、仲間たちと共によりよい解決方策を考え判断し、実行していきます。それらの過程で、互いの意見が異なる状況に出合えば、粘り強く合意点を探っていくことが求められます。さらに、集団での活動を成功させるためには、一人ひとりが持ち味を発揮することが大切になります。子どもたちがこうした経験を重ねることによって、よりよい社会の形成に主体的、創造的に参画する力や、生涯を通じて集団の中で自己実現を図っていく力、人間関係を築く力などを豊かにすることができるでしょう。このように、新しい時代を主体的に切り拓いていくために必要な資質・能力を確実に育んでいくことができる特別活動の在り方を追究していくことが求められています。

【参考：特別活動に期待されること】（教育課程企画特別部会「論点整理」より）

○主体的に社会の形成に参画しようとする態度

○自己実現を図るために必要な力
○各教科等におけるグループ学習等の協働的な学びの基礎
○よりよい人間関係に基づく学級経営の充実
○社会参画の意識や合意形成のための思考力・判断力・表現力等
○道徳的実践のための重要な学習活動の場

2　特別活動の全体計画

特別活動の全体計画については、上記１で挙げた特別活動の意義や特質を踏まえ、例えば、次のような視点から一貫性をもたせて構造的なものとなるように工夫することが大切です。

① 学校経営と教育課程の全体を視野に置き、自校の教育目標を実現する上で特別活動が果たすべき役割を考え、特別活動で特に重点を置いて育成したい資質・能力を明確にする。
② ①をもとに、学級活動・ホームルーム活動、児童会活動・生徒会活動、クラブ活動（小学校）、学校行事ごとに、育成したい資質・能力を具体化するとともに、それらの育成の手立てについて基本的な考え方を明確にする。
（例：「自主的、実践的な態度」の育成のため、子どもたちによる自己決定の場や機会を充実したり、実践に移す計画や実践のフォローアップの方法を工夫したりするなど）
③ 学校の教育活動や教育機能全体を俯瞰的にみて、特別活動と他の教科、道徳教育、キャリア教育、生徒指導などのそれぞれ充実につながるよう、相互の関係を明確にする。
（例：中学校の学級活動や生徒会活動と、社会科公民的分野の学習内容（「物事の決定の仕方」「きまりの意義」「対立と合意」「効率と公正」等）を関連づけるなど）
④ 特別活動の目標や内容をもとに、家庭や地域との連携・協力が進むよう、学校としてのかかわり方を明確にする。
⑤ 特別活動全体と、学級活動・ホームルーム活動、児童会活動・生徒会活動、クラブ活動（小学校）、学校行事ごとに、計画・実施・評価・改善のPDCAサイクルの動かし方（期間、方法、共有化等）を明確にする。

特別活動の全体計画の作成に当たっては、ややもすれば学習指導要領の目標や内容をそのまま転記しただけの形式的なものになりがちですが、学校としてぜひ実現したい目標の重点やその手立て、枠組を明示するなどして実効性のあるものにする必要があります。そうなると、特別活動の全体計画は、そこに盛り込む事項やその示し方を様々に工夫できるものであり、各学校の考え方が表れた個性あるものになるでしょう。

また、特別活動の各活動や行事には、学校の全教職員が何らかのかたちで携わることになります。さらに、家庭や地域の人々の協力を得て行うものも多いという特別活動の特質を考えれば、学校による積極的な情報提供の一環として保護者や地域の人々に全体計画を示すことも想定すべきでしょう。したがって、わかりやすい全体計画を作成し、関係者が共通理解を図りながら協力して取り組めるようにすることが大切です。

3　各活動や行事の指導計画と実施

学級活動・ホームルーム活動、児童会活動・生徒会活動、クラブ活動（小学校）、学校行事ごとの指導計画の作成やその実施についても、カリキュラムマネジメントの三つの側面（第Ⅰ部第１章、pp.11-12 参照）を手がかりにして工夫改善を図っていくことが求められます。

①　全体を俯瞰的にみて、各活動や行事を相互の関係で捉えるとともに、他の教科等の学習内容との関連も考慮し、目標をよりよく実現できるようにする。

このことは、すでに平成 20・21 年の学習指導要領でも、特別活動として内容相互の関連や行事間の関連を図ることや、各教科、道徳、総合的な学習の時間との関連を図ることが求められており、学校現場においてもおよそ念頭に置かれていることだと思われます。今後更に、教育課程および特別活動の全体計画や各活動・行事の年間計画を視覚的に示し、それらを共有する中で、相互の関連に着目しながら教育活動を工夫し展開していくことが求められます。

②　各活動や行事の質の向上に向けて、計画・実施・評価・改善の一連の PDCA サイクルを確立する。

特別活動においても、各活動や行事の質の向上を図るため、一定期間を見通して計画を立て、実施し、その過程や結果について目標の実現状況などを把握、評価し、工夫改善を行っていくことは重要です。なお、各活動や行事を効果的なものにする上で、事前・事後の活動や指導がとても大切ですから、この点にも十分留意しておくことが必要です。

特別活動においては、とかく「やりっぱなし」になりがちだとの声も聞かれます。各活動や行事について年度の終わりに全部まとめて評価し改善を図ろうとしても、量的、時間的に困難です。一つ一つの活動や行事を終えた段階で、その都度、各担当を中心に簡潔に振り返り、反省点や改善方策を計画に朱筆しておくような取組の積み重ねが大切でしょう。

また、学校では、各活動や行事のそれぞれについて PDCA サイクルを回しているわけですが、①の側面とも関連して、複数の活動や行事の PDCA サイクルを関連させることによってより効果的に活動や行事の質を高めていくことが考えられます。例えば、ある行事についての PDCA サイクルを回していく中で、別の行事も同じ目標の実現に密接にかかわっていることに気付き、手立ての改善方策を当てはめていくといった実践が見られます（第Ⅱ部第３章、p.87 参照）。

③　各活動や行事と、学校内外の人的・物的資源等とを効果的に組み合わせて生かす。

特別活動を含め学校の教育活動について、学校内外の様々な人的条件、物的条件、財政的条件、組織・運営的条件などとの関連を考慮することは、その計画や実施を効果的なものにする上で重要なことです。例えば、学級活動・ホームルーム活動を計画し実施する上で、そのすべてを担任教師一人だけで行うよりも、学校内外の様々な関係者の協力を得て取り組む方が教育的な効果は大きくなると考えられます。学校内外の関係者として、例えば、養護教諭、栄養教諭や栄養職員、生徒指導主事や進路指導主事、司書教諭や学校司書、スクールカウンセラー、学校医や学校歯科医、学校薬剤師、保護者、地域の機関や団体の方々など、多様に考えられます。中央教育審議会「チームとしての学校の在り方と今後の改善方策について」（答申）（平成27年12月21日）でも明らかにされた「チームとしての学校」の考え方などを踏まえ、人的資源の活用の重要性は今後一層強調されるでしょう。

また、特別活動においても、社会に開かれた教育課程の考え方を踏まえ、子どもたちが地域の人々や社会とつながっていくことを重視することが求められます。その材料は、すでに特別活動の中にたくさん盛り込まれており、各学校でも実践されています。今後は、いまも行われていることを含め、社会とつながることの意味を掘り下げて考え、活動や行事の工夫につなげていくことが大切でしょう。例えば、卒業式で来賓を招くことを当たり前の習慣ととらえがちです。改めて、その意味について子どもたち自身が考え、成長を見守り支援してくださる方々への感謝の気持ちの表し方を工夫することによって、卒業の喜びとともに地域社会の一員としての自覚を深めることにつながるでしょう。

このように、特別活動においても、家庭や地域とのかかわりを積極的に織り込むことによって、子どもたちは社会とのつながりを実感し、よりよい人生と社会を自ら創り出していける力を培っていくことにつながると考えられます。

（吉冨芳正）

第4節　「スタートカリキュラム」のカリキュラムマネジメント

「スタートカリキュラム」とは、周知の通り、幼児期の教育から児童期の教育へ円滑な移行ができるようにすることをめざした小学校入学以降のある一定期間のカリキュラムのことです。児童がスムーズに小学校生活をスタートし、いわゆる「小１プロブレム」を未然に防ぐとともに、安心・成長・自立を促進するはたらきをもちます。

「スタートカリキュラム」（以後、「スタカリ」）という用語が、平成20年度の「小学校学習指導要領解説　生活編」に明記されて以来、その重要性については、学校現場においても認識されてきているところです。しかし、一方では、「スタカリ」が適応指導中心のものであったり、自校の実態に合っていなかったり、その年度の１学年学級担任の力量にかかっていたりする現状も見受けられます。

文部科学省の『スタートカリキュラム　スタートブック』（平成27年１月）の「スタートカリキュラムのマネジメント」（pp.14-15）においては、全校体制で「スタカリ」を計画（作成）、実施し、児童の姿を通して反省・検証・改善していくことの重要性が示されています。スタート期の児童の学びと育ちを見取り、指導できる教師力を一人ひとりが形成していく一方で、幼保小の滑らかな接続を意識し、「スタカリ」をマネジメントしていける学校力が求められています。

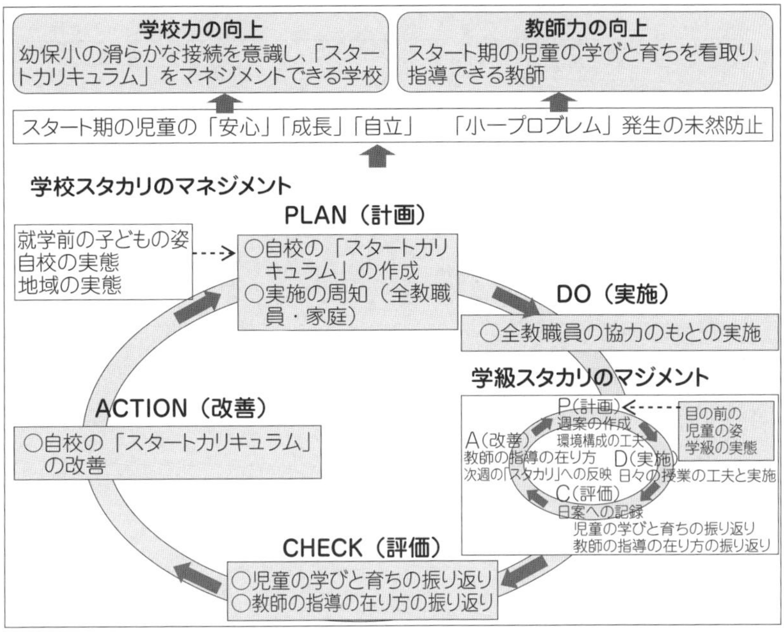

図４　「スタカリ」のマネジメントサイクル図　（八鍬明美、2015）

そこで、本節では、学校全体で計画（作成）・運用する「学校スタートカリキュラム」（以降、「学校スタカリ」）のマネジメントと、それを踏まえて各学級で計画（作成）・運用する「学級スタートカリキュラム」（以降、「学級スタカリ」）のマネジメントの２つの関係性を、明らかにしながら、両者の考え方や、実際の「スタカリ」作成及び運用に関わる内容を「スタカリ」のマネジメントサイクル図を用いて、説明していきたいと思います。

１　「学校スタカリ」のマネジメント（PLAN）

各学校では、各教科等の年間カリキュラムを作成し、それを実施し、改善を加えながら引き継いでいます。作成の初年度は、時間がかかりますが、次年度以降は、改善を加えていくことで、学校の財産としての価値を保持していくことができます。

「スタカリ」においても同様で、学校全体でカリキュラムを作成し、共有できるようにしていきます。これを「学校スタカリ」とします。「学校スタカリ」は、スタートカリキュラムの道筋を全教職員で共有できる「設計図」としての役割を果たします。

図５は、20日間分の「学校スタカリ」例の一部です。

15分のモジュールを活用しているため、合科・関連がしやすくなり、ゆったりと活動したり、適宜休憩したりできるようになっています。

また、スタート期は、小学校１年生の１学期まで続くと捉えますが、20日間程度を学校全体で「スタカリ」に取り組む特別な期間として周知しておくと、全教職員の目安となります。また、「学校スタカリ」を１、２枚の一覧表としてまとめておくと、いつでも周知がしやすく、全教職員の共有理解も図りやすくなります。

	1時間目	2時間目	3時間目
1日目			
	行　入学式に参加する。（リ）	学　学級活動に参加する。（入学式後）（ハ）	学　学級活動に参加する。（入学式後）（ハ）
2日目		できるようになりたいことを発表し、その中から、トイレやスリッパの使い方を覚える。	
	行　始業式に参加する、（リ）	生　学校生活の中で、できるようになりたいことを発表する。（生活上の自立）（ル）（ロ） 学　トイレやスリッパの使い方を覚える。（ロ）（リ）	行　通学団会に参加する。（イ）
3日目	できるようになりたいことの中から、朝の用意の仕方を覚える。また、返事の仕方を覚え、実際に朝の健康観察で行う。	友達と歌いながら、手遊びをしたり、体を動かしたりして楽しく遊ぶことを通して、仲を深める。	できるようになりたいことの中から、帰りの支度の仕方を覚える。また、学年下校の仕方を知り、実際に交通のきまりを守って下校する。
	学　自分の机の中の整頓の仕方やロッカーの使い方を覚える。（ロ）（リ） 学　用具や提出物の出し方を覚える。（ロ） 国　名前を呼ばれたら返事をすることを知る。（ロ）（ル）	音　友達と歌いながら、手遊びをしたり、体を動かしたりして楽しく遊ぶ。（ヲ）（イ）（ハ）	学　お便りや荷物のしまい方を覚える。（ロ） 学　靴箱の使い方を覚える。（ロ） 学　学年下校の仕方を覚える。（ハ）（ホ）
4日目	名刺を交換しながら自己紹介をし合う「名刺交換ゲーム」の準備をする。友達と歌いながら、手遊びをしたり、体を動かして遊んだりして心ほぐしをする。今までに覚えた友達の名前を発表し合う（教師は全員の名前を縦書きで板書する）。「名刺交換ゲーム」をすることを知り、自分の名刺を複数枚作る。用紙の左半分には、（黒板に書かれた自分の名前や机に貼られている名札シールを手本に）自分の名前を鉛筆で縦書きし、右半分には自分の好きなものをクレヨンでかく。名前を書く際には、字を書く姿勢や鉛筆の持ち方を学ぶ。		
	音　友達と歌いながら、手遊びをしたり、体を動かしたりして楽しく遊ぶ。（ヲ）（イ）（ハ） 書　人、もの、ことなどに関する文字を見つけて遊ぶ。（ヌ）	国　字を書くときの姿勢や鉛筆の持ち方を知る。（ト）（ヌ） 国　適切な筆圧で線や簡単な文字を書き、運筆に慣れる。（ト）（ヌ） 国　見本を見ながら、自分の名前を丁寧に書く。（ヌ）（ト）	図　クレヨンの使い方を知り、自分の好きなものや伝えたいことを描く。（ヲ）（ト）
17日目	探検⑤　校舎内外で、もう一度会いたい人について振り返り、グループで探検する計画を立てる。インタビューの仕方を学び、実際にインタビューした人についてカードに文字や絵で表現する。探検後は、インタビューした人についてカードを基に伝え合い、探検地図にまとめる。		
	国　ときや場、相手に応じた挨拶やお話を適切な声の大きさですることを知る。（ル）（リ） 生　探検⑤　もう一度会いたい人について振り返り、グループで学校にいる人に会いに行く計画を立て、探検をする。（ル）（ハ）（ヘ）（チ）（リ）	書　人、もの、ことなどに関する文字を見つけて遊ぶ。（ヌ） 図　クレヨンの使い方を知り、自分の好きなものや伝えたいことを描く。（ヲ）（ト）	生　探検⑤　学校にいる人について伝え合い、探検地図にまとめる。（ル）（ヲ）（ヘ）（チ）（リ）
18日目			
	児　1年生を迎える会に参加する。（ヘ）（リ）	算　「1～5」の半具体物（数図ブロック）を操作して数の系列を理解し、「いち～ご」の数詞と「1～5」の数字が対応していることを知り、数を正しく唱える。（ヌ）（ト）	国　あいうえおを繰り返し読んだり、歌に合わせて歌ったりして、「あいうえお」に親しむ。また、「あいうえお」を書く練習をする。（ヌ）（ル）
19日目			いろいろな体をつくり運動する。
	国　「あ」「い」「う」「え」「お」で始まる言葉を2字、3字…と集めたり、書いたりする。	算　「1～5」の半具体物（数図ブロック）を操作して数の系列を理解し、「いち～ご」の数詞と「1～5」の数字が対応していることを知り、数字を正しく書く。（ヌ）（ト）	体　体のバランスをとる「体つくり運動（体ほぐし）」をする。（イ） 体　用具を操作する「体つくり運動（体ほぐし）」をする。（イ） 体　力試しの「体つくり運動（体ほぐし）」をする。（イ）
20日目			
	国　「あ」「い」「う」「え」「お」で始まる言葉を2字、3字…と集めたり、書いたりする。	行　避難訓練に参加する。（イ）	算　「1～5」を表す具体物、半具体物（数図ブロック）、数図、数字、歌詞を関連付け、絵や数字で表現する。（ヌ）（ト）

図5　「学校スタカリ」例の一部

【　上段：合科的な指導の内容メモ　　下段：各教科等の学習活動
（イ）～（ヲ）：幼児期の終わりまでに育ってほしい幼児の具体的な姿　】

実際の「学校スタカリ」のマネジメントのPLANでは、年度末までに、校長のリーダーシップの下、教頭、教務主任、養護教諭、生活科主任や1学年学級担任、特別支援学級担当者等、学校の実情に合わせて組織を立ち上げ、「学校スタカリ」を作成します。このとき大切なことは、就学前の子どもたちの姿や、幼稚園・保育所等での「アプローチカリキュラム」について事前に情報収集をしておくことです。就学時健康診断、入学説明会、生活科を中心とした交流会では、子どもたちの姿を直接見るよい機会になります。また、幼稚園・保育所等との情報交換会や見学会では、家庭環境や園での交友関係を含めた個々の子どもたちの詳細な情報を収集することができますし、アプローチカリキュラムの実際を見聞することができます。幼保小連携の要となる担当者や教務主任、養護教諭等、複数で実態把握に努めます。

なお、『幼児期の教育と小学校教育の円滑な接続の在り方』（平成22年11年）では、「幼児期の終わりまでに育ってほしい幼児の具体的な姿」を12項目挙げています。「学校スタカリ」を作るときは、「アプローチカリキュラム」で培ったこれらの成果を小学校で培いたい資質・能力に繋げられるように努めます。決してゼロからのスタートではないことを全教職員で認識していなくてはなりません。

表1　幼児期の終わりまでに育ってほしい幼児の具体的な姿

（イ）健康な心と体
（ロ）自立心
（ハ）協同性
（ニ）道徳心の芽生え
（ホ）規範意識の芽生え
（ヘ）いろいろな人とのかかわり
（ト）思考力の芽生え
（チ）自然とのかかわり
（リ）生命尊重・公共心等
（ヌ）数量・図形、文字等への関心・感覚
（ル）言葉による伝え合い
（ヲ）豊かな感性と表現

また、学校の実態に合った「学校スタカリ」となるように、コマ数等日程を確認し、すでに決定している学校行事等を最優先してコマを埋めていくようにします。

そして、その後は、以下に留意して作成します。

①文部科学省が作成した『スタートカリキュラム　スタートブック』（pp.8-9）に準じて、一人ひとりが安心感をもち、新しい人間関係を築いていくことをねらいとした学習（「学校スタカリ」例の一部の薄いアミの部分）、合科的・関連的な指導による生活科を中心とした学習（「学校スタカリ」例の一部の白ヌキ文字の部分）、教科等を中心とした学習（「学校スタカリ」例の一部の濃いアミの部分）の順に概ね展開させ、児童の安心・成長・自立の姿が無理なく見取れるような編成とする。

②学校において必要なこと（学校生活上の基礎と基本）を児童が重要であると考えられる授業展開となるように、必要感・必然性のある編成とする。

③幼児期の生活経験を反映できるように、生活科を中心に合科的・関連的な編成とする。

なお、合科的・関連的に編成する際には、幼稚園・保育所等の「遊びを通した総合的な学び」からの連続性を考慮し、遊びを取り入れた内容にしていきます。ただし、このスタート期においても、各教科等の学びを行い、資質・能力を身に付けるための体験を取り入れる必要があります。「児童が没頭できる遊びの要素を活動に仕組んでおいて、実は知らないうちに各教科等の学びになっていた」、そんなカリキュラムにしていきたいものです。

なお、本節で紹介した「学校スタカリ」例は、５月初旬までに学習する教科書の内容を網羅して作成しています。「学校スタカリ」例では、次のように時間計上をしています。

> 生活：11時間、国語：12時間、書写：３時間、算数：７時間、音楽：４時間、
> 体育：５時間、道徳：４時間、図画工作：３時間、学級活動：８時間、
> 児童会活動：１時間、学校行事：６時間

各学校においても、５月初旬頃までの学習内容を精査し、取り入れ、作成します。

また、この時期は、保護者も子どもたちと同様に学校での学びに不安を抱いています。入学説明会、入学式等、保護者が来校する機会を捉えて、「学校スタカリ」についての周知を図っておくと良いでしょう。

２　「学校スタカリ」のマネジメント（DO）としての「学級スタカリのマネジメント」

新年度の体制が決まれば、次は、１学年学級担任が「学校スタカリ」を基に、週案を作成し、運用していきます。「学校スタカリ」に対して、この週案が、「学級スタカリ」となります。

「学校スタカリ」を複数の学級が同時にそのまま活用しようとすると、活動場所や活動時間が重なり合ってしまい、実施できない場合が出てきてしまいます。そこで、それらを解消させるとともに、目の前の児童の姿を反映させた週案が必要となってきます。

「学校スタカリ」が「設計図」としての役割を果たすならば、「学級スタカリ」は、週ごとの「設計図」兼「進行表」兼「チェックリスト」としての役割を果たすと言えます。

全教職員の協力の下、今度は、学級担任が中心となって、「学級スタカリ」を作成・運用していきます。

「学級スタカリ」のＰでは、週案を学級用に作成するとともに、活動場所の環境構成を行います。例えば、４日目に児童が「名刺交換ゲーム」の準備をするならば、教師がそのために必要な見本を用意する、活動のための座席を計画する等が該当します。

「学級スタカリ」のＤでは、各学級担任が目の前の児童に柔軟に対応しながら、計画したことを実践していきます。学校探検等で、意図的な活動を仕組むときは、朝の打ち合わせ等で、教職員に連絡をしておくと良いでしょう。例えば、「学校探検で、子どもたちがグループで探検をします。危険なことをしていたら、注意をして下さい。また、子どもたちが先生方にインタビューをします。学校のことを知る学びの場とするためにも、是非、対応をお願いします。」と伝えておけば、多くの教職員は、「学校スタカリ」を基に意図的に対応をしてくれるでしょう。

「学級スタカリ」のＣでは、児童の学びと育ちを基に、教師の指導の在り方を振り返り

ます。成果のあったことや改善すべきことがあれば、その都度週案に記します。

「学級スタカリ」のＡでは、これらの振り返りを基に教師の指導の在り方を具体的に想定しながら、それらを次週の計画に反映させます。

このように、「学校スタカリ」のDOでは、「学級スタカリ」の小さなP-D-C-Aが実施週数分繰り返されることになります。

週案完成例（第2週）

校長	教頭	主幹	教務	担任

		4日目		5日目		6日目		7日目		8日目
月日		4月11日		4月12日		4月13日		4月14日		4月15日
曜日		月		火		水		木		金
目標		先生や友達と仲良くなる				1年生の学習を知る				
1	音	音　友達と歌いながら、手遊びをしたり、体を動かしたりして楽しく遊ぶ。	道	道　気持ちのよい挨拶，言葉遣い，動作などに心掛けて，明るく接することを考える。	生	生　これから学習することを想像し、やってみたい学習について発表する。（学びの自立）	図	図　図工の学習目標と準備の仕方を知る。	体	体　体育の学習目標と準備の仕方を知る。（体操服を着る）
	書	書　人、もの、ことなどに関する文字を見つけて遊ぶ。	国	国　自分の名前を紹介する方法を知り、実際に行う。	生		図	図　クレヨンの使い方を知り、自分の好きなものや伝えたいことを描く。	体	体　体を移動する「体つくり運動（体ほぐし）」をする。※背の順の並び方、集合の仕方等を含む。
	書	書　人、もの、ことなどに関する文字を見つけて遊ぶ。	国		書	書　書写の学習目標と準備の仕方を知る。	図		道	道　約束やきまりを守り，みんなが使う物を大切にすることを考える。
2	国	国　字を書くときの姿勢や鉛筆の持ち方を知る。	音	音　挨拶したり、握手したりしながら、仲よく歌う。	書	書　字を書くときの姿勢や鉛筆の持ち方を知る。	算	算　算数の学習目標と準備の仕方を知る。	体	体　ルールを守って楽しく友達と「ゲーム（鬼遊び）」をする。
	国	国　適切な筆圧で線や簡単な文字を書き、運筆に慣れる。	体	体　ルールを守って楽しく友達と「ゲーム（鬼遊び）」をする。	書	書　適切な筆圧で線や簡単な文字を書き、運筆に慣れる。	算	算　身の周りの「1～10」の数量に関心をもち、観点や条件に合わせて集合を作る。	体	
	国	国　適切な筆圧で線や簡単な文字を書き、運筆に慣れる。	体		書	書　見本を見ながら自分の名前を丁寧に書く。	算		体	体　体育の学習目標と片付けの仕方を知る。（体操服を脱ぐ）
3	図	図　クレヨンの使い方を知り、自分の好きなものや伝えたいことを描く。	算	算　指を折って10まで数える練習をする。	国	国　国語の学習目標と準備の仕方を知る。	音	音　音楽の学習目標と準備の仕方を知る。	道	道　道徳の目標と準備の仕方を知る。
	図	図　クレヨンの使い方を知り、自分の好きなものや伝えたいことを描く。	算	算　音の数だけ仲間を集める「数合わせゲーム」や、文字の数だけ仲間を集める「数合わせゲーム」をする。	国	国　教科書の表紙や裏表紙を基に、学校の楽しいことを見つけたり、資などを声に出して読んだりする。	音	音　知っている歌をみんなで歌う。	道	道　気持ちのよい挨拶，言葉遣い，動作などに心掛けて，明るく接することを考える。
	図	図　クレヨンの使い方を知り、自分の好きなものや伝えたいことを描く。	算		国		音	音　曲に合わせて、足踏みしたり、手拍子をしたり、行進したりする。	道	
4										
備考		名刺交換ゲームの準備		名刺交換ゲーム		兼オリエンテーション		兼オリエンテーション		兼オリエンテーション

時間計上	各教科等名	国	書	生	算	音	体	図	道	学	児	行	計
	時間数	2 2/3	2	2/3	2	1 2/3	2 1/3	2	1 2/3	0	0	0	15
	時間数累計	3	2	1 1/3	2	2 2/3	2 1/3	2	1 2/3	4	0	3	24

図６　「学校スタカリ」（週案）の例

3 「学校スタカリ」のマネジメント（CHECK、ACTION）

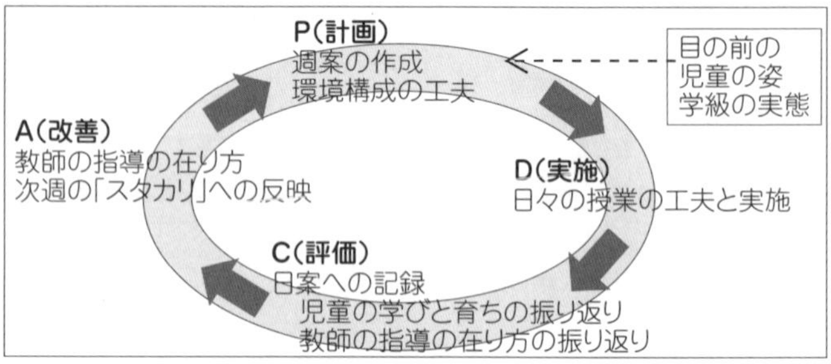

図７　「学校スタカリ」のマネジメント図

計画した「学校スタカリ」を各学級で「学級スタカリ」として実施した後は、「学校スタカリ」のCHECKとして、「スタカリ」の作成メンバーで「学校スタカリ」を、「学級スタカリ」（週案）を基に振り返ります。それぞれの学習活動が児童にとって成果のあるものであったかを児童の姿を基に振り返るとともに、指導の在り方や手立てを吟味します。ここでは、「学級スタカリ」（週案）に記してきたことが大いに役立ちます。

そして、最後にACTIONとして、今年度の「学校スタカリ」を次年度用に改善しておきます。そうすることで、年度末に行う作業が軽減されるとともに、より実効性の伴った「学校スタカリ」へと改善されます。

「学校スタカリ」を組織として作成し、運用することは、学校全体で子どもたちを受け入れていこうとする教職員全体の意識改革となり、学校力の向上につながります。

是非、「スタカリ」のカリマネを実行してみて下さい。

（八釼明美）

第Ⅲ部

カリキュラムマネジメントの活性化戦略

カリキュラムマネジメントは学校管理職だけの仕事ではない。多様な関係者の参画によりカリキュラムを作り、実践するにはどうすればよいだろうか。学校内外の人と人との間、組織と組織の間を「つなぎ（協働性）」、1+1 以上の力にするための方策を考える。また、教育課程行政の役割、集合研修・校内研修等の考え方と具体的な手法を提案する。

第1章

「チーム学校」が支えるカリキュラムマネジメント

だれが「チーム学校」の一員だろう

●

田村知子

第1節　条件整備の必要性

本章では、マネジメントに焦点を合わせます。「マネジメントは管理職の仕事（だから、学級担任は関係ない）」という意見を耳にすることもありますが、カリキュラムマネジメントは、全ての授業者に必要なマネジメントです。

1　教育活動と条件整備活動をセットでとらえる

「論点整理」では、カリキュラムマネジメントの第三の側面として、「教育内容と、教育活動に必要な人的・物的資源等を、地域等の外部の資源も含めて活用しながら効果的に組み合わせること」と述べています。

カリキュラムマネジメントでは、「子どもにこのような資質・能力をつけたい（目標）」→「そのためにこのような教育活動が必要（カリキュラム）」→「そのためにはどのような人・物・予算・組織などが必要だろうか（組織構造、組織文化、学校外とのパートナーシップ）」というように、カリキュラムのPDCAサイクルを効果的効率的に回すことを目的として、その手段としての組織をどうするか、という発想をします。例を挙げます。

「論理的思考力を育成したい」 →「思考を促す教材や発問の工夫が必要だ」 →「A先生の授業の参観の機会をつくろう」	「理科の知識が生活に役立つことを理解させたい」 →「総合的な学習の時間で水質汚濁の調査活動をしよう」 →「近くの大学の研究室と連携をしよう」

そう考えれば、カリキュラムマネジメントは管理職だけの仕事ではないことが明らかです。授業者である、学級担任や教科担任こそ、自らが実現したい教育活動のために、条件整備を考える必要があります。この点は、カリキュラムマネジメント論の土台となった教育課程経営論の中でも、「自分の授業という仕事を成立させるための脚下の条件づくりを

も自分で行いつつ、授業を遂行するという点が最も大事」と明確に指摘されていました[1]。でもそれは、授業者が何もかも自分でしなければならない、ということではありません。授業者、校長、副校長・教頭、主幹教諭、主任層、担当者、事務職員、専門スタッフなどが立場や役割に応じた協働により組織的に整備する、ということです。

2 「チームとしての学校」とは

平成27年12月、中央教育審議会作業部会より「チームとしての学校の在り方と今後の改善方策について」が答申されました。答申では、「チームとしての学校（以下、「チーム学校」)」は、「校長のリーダーシップの下、カリキュラム、日々の教育活動、学校の資源が一体的にマネジメントされ、教職員や学校内の多様な人材が、それぞれの専門性を生かして能力を発揮し、子供たちに必要な資質・能力を確実に身に付けさせることができる学校」と定義されています。この定義から明確なのは、「チーム学校」とは、効果的なカリキュラムマネジメントができる学校だということです。

「チーム学校」が議論された背景は３点に整理されます。第一に、「新しい時代に求められる資質・能力を育むための教育課程を実現する」ことです。まさに産業社会から知識基盤社会への移行期である現在、本書第Ⅰ部第１章で詳述したように、育成すべき資質・能力や授業の在り方、教育課程の在り方も転換期にあります。変化に対応し、効果的な教育活動を実現することが何より求められています。第二に、社会の変化に伴う生徒指導上の新たな課題への対応や特別支援教育の充実、感染症やアレルギー対策など、学校は、学校制度が成立した明治期には想定されていなかった複雑化・多様化した課題に対して、高い専門性に基づく対応が求められるようになっています。第三に、文部科学省実施の教員勤務実態調査やOECD国際教員指導環境調査（TALIS2013）により、現在のわが国の教員は、過去と比べても他国と比べて多忙であり、高い研修ニーズがあるにもかかわらず研修参加も困難といった実態が改めて明らかにされたことがあります。

このような課題に対応し教育成果を上げる学校組織が求められており、それを「チーム学校」と定義し、新たなマネジメントモデルが提案されたのです。その特徴は、①専門性に基づくチーム体制、②学校のマネジメント機能の強化、③教職員一人ひとりが力を発揮できる環境の整備、と整理されました。そのために国や教育委員会が実行すべきこととして、答申には、教職員定数拡充の努力、養護教諭の複数配置化、スクールカウンセラー・スクールソーシャルワーカー・看護師など多様な専門スタッフの職務内容の法令上の明確化や配置のための財政措置といった改善方策が列挙されています。これらの実行については今後の動向を注視する必要がありますし、直ちに各学校の組織構造が変わるわけではありませんが、本書では、このような政策の流れを踏まえて、各学校が取り組めることを考えます。次項では、カリキュラムマネジメントの観点から、上記①～③の特徴をもつマネジメント体制を、学校に構築する具体策を考えていきましょう。

3　多様な専門性に基づく「チーム学校」のマネジメント

わが国の学校は、他国と比べると、構成員に占める教員の割合が大きく、その分、教員が多様な役割を担いながら子どもに包括的にかかわってきました。その良さも踏まえながら、「チーム学校」は、多様な専門スタッフをチームの一員として正式に位置づけ、教員は授業や教育課程、生徒指導や学級経営といった「教員が行うことが期待されている本来的な業務」に可能な限り専念できるような体制づくりをめざすものです。

専門スタッフの配置の実現は一律ではなく、自治体や各学校により活用可能なスタッフは異なることになりますが、学校としてまず考えたいことは、どのような専門性のスタッフが、なぜ、どれくらい、どんな形で必要なのかという学校としてのニーズを明らかにすることです。たとえ希望が実現されないときでも、どうすれば代替ができるだろうかと考えやすくなります。

一方、「教員に加え、専門スタッフ、地域人材等が連携・分担することで、より効果を上げることができる業務」や「教員以外の職員が連携・分担することが効果的な業務」「多様な経験等を有する地域人材等が担うべき業務」もあると考えられます。答申でも整理が試みられていますが、学校により実態は異なりますので、これを機会に一度、「業務の棚卸し」の機会を持ってはいかがでしょうか。その過程で、削減・軽減できる業務も見つけたいものです。

ただ、業務の整理が、単に業務の切り分けと振り分けになってしまい、お互いの遠慮や無関心、意思疎通の停滞、といった事態に陥ることは避けねばなりません。教員と専門スタッフによる目的別チームをつくり、その中での協働と、各チーム間の情報共有や協働の場をつくっていくことが必要でしょう。その過程を、協力的な業務遂行だけでなく、異なる職種間の相互の学び合い育ち合いの場とすることも可能です。

第２節の末に示すコラムで紹介される信濃小中学校では、町費の支援員によるチーム支援体制が構築されています。１・２年生は学級に１名、３・４年生には学年１名の学習支援員と、特別支援学級には生活支援員を配置し、個別指導や教材づくりなどの支援をしています。その際、経験の浅い担任の学級にはベテランの支援員を、ベテランの担任の学級には、教師をめざす若い支援員を配置し、人材育成にも資する体制をとっています。その他にも、５年生から教科担任制を採用する（その結果、児童の授業満足度が高まっている)、校務分掌を複数の教員で担当することで協力し合うなどの組織体制の工夫がなされています。

ドラッカーは、「成果をあげるためには、人の強みを生かさなければならない。組織といえども、人それぞれがもっている弱みを克服することはできない。しかし組織は、人の弱みを意味のないものにすることができる」と述べました[2]。教職員・スタッフの専門性や個性の多様性を「強み」ととらえ、「生かす」発想を大切にしたいものです。また、優れた管理職は、組織メンバーの長所を探します。良い点を見つけることを目的にとした授業参観をしましょう。見つけた良さは、具体的に本人にフィードバックし、認め励ます言葉をかけましょう。良さは、他の教職員にも伝え広め、悩む教師には「○○先生の授業を参観させてもらいましょうか」と声をかけるなどして、相互の学び合いを促すのもよいでしょう。良さを認め信頼関係をつくることができれば、要改善点の指摘も受け入れられやすくなります。要改善点は、それを乗り越えるためのアドバイスや実際的な支援と共に伝えたいものです。

４ チーム・マネジメント体制

多様な専門性をもつ教員・スタッフを一つのチームとして機能させるには、スクール・リーダー層のリーダーシップが鍵となります。校長は、ビジョンを示し教員や専門スタッフ、さらには学校外の関係者と共有を図ることがこれまで以上に求められます。そして、ビジョン実現の視点から、異なる専門性をもった教員・スタッフを有機的に結びつけた組織体制をつくる必要があります。教員大量退職時代の今、若手教員の育成だけでなく、ミドル・リーダー層や管理職の養成も急務です。副校長、教頭には、教職員と専門スタッフ等との調整や人材育成等の任務が期待されています。

このようにマネジメント機能の強化が求められ、学校と校長の裁量は拡大の方向にありますが、これは、校内でトップダウンを強めることではありません。むしろ、ビジョンを共有した上で、リーダーシップを分散する方法が注目されています（分散型リーダーシップ）。効果的・効率的かつ継続的なマネジメントのためにも、人材育成の視点からも、マネジメントをチーム体制で行うことが、「チーム学校」の答申でも提案されています。具体的には、校長、副校長・教頭、主幹教諭、主任、事務職員等によるチーム・マネジメント体制をとり、これをOJTの機会としてもとらえるのです。筆者は新任教務主任対象のカリキュラムマネジメント研修の講師を担当する機会をいただくことが多いのですが、研修後のアンケートに「時数管理など目の前の仕事しか見えていなかった。自分はマネジメントの立場だとわかった」といったコメントをいただくことがあります。主任層に、学校全体を俯瞰するマネジメントの立場であることを意識付け、管理職とビジョンを共有した上でミドル・マネジメントを任せ、チーム・マネジメント体制の中で支援しながら経験を積ませる、という人材育成を組織化したいものです。

また、「チーム学校」作業部会の議論においては、教頭の事務や外部連携業務の負担が大きく、教頭に最も期待されている教員・スタッフ間の調整や人材育成に力を発揮することが困難な現状と、負担軽減の必要性が何度も指摘されました。教頭は最も業務の整理と分担が必要な職だと考えられます。そこで期待されているのが、学校運営事務の専門性を有する唯一の職であり、行政事務や地域とのつながりも強い事務職員の働きです。平成26年度と27年度、全国公立小中学校事務職研究会は、カリキュラムマネジメントを全国研究大会のテーマのひとつとして掲げました。カリキュラムマネジメントを研修テーマとしてとりあげる地方単位の研究会も増え、どのように学校のカリキュラムマネジメントにかかわっていくかを模索しています。このような機運を教員も知り、相互理解を深めたいものです。学校事務職員を、学校のマネジメント・チームに正式に位置づけ、共に知恵を出し合いながら、教頭と事務職員との業務分担と連携の在り方を真剣に模索する時期がきています。事務職をマネジメントの一員として明文化をしている教育委員会もあります。この動きが広まってほしいところです。各学校においても、実態を踏まえた協働の在り方を考えましょう。ポイントは、教員と事務職員が「共に」考えることです（事務職員のカリキュラムマネジメントへの参画の具体ついては第２節の末のコラム参照）。

多様なメンバーがかかわればかかわるほど、コミュニケーションのコストは増えます。ここで、管理的なマネジメントを行うのか、メンバーの自律性を生かすかにより、マネジメントは異なってきます。教職員一人ひとりの教室での裁量の大きい学校組織においては、後者が適していると考えられます。一人ひとりがビジョンを十分理解した上で、現場では自分で考えながら組織の目標に貢献する働きを自律的にできるようにすることです。

第2節　みんなで創る学校文化～新たな時代の学校文化の創造

1　カリキュラムマネジメントに影響を与える学校文化

これまで、組織体制について述べてきましたが、カリキュラムマネジメントの重要な要素がもうひとつあります。それは、学校文化です（第Ⅰ部第３章図１中のエ）。学校文化とは、学校で長期間共有された意味や価値観、行動パターンなどの束です。教員の組織文化、生徒たちが持っている生徒文化、伝統など各学校特有の校風文化などから構成されます。

図１に示したように、文化には質（方向性）、量（どれだけ多くの関係者が共有しているかの程度）、時間（どれだけ長期間保持されているか）という側面があります[3]。そして、

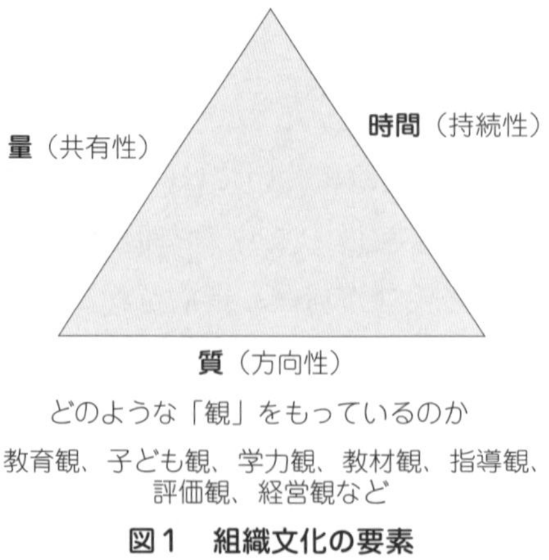

図１　組織文化の要素

学校には当然、「文化」にはなっていない、個人的な価値観も存在しています。これらの各レベルの文化や個人的価値観は、カリキュラムマネジメントを規定する重要な要因です。

2　教職員の人間関係、働き方～狭義の組織文化

まず、教職員・スタッフの関係性や働き方にかかわる、狭義の組織文化を考えましょう。カリキュラムマネジメントを促進する組織文化は、目標を共有して共に働く「協働性」、新しい実践にチャレンジする「実験性」などがあります。中留武昭は、カリキュラムマネジメントの重要なキーワードとして、二つの「つながり」を挙げました[4]。一つはカリキュラムのつながり（連関性）、つまり目標と授業、授業とカリキュラム、各教科・領域の内容・方法のつながり等です。そしてもう一つが、カリキュラム実践を支える人と人のつながり（協働性）です。学年間や教科・領域間、学校段階間、学校の学びと生活などのつながりを、カリキュラムの中で確保しようとすれば、どうしても組織を越えた、人と人のつながりが欠かせません。

「学年間や教科間の（情報の）風通しがよいですか？」「だれかが問題を抱えたとき自然と助け合いますか？　それとも陰で非難の言葉がささやかれますか？」「お互いの実践をオープンに開いて学び合うのが当然、という雰囲気がありますか？」「子どもの良さや教員が嬉しかったことなどが職員室でよく話題になりますか？」「研究主任の提案などに対してまずはやってみよう、という雰囲気がありますか？　それともできない理由がたくさん並べられて結局やらない、といったことがよくありますか？」……といった質問に対して、勤務校はポジティブでしょうか。

これらをポジティブにする第一の鍵はやはり管理職にあります。校長はビジョンを明確に示し、教職員との共有化を図っているでしょうか。教職員の良さを認め広めているでしょうか。失敗を恐れずチャレンジできるよう励ましているでしょうか。教頭は、職員室の人間関係に目を配り、教職員をサポートしているでしょうか。次項で述べるように、現在は教育の大きな転換期であり、教育観や指導法カリキュラムの変革が求められています。教員が、これまでなじみのない指導法にチャレンジするとき、失敗はつきものです。管理職は、個人を責めず、挑戦したことを認め、再度のチャレンジを促し、組織として授業を改善していくのだ、ということを示し続ける必要が、今まで以上にあるといえるでしょう。

また、教職員間のコミュニケーションの活性化も組織文化の改善につながります。教科間や学年間、教職員と各専門スタッフ間のコミュニケーション回路を確保できる組織体制を構想しましょう。ワークショップ型の校内研修は、意図的に計画すれば、子どもや授業に関するコミュニケーションの活性化にも役立ちます（詳しくは第Ⅲ部第４章）。

さらには、組織文化は組織構造とも密接な関係があります。「多忙な事実（組織構造）」は「多忙感の組織文化」を生みます。「よいだろうと思っていても、とても新しいことにチャレンジする余裕などない」という事実も実際にあるでしょう。縦割り組織で、組織間

の意思疎通の回路が設定されていなければ、教科分断型や個業型の組織文化になりやすいでしょう。カリキュラムなどの情報掲示板と湯茶コーナーが近接していてちょっとした時に集まりやすければ、インフォーマルなコミュニケーションも起こりやすいでしょう。「意識を変えよう」と言葉で伝えることも必要かもしれませんが、行動の積み重ねにより次第に変わる部分もあります。行動しやすい組織や場を設定しましょう。

3　組織文化（カリキュラム文化）～最大の挑戦としての新しい学校文化の創造

もう一つの組織文化を「カリキュラム文化」と呼んでいます。これは、共有された教育観、授業観、指導観、生徒観、カリキュラム観といったものです。例えば「カリキュラムは教務主任がつくるものだ」「教科書の内容通りに教えていればよいのだ」「総合的な学習の時間は無駄だ」などはネガティブなカリキュラム文化です。そして、「観」は教育目標やカリキュラムの内容・方法に影響を与えます（第Ⅰ部第３章図１中の矢印⑤⑥）。知識基盤社会となった今、このカリキュラム観の転換が最大の挑戦的課題ではないでしょうか。

現在の学校は、明治５年の学制で創設された近代学校の発展型です。そこでは、産業社会に適合した人材を育成することが目的であり、教授された知識をできるだけたくさん記憶することが主要な学習目標でした。ですから、講義型の授業が最も効率的でした。しかし、第Ⅰ部第１章・第２章で詳述したように、新しい時代を生きる子どもたちには、知識を単に記憶するだけでなく、将来、異なる文脈において、知識を選んだり組み合わせたりして問題を解決する力が求められています。より深い構造的な知識理解や、知識を活用する能力の育成、自律的な学習者としての資質・能力の育成といったことが学習目標とされれば、それに応じて、学び方（授業の方法）も変えていく必要があります。「観」は「方法」を規定します。しかし、100年以上の間、みんなが「当たり前」の前提として、なじんできた「観」、つまり文化を転換することは容易ではありません。

では、「観」を変えるためにはどうしたらよいのでしょう。それは、実践の結果、望ましい方向に変容した子どもの姿を目の当たりにすることでしょう（第Ⅰ部第３章の図１中、矢印⑥の目標から組織文化への方向性）。つまり、手応えを得る経験を積み重ねることです。ただ、手応えを得るためには、最初はたとえ自信があまりなくても、その実践を実行に移す必要があります。実行しなければ何も始まりません。実行できる基盤は、２で述べた協働的で実験的、挑戦が奨励される組織文化でしょう。また、実践の結果、「子どもが望ましい方向に変わった」と実感できることも必要です。そのためには、第Ⅱ部第２章で述べたような、評価の活用が欠かせません。

4　the bestより better～やりながら考える

前節では「最大の挑戦課題」などと大きなことを述べましたが、どうか身構えないでください。前進するためのコツは、最初から完璧を求めないことです。「the bestより

better」です。今ある実践を捨てるのではなく、その価値を問い直し、意義付けをし直しながら、少しずつリニューアルしていきましょう。私たちは既に平成10年の学習指導要領改訂で総合的な学習の時間のカリキュラムをゼロから創った経験があります。平成20年改訂以降は、体験学習活動を探究的学習へと変えていくことに取り組んできました。思考力・判断力・表現力を培う言語活動にも取り組んできました。学校によって進捗の差はありますが、ゼロではないのです。次に示す高等学校は、各教員の良さを生かしながら、アクティブ・ラーニングの推進に学校ぐるみで取り組んでいます。

■アクティブ・ラーニングの組織的な推進（岩手県立盛岡第三高等学校）

2014 校内研修用 授業公開シート 基本データ 教務→56授業公開シート

実施日 時間	平成26年7月9日（水） 3校時		
授業担当者	斎藤 信太郎		
教科・科目	世界史A	対象クラス	1年6組
単元等	第3章 ヨーロッパ・アメリカの工業化と国民形成 3.フランス革命とナポレオン		
本時の狙いやポイント	・本時の狙いは、「立法議会の成立からジャコバン独裁崩壊までの経過を理解」させ、「なぜ政治体制の変遷が起こったのか思考」させることにある。 ・理解を促すうえでのポイントを「8月10日事件」、「ルイ16世の処刑」、「テルミドールのクーデタ」の三点におく。	参観者コメント	
興味・関心・意欲等を持たせるための工夫	・魅力的な歴史的エピソードを取り入れる。 ・資料集の図版などを提示し、歴史的事象の場面をイメージさせる。	参観者コメント	
思考力・判断力・表現力をつけさせるための工夫	・「なぜ」を問うオープンな発問によって生徒の思考を活性化させる。 ・歴史的事件の結末を予想させる。 ・ペアワークを通じて、自ら考えたことを発表させ、表現力を養う。	参観者コメント	
技能をつけさせるための工夫	・資料集の読み取り。 ・自分の思考を文章化させる。	参観者コメント	
基本的な知識等を定着させたり、理解を深めさせるための工夫	・「なに」を問うクローズな発問によって知識を確認するとともに、授業にテンポ・リズムを作り出す。 ・授業の集結に、振り返りプリントを用いて1時間の学習を総括させ、文字化することで知識の定着を図る。	参観者コメント	
その他の工夫		参観者コメント	

＊コメントのある方は直接授業者へ提出願います。授業者はそのコメントをこの用紙に各自打ち込み名前を 付けて保存願います。（例：5月15日に鈴木博が授業をした場合 「0515鈴木博」）

図２ 校内研修用 授業公開シート

岩手県立盛岡第三高校は、課題研究や総合的な学習の時間の取組みが充実しています[5]。また、早い時期から各教科において参加型授業（いわゆる、アクティブ・ラーニング）に全校体制で取り組んでいる点でも注目されています。同校の参加型授業のカリキュラムマネジメントの良さは、次のような点です。①生徒のニーズから始まった（大量の補習・宿題で鍛えていた指導方法の限界を乗り越えるため、生徒主体の学びへと転換）。②奨励はするが、「型ハメ」や強制はなく、各教科の教員ができるところから始め、教科の特性に応じて独自の工夫をしている。その結果、多様な参加型授業が共存している。③モデルとなる授業の様子をDVDにして共有している。④木村克則副校長が各教員の授業を参観し、見つけた良さを「参加型授業通信」として発行し、共有している。⑤授業公開の際に作成するのは、簡潔な略案（**図2**）に留め、負担を最小限とする。⑥外部からの参観者急増に伴う校内の負担を軽減するため平成27年度からは公開期間を限定。公開期間は、校内教員にとっても学びの場と位置づけ相互交流をする。そして、最も重要なこととして、⑦和山博人校長がこの取組みを継続していく、という意志を明確に示している。

同校では、このような参加型授業の実践を発展的に継続することにより、生徒の授業満足度は上昇し続けてきました。生徒が参加型授業を楽しみ、考えたり発信したりする力がついてきています。教員の努力プラス生徒の積極的参加によって、教員と生徒が共に授業を活性化している姿がみられます。下町壽男元副校長（現花巻北高校校長）は、同校の取組みを、教員の「マインドセット」の問題だと述べます。つまり、各教員が授業に対する見方・考え方が変わることが大切だということです。

今あるものを大切に、でも、そのままに甘んじるのではありません。昨日より今日、去年より今年、一歩前に進むことを考えましょう。カリキュラムマネジメントが進んでいる学校を訪問しインタビューすると、「よいものは、まずはやってみよう」「やりながら考えていこう」という語りをよく聞きます。先進校の研究発表会など足を運び、良いことは自校に無理のないかたちで取り入れましょう。他校からの「借り真似（かりまね）」で終わってはいけませんが、よい実践に学びながら自校に適した形へと少しずつ変えていけば、それは「カリマネ（カリキュラムマネジメント）」です。

■学校文化を理解し、ポジティブな学校文化を創るアクティビティ

文化的リーダーシップを提唱したピターソンとデールは、学校文化は、「紙に書かれていないルールや前提、習俗と伝統の組み合わせ、シンボルや工芸品、教職員や生徒が使う特別な言葉や言い回し、その学校にしみ込んだ変革と学習への期待」といった要素の中に存在すると言っています。そして、学校文化は、人々が何に注目するか（焦点化）、学校をどのようにみなすか（関与）、どのくらいよく働くか（動機）、目標を達成する程度（生産性）といったことに影響を与える、と論じました。

彼らは学校文化の鍵となる要素として、①目的とビジョンの共有意識、②規範、価値、信念、プロセス、③しきたり、伝統、儀式、④建築物、工芸品、シンボルの４項目を挙げ、これらを読み解き、強化したり変革したりするための具体的なアクティビティや問いを提案しました。以下に、その一例を示します。

① 目的とビジョンの共有意識について

(例）ビジョンは目立つように掲示されていますか？ 職員室、名刺、レターヘッド、コーヒーカップなど、ビジョンが表示されている物や場所をすべて書き出してください。教職員、保護者、児童生徒は、ビジョンを知っていますか。彼らはビジョンから刺激を受けていますか？ 彼らは、ビジョンについてどのように感じていますか。

② 規範、価値、信念、プロセス

(例）教職員を集めて付箋を配りましょう。そして、「本校を表現するのにぴったりな形容詞を６つ書いてください」と指示してください。その後、出てきた形容詞を、「肯定的・積極的な意味をもつもの」「否定的・消極的な意味をもつもの」「どちらともいえないもの」の３つにグループ分けしましょう。喜んでますます伸ばすべきものは何か、反省し変革していくべきものは何か、考えましょう。

③ しきたり、伝統、儀式

(例）学校の行事のなかで、要といえる行事を１つ挙げてください。その行事の内容を全部書き出しましょう。次に、それぞれの内容が象徴していること、意味していることを、振り返ってよく考え、詳しく述べてください。最後に、本来伝えるべきことを伝え切れていない内容をすべて明らかにし、それが発するメッセージを改善する方法を考えてください。

④ 建築物、工芸品、シンボル

学校に誰もいない日、児童生徒用昇降口から校舎に入ってみてください。最初に目に入ってきたものは何ですか？ そこから、どのようなメッセージを感じ取りましたか？ 校舎はどんな感じがしますか？ 温かいですか？ 怖いですか？ 冷たく、暗いですか？ それとも陽気で楽しいですか？

Peterson,K.T.,Deal T.E.,*The Shaping School Culture FIELDBOOK*, John Wiley & Sons, Inc.,2000

コラム

授業の充実のための地域講師・外部講師との連携

長野県信濃町立信濃小中学校は、平成24年4月に町内の5小学校と1中学校が統合してできた施設一体型の小中一貫教育校です。

本校では朝、玄関に入ると、毎日のように地域講師を迎える案内黒板が出ています。信濃小中学校では、日常的に地域講師、外部講師と連携しての授業が行われています。教師はオールマイティではありません。本校の職員は、子どもたちとより質の高い授業を創り出すためには、教師一人でできることには限界があることに気がついているのです。

もちろん、最初は地域講師や外部講師を教室に入れることに消極的な職員もいました。他者が入ることによって、自分の学級経営が見透かされてしまう気になるのでしょう。

そこで、開校1年目、まず4～6年生のクラブ活動を、地域講師による指導で行うように組織しました。それぞれのクラブに担当職員が付きますが、職員の仕事は地域講師との連絡・調整とし、当日は児童と一緒になって地域講師から学ぶこととしました。開校時には13のクラブが組織され、地域講師の指導を受けながら大変充実した活動が展開していきました。生き生きと活動する子どもたちの表情に触れることによって、職員の意識が大きく変わり、各学年、各学級で地域講師、外部講師を積極的に活用するようになっていきました。

本校では、次のように地域講師、外部講師を活用しています。

地域講師による茶道クラブの指導

1　専門家によるサポート

①東京音楽大学の教授・学生・附属高校生によるサポート

・音大の先生方による吹奏楽部の生徒への個人レッスンと大学生との合同演奏会の実施

・音大附属高校の生徒や音大の学生の演奏による音楽鑑賞会の実施

②洗足学園音楽大学のピアニストの末高先生によるオペレッタの指導と童話館での公演

③元オリンピック選手の今井博幸選手のクロスカントリースキーの授業　　等々。

2　信濃町の学芸員の先生によるサポート

信濃町には、一茶記念館・黒姫童話館・野尻湖ナウマンゾウ博物館の3博物館があり、授業や活動に学芸員の先生方の協力を得ています。

①信濃町の民話（２年）…童話館

２年生が「ふるさと学習」として取り組んでいる信濃町の民話の学習に、童話館の学芸員が、実地探索や読み聞かせ等で協力。

②川の流れ　関川　苗名滝～直江津港（５年）…ナウマンゾウ博物館

関川の最上流から直江津港までナウマンゾウ博物館の学芸員の指導で、観察や実験を交えながら学習を進めています。スクールバスを使うことで、１日で最上流から河口まで現地で体験的な学習ができ、本校ならではの特徴的な授業となっています。

③大地のつくり（６年）…ナウマンゾウ博物館　　等々

３　地域の人たちによるサポート

①毎朝の読み聞かせ

②畑や田んぼの栽培活動

それぞれの学級にサポーターがつき、指導を受けて野菜や米の栽培に取り組んでいます。４年生の米作りには、Ｃ．Ｗ．ニコルス財団の協力を得て、水生動物・植物の学習や環境教育の指導を行っていただいています。

③家庭科の被服領域のサポート

町の手芸クラブのお年寄りが、実習の際にサポートに入ってくださっているので、個のつまずきに応じた支援が的確にでき、進度に差が見られなくなってきました。　　等々

外部講師や地域講師と協力して授業を進めることを通して、

・児童生徒にとっては、身近な地域講師に学ぶことを通して、学校以外も学びの場であること、教師以外の方も自らを育ててくれる存在であることを知るとともに、「ふるさと信濃町」の素晴らしさを実感することができました。

・外部講師や地域講師とともに授業や活動を創っていくことを通して、教師の資質としてこれから大切になっていくコーディネート力を育むことに繋がっています。

・児童生徒とかかわることは、地域講師にとってもやりがいのあることであり、町の子どもたちを学校と一緒になって育てていこうという意識が高まってきています。

職員が地域講師、外部講師によって、クラブ活動の時間、子どもたちが目を輝かせて活動に取り組む姿に触れ、２年目、３年目と加速度的に地域講師、外部講師の活用が広がってきました。教師は異動があり、３～６年程度でその学校を去って行きます。教育の連続性を考えるなら、今後は教職員以外のコーディネーターも必要となってくるでしょう。

（長野県信濃町教育委員会教育相談員・前同町立信濃小中学校長　峯村　均）

コラム

「地域とともにある学校づくり」をめざすカリキュラムマネジメント

1　玖珠中学校の現状

私が校長として着任した当時、大分県玖珠町立玖珠中学校は生徒指導上の課題を多く抱えており、生徒が落ち着いて学習できる環境とは言えない状態でした。全国学力・学習状況調査や大分県学力定着状況調査においても、学力低位の状況が続いており、学校に対する保護者や地域の信頼も大変低い状況でした。

生徒が落ち着いて学習できる環境を少しでも早く整えたいと願いました。そのためにも、生活面と学習面の両輪で対策を講じ、生徒はもちろん保護者や地域住民も成長が実感できる学校となることが喫緊の課題でした。

2　学校内外の環境要因分析からコミュニティ・スクール導入へ

学校教育目標の設定にあたり、最初に取り組んだのが学校内外の環境要因分析でした。

まず、生徒や教職員（内部環境）ならびに保護者や地域住民（外部環境）の意識・意向調査を、アンケートによって実施しました。アンケートは、①生徒たちの現状、②教職員の意識、③学校の組織力、④保護者や地域住民の学校に対する意識、⑤学校と保護者と地域をつなぐシステム、の５点が把握できる内容にしました。

結果を見ると、生徒たちの現状の要因として、生活習慣が乱れていること、学習習慣が身に付いていないことがアンケートでも明らかになりました。また、その背景として、②～⑤が大きく関連し、影響を与えていることが、分析から見えてきました。

改善策の一つとして、アンケートの調査結果を保護者や地域住民に公開し、生活面や学習面における学校の願いを、保護者や地域住民と共有することから取り組みました。学校においても調査結果をもとに、生徒の生活習慣の改善や学習規律の確立に努めました。

しかし、その取組みもすぐに限界を迎えることとなりました。生徒を取り巻く環境は、学校内外の要因が絡み合って存在しています。学校だけの取組みでは限界があり、保護者や地域住民の協力がなければ根本的な改善は難しかったのです。

そこで、保護者や地域住民とともに解決していくための手段として、コミュニティ・スクールを導入することにしました。コミュニティ・スクールとは、「学校運営協議会」を設置し、学校の課題に対する改善策を、学校・保護者・地域住民が熟議する仕組みです。三者が一体となって、それぞれの役割を認識し、改善に向けた目標（ビジョン）を共有して、目標達成に向けて連携・協働で取り組んでいくことにしました。

3　コミュニティ・スクールを展開するための学校組織マネジメント

コミュニティ・スクールの導入にあたり、大きな課題に直面しました。それは、教職員の理解を得ることです。教職員には、「地域住民が教育活動にかかわると仕事が増える」

「これまでの仕事の流れが壊れる」等の不安感がありました。教職員が地域住民と共通の認識に立たなければ、地域との連携・協働を実現していくことは困難です。大事なことは、全教職員と地域住民が同じ認識のもとで、一体となって教育活動を行っていくことなのです。

そこで、教職員の理解を得るために、教務主任や事務職員等を「学校運営協議会」の委員に任命し、責任を与えるとともに、地域と交流する環境をつくりました。

教職員が保護者や地域住民の思いを直接知る機会ができた恩恵は大きなものでした。学校全体を外部の目を通して客観的にとらえることで課題認識が変わり、当事者意識が芽生えたのです。また、学校の課題や改善策を考え組織的に取り組むことで、学校経営への参画意識も芽生えました。地域との連携・協働した教育活動を通して、教職員にとってプラスとなる納得が得られるようになりました。

次に、乗り越えなければならない課題は、学校組織体制にありました。組織風土として前例踏襲的に陥る傾向があるとともに、教職員が各々の価値観に従って行動し、学校運営への参画意欲も希薄でした。学校改善に向けた校内相互の連絡調整を図り、組織的に意思決定を行っていく体制が整っているとは言えない状況でした。

そこで、学校と地域が連携して課題解決していくために、個業型組織から協働型組織への組織体制整備を行い、その組織運営の過程で教職員の意識改革を図っていくことにしました。

組織体制整備として、従来型の「職務型校務分掌組織」から、「課題・目標達成型校務分掌組織」（図）への改編を行いました。新組織には、校内の分掌組織の総括である「企画・調整委員会」が据えられています。そこに各種委員会、学年、教科等がクロスして繋がり、マトリックス構造になっていることが特徴です。

さらに、組織運営の過程で教職員一人ひとりに学校運営への参画意識が芽生えるように

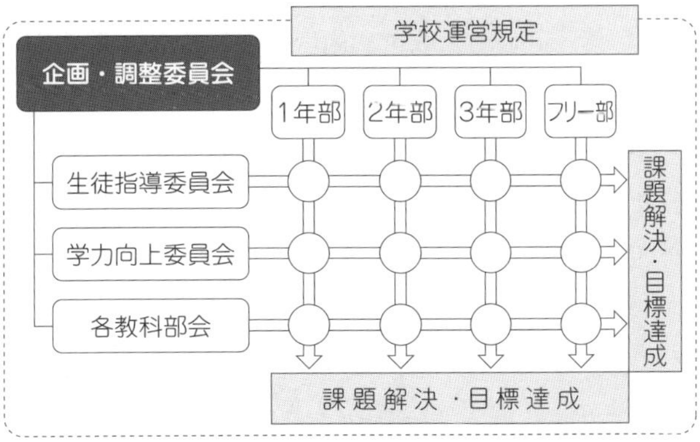

図3 課題・目標達成型校務分掌組織

しました。具体的には、企画立案段階から全教職員がかかわっていくシステムにすることです。そのために、学校の運営指針である「学校運営規程」を定め、それぞれの教職員の役割と責任を明確化するとともに、学校運営に係る諸会議等の手順をルール化しました。例えば、一つの企画作成過程において、教職員一人ひとりの考えをもとに「グループ会議」で協議し、まとめられたアイデアを「企画・調整委員会」で検討を行います。そこで示された課題について「グループ会議」で再度協議を行います。同じ目標に向かって十分に話し合う機会を生み出すことで、学校組織が活性化されると同時に、教職員一人ひとりに学校運営の参画意識が芽生えてきました。

4　コミュニティ・スクールのキーパーソン

「地域とともにある学校」とは、学校と地域が信頼関係を築き、目標を共有して、ともに連携・協働していくことです。そのためには、学校と地域を結ぶネットワークシステムが必要です。その役割は前述の「学校運営協議会」が担っています。その中でも、学校と地域がお互いの理解を真に深め、一体となるには、コーディネーターが重要な鍵を握っています。コーディネーターは、地域のニーズを把握するとともに、学校の情報を積極的に発信することが重要な役割です。そうすることで、地域住民と目標を共有し、学校教育への参画を促すことにつながります。

つまり、学校と地域の信頼関係を深め、連携・協働して目標を達成していくには、コーディネーターの働きが極めて重要であると言えます。

5　コーディネーターとしての事務職員

コーディネーターとしてふさわしいのは誰なのか。それは事務職員であると考えます。

事務職員は、日頃から関係機関や業者等、外部と折衝する機会が多く、学校の窓口となっています。機をとらえて社会の動向や環境の変化、保護者や地域の情報・ニーズを把握し、現状を多目的に分析・評価し、改善に向けた積極的な提案が期待できます。

また、事務職員は専門職としての立場から、校内の教育活動全体を客観的な視点で見る必要があります。事務職員の立場から見た学校の教育的な資源や情報を地域に積極的に発信することで、地域から学校への応援・支援の一方向型ではなく、学校も地域へ貢献する双方向型への転換が図れます。このようなウイン・ウインの関係が生まれるようなコーディネートをしていく役割を学校事務職員が担うことで、学校と地域が連携・協働したカリキュラムマネジメントの展開が期待できます。

これらの職務特性を生かし、コミュニティ・スクールの運営の中心的役割であるコーディネーターとして、事務職員がその役割を担っていくべきと考えています。

6　これから期待される事務職員

コミュニティ・スクールの推進にあたり、これからの事務職員は、校長のリーダーシップのもと、校内マネジメントと、学校と地域をつなぐ校外マネジメントの両機能に積極的にかかわっていくことが必要です。

校内マネジメントの機能として、学校運営への積極的なかかわりがあります。学校教育目標を具現化していくためには、指導的分野と事務的分野が互いに絡み合って学校が運営されていくことが大切です。そのためには、事務職員も運営委員会（企画委員会）等の学校運営組織のメンバーとして、教育活動の企画・立案から実行、評価そして改善に至るまでかかわっていくことが重要です。さらには、教育課程の編成と実施を支えるため、事務職員も定期的に授業を参観する等、教育活動に積極的に参画することも大切ではないでしょうか。実際に授業を受けている生徒の様子や教師の指導場面を見ることで、「この教室は学習に適した環境であるか」「今ある学校資源を地域に使えないか」等、教育活動全体からの視点で、教師と協働しながらマネジメントができることになります。

もう一つ、校内マネジメントの機能として、教職員への積極的なかかわりもあります。コミュニティ・スクールというツールを通して保護者や地域の力を学校運営に生かしていくことは生徒たちの学びや学校の組織にとってプラスとなることを、全教職員が共通認識することが大切です。その意識の醸成を担うのが管理職と事務職員の役割と考えます。

次に、学校と地域をつなぐ校外マネジメントの機能として、前述のコーディネーターの役割があります。学校が地域住民や地域資源の恩恵を受けるだけでなく、学校が積極的に地域のお祭りや行事等に参画することで、学校と地域の相互補完的な連携・協働が生まれてくるのです。コミュニティ・スクールをツールとしたカリキュラムマネジメントの力によって、地域を活性化の方向に動かすことになる等、事務職員のマネジメントが学校を核とした地域づくりにもつながってくると考えています。

このように、事務職員が学校運営や教職員に積極的にかかわり、その上で、学校組織の中で学校と地域をつなぐコーディネーター等の役割を担うことによって、学校の組織としての力を高めるとともに、「地域とともにある学校」をめざす際のカリキュラムマネジメントの力も発揮できると期待しています。

（前大分県教育センター所長　梶原敏明）

第3節　みんなで創る学校

1　当事者性、自律性、参画

教室の実践を担う教師の裁量が大きいのが学校組織の特徴です。いくら校長がビジョンを示しても、研究部が特色あるカリキュラムを開発しても、授業者が教室で実践しなければ「絵に描いた餅」「紙キュラム（かみきゅらむ）」です。「マネジメントとは実行すること」という定義もあります[6]。授業者が実行に移すようにするために、最も避けたいのが、指示・命令です。緊急時の危機対応では、迅速なトップダウン型の指示・命令が効果的ですが、平時の危機管理については一人ひとりが危機意識をもって自律的に動くことが危機を防ぎます。まして、日々の授業、教育活動を命令で縛ることはできません。教職員の「やらされ感」や、子どもの実態に合わない実践を招きかねません。指示・命令の次には、「説得」という方法があります。しかし、一番強力なのは、教職員が大きな方針を十分理解・納得した上で、自律的に動けるようにするマネジメントです。

そのような状態をつくるためには、カリキュラムマネジメントの計画段階や評価段階への参画の場をつくることが有効です。筆者は、経験年数10年くらいの教員を対象としたカリキュラムマネジメント研修を実施する際、勤務校の実践をカリキュラムマネジメントの視点から分析するために学校要覧を持参してもらいます。その際、受講者が「学校要覧って、良いことが書いてあるんだなあ」とか「初めてじっくり読んだ」などとつぶやくのを耳にします。第Ⅱ部第3章コラム執筆者熊谷節子元校長は、学校要覧の土台をつくる校内研修を実施していました。学校のビジョンや教育目標、子どもの実態、カリキュラムの特徴、地域の良さなど、教職員全員で話し合うのです。最終的には担当者が清書して印刷にまわすのですが、この校内研修によって、学校の実態やビジョン、力を入れている実践などが、共有化されるのです。その他の方法も、第Ⅲ部第4章にて紹介します。

2　子どもが主役の学校づくり～信頼と参加

「チーム学校」作業部会では、教員や専門スタッフなど、学校の教職員を「チーム」のメンバーと想定して議論されました。しかし、学校の構成員の大部分は、児童生徒です。彼らを「チーム」の一員と考えることも可能ではないでしょうか。なにしろ、児童生徒は、学びの主体そのものであり、授業も学校も彼らのために存在します。カリキュラムは教師が計画・実施しますが、子どもによって「学ばれる」のです。子ども自身が、自分たちの学習をよりよいものにしようと目標をもち、学び方を学び、学習環境を改善する意志や責任感をもち、スキルを追究し始めた場合、これほど心強いことはありません。そして、そのような経験を通して、高次の資質・能力であるメタ認知能力や主体的・協働的な態度や学び方が発達していくのではないでしょうか。子どもの発達段階や学校段階により、その程度は異なりますが、小学校でも教え合いやモデルとなる授業を子どもが参観したり、上級生が下級生の学びを手伝ったりするような実践があります。今日、授業評価という形で子どもの意見を取り入れる試みは多くみられるようになりましたが、子どもが単なるクライアントとして外部的に評価するに留まるようだと残念です。

先述した盛岡第三高校では、代表生徒によるカリキュラム評価会議を実施したことがあります。彼らはカリキュラムに対する自分たちの希望や提案をおおいに議論し、最後に「(カリキュラムについて）自分たちで考えたり、土台をつくったりしたなら、自分たちががんばらないと。与えられたものをやりたくないからやらないのではなく、自分たちが考えたことは100％力をださないと。私たちは、もっと自分で発信して動いていこう、という有志の団体にしていくことを誓います」と締めくくりました。意見も言うが自らの責任も自覚している、立派な生徒が育っています。

そのようなことは「落ち着いた学校でしかできないのではないか」という声も聞こえてきそうですが、本書で紹介した事例校のいくつかは、生徒指導上の課題の多かったときにこそ、児童生徒をなんらかの形で巻き込んだ実践を開始しました。章末のコラムでご紹介する東長良中学校もそのひとつです。生徒の力を信じ、生徒の言葉に耳を傾け、生徒にも求め、共に学びと学校を創っていきたいものです。

3　環境整備〜時間のマネジメント

「チーム学校」の議論では、教員の多忙化やメンタルヘルスの悪化は深刻な問題としてとらえられ、子どもと向き合う時間や授業準備、教材研究、研修参加のための時間確保などの環境整備についても審議されました。文科省や各教育委員会も、調査の数をできるだけ限定するなど、意識的な取組みをしています。平成27年には、文科省が『学校現場における業務改善のためのガイドライン』を作成しウェブで公開しました[7]。これは主として教育委員会による学校支援の目的で策定されたものですが、学校においても参考になる考え方や事例が示されています。

筆者の事例調査においては、西留安雄元校長によるタイムマネジメントが群を抜いて徹底的でしたので、紹介します。

■「当たり前のことを変える」タイムマネジメント

西留安雄元校長は、「当たり前のことを変える」「当たり前のことをやめる」を信条に、「教師が子どもと向き合う時間」「授業づくりに取り組む時間」を創りだす、大胆なシステム改革（第Ⅰ部第３章図１では「ウ．組織構造」）を断行しました。

①職員会議・委員会の全廃：最初は長期休業中に限り職員会議を実施していたが、次に示す②③の手だてがうまく回るようになるとそれも廃止した。担任は放課後を個別

の補充学習や学級での遊びに充て、子どもと過ごす。必要なときは、16：40以降に、さっと集まりスタンディングミーティングを行う。
②一役一人制：委員会を行わないので校務分掌は個人に割り当てた。一人一役ではない。力量に応じて、一人が多くの分掌を担当する場合もある。行事等の企画は担当者が一人で行い、主任、主幹教諭、副校長、校長に稟議し、その過程で指導する。担当者である教諭が責任をもって取り組む過程で力量形成を図った。
③DCAPサイクル：②を補完する手だてである。行事や主要な教育活動が終わるとその日のうちに、関係職員（あるいは全職員）が、成果と課題、改善策を出し合う20分程度のワークショップを行う。そこでの意見は記録され、その記録をもとに、担当者は3日以内に次年度の企画案を作成する。多くの教職員や関係者による即時的な評価と改善案が必ず計画に反映される。各行事・教育活動で行うので、1年たつと次年度の行事計画は全て出来上がっている。
④1月始まりの仕事歴：学校評価を早く終わらせ、校長は10月には次年度の学校経営案を教職員に示す。教育課程は8月から作り始め、冬休み中に完成させる。そして、1月には校務分掌を交代する。そのねらいのひとつは、「一役一人制」の円滑運営のためである（4月に転任の可能性があるため、1～3月で引き継ぎをする）。最大のねらいは、3月～4月の教職員の事務負担を軽減し、特に新学期、担任教師が子どもとしっかりとかかわる時間的ゆとりを生み出すためである。
⑤行事プログラムの固定化：例えば運動会のプログラム（競技種目と順番）は基本的に変えない。ただし、演技内容は毎年、6年生が創作する問題解決学習とした。
⑥午前中5時間制の一部導入：午前中4時間の時間割と、午前中5時間の時間割の2種類を用意した。学級担任が午後に出張する日は、その学級のみ午前中5時間の時間割に切り替え、授業カットや自習をなくした。各学年、年間100時間程度の余剰時数を生み出したため、ゆとりをもって授業を進めることができた他、緊急事態が生じても余裕をもって対応できた。
⑦学年所属教員による年間指導計画作成：行事や研究授業関連の職務の締め切り日の一覧が示された「仕事歴」作成によって、各教員が見通しをもてるようにした。
⑧地域の人との協働：運動会のスターターや用具係は、係の児童とともに地域の人が担った。特に同校を卒業した中学生がスタッフとして活躍した。学級担任は、児童の応援席に張り付き、児童とともに声援を送る。学期中児童が毎朝1枚取り組むドリル、長期休業中のサマースクール（毎日1時間、自由参加）のドリルの採点も地域、中学生、保護者が行った。ホームページ作成・更新も保護者が協力した。
⑨一部教科担任制：子どもへの効果が第一義の目的であるが、同時に、若手教諭が担当する教科数を絞ることで、教材研究のためのゆとりと複数回同じ授業を繰り返す機

> 会を確保した。若手教員の得意教科づくりに役立った。
> ⑩その他：児童が直接事務的提出物を投函する「朝イチ箱」設置。印刷機は、ボタン一つで「全学級の児童数／家庭数」が印刷できるようプリセット。
> 西留元校長は、このような取組みを開始する前には必ず保護者宛に取組みについて理解を求める学校便りを発行しました。

また、カリキュラムマネジメントにより、時間圧縮をねらうこともできます。第Ⅱ部第3章で詳述しましたが、カリキュラム内容・方法的つながり（連関性）を洗い出す過程で、ひとつの行事や体験学習にいくつかの意義を見出すことにより、カリキュラムをスリム化することができます。教育内容の足し算をするのは一端踏みとどまり、現有のカリキュラムの教育内容の意義を見直し、単元や単位時間の授業の目的を一層明確化することにより、今までやってきたことが、実はこの課題に対応できるのだ、ということを見出しましょう。単元の順序や行事の実施時期の変更により、よりスムーズな展開や事故防止につながることもあります。そして、意義が薄れてきた教育活動については、リニューアルするか、きっぱりやめてしまいましょう。

[注]

1　高野桂一「教育課程経営の科学とは何か」高野桂一編著『教育課程経営の理論と実際』教育開発研究所、1989年、pp.3-96
2　P.F. ドラッカー著（上田惇夫編訳）『プロフェッショナルの条件』ダイヤモンド社、2008年、p.189
3　組織文化研究の詳細は、シャインを参照。エドガー・H・社員（梅津他訳 2012年）『組織文化とリーダーシップ』白桃書房。（原著は Organizational Culture and Leadership, 4th ed. 2010 ※ 1st ed. は 1985年）
4　中留氏は「目標・内容・方法系列の連関性」と「条件整備系列の協働性」がカリキュラムマネジメントの「基軸」であると述べています。中留武昭編著『総合的な学習の時間－カリキュラムマネジメントの創造』日本教育綜合研究所、2001年他多数
5　村川雅弘「カリキュラム経営：盛岡第三校高等学校」村川雅弘・野口徹・田村知子・西留安雄編著『「カリマネ」で学校はここまで変わる』ぎょうせい、2013年、pp.142-149
6　ジョアン・マグレッタ著（山内あゆ子訳）『なぜマネジメントなのか』ソフトバンクパブリッシング、2003年、p.301
7　文部科学省ウェブサイト http://www.mext.go.jp/b_menu/houdou/27/07/1360291.htm（2016年4月7日確認）

コラム

生徒と教師が「共に」創る学校

岐阜市立東長良中学校は、開校28年目を迎える学校であり、校区にある岐阜市立長良小学校、長良東小学校とともに、地域の学校であることに加え、岐阜県の教育振興のための研修校、岐阜大学教育学部の教育実習校、岐阜大学教職大学院連携協力校としての役割を担っています。

教科指導を教育活動の中核に据え、長年にわたり生徒と教師が協力し、「共に創り上げる学び」を大切にして、めざす生徒の育成に取り組んでいます。

1　生徒の願いや意見を取り入れた「教育課程」

東長良中学校の学校の教育目標は、「共に自立をめざす生徒」です。自立とは「志をもって生きること」ととらえ、仲間とのかかわりの中で自分らしい生き方を求め続ける生徒の育成に取り組んでいます。その中で、本校は一貫して、生徒と教師が協力して授業や学校生活を創ることを大切にしてきました。生徒もチーム学校の一員であるという考えのもと、「全校研究授業を生徒が参観」「全校研究会に生徒が参加」「60分を一単位時間とする授業の構想」「学習委員と教科係が学習活動について話し合う学習活動創造会の実施」「学校生活の課題の改善について話し合う学校生活向上会」など、生徒と教師が共に創り上げる様々な取組みを積み重ねています。

こうした教育実践を行うために、全教職員がかかわって教育課程を編成し、共通理解・共通行動ができるようにしています。本校では、毎年度12月からミドル層を中心とした「教育課程編成委員会」を組織します。そこでは、校長の示す学校経営方針とともに、アンケート等によって明らかになった保護者の願いや生徒の実態等を分析し、次年度の教育課程の方向を検討します。そして、それをもとに各委員会で話し合い、最終的には教育課程編成のための職員会を経て、冊子『教育課程』をまとめ上げます。「年間授業時数」や「指導の全体計画」だけではなく、「学校経営理念」「教師としての構え」「教科・領域の指導方針」等がまとめられた冊子の総ページ数は160ページに及びます。この『教育課程』をもとにして、1年間を7クールに分けて実施する年7回の職員会や学年会、定期的に行う教科部会でマネジメントサイクルを生かして、生徒と教師が「共に」創る活動を生み出します。

『教育課程』には、生徒の願いや意見も取り入れます。ひとつ例を挙げると、平成26年度末に進路委員会（学級委員の会議に相当）において、「学級の生徒会活動や学習活動等についてじっくり話し合う時間が欲しい」という願いが出され、帰りの会の10分間の延長が話し合われました。それを進路委員長が、進路委員会の総意として願い出てきました。校長は、半年間の試行による成果と課題の検証を条件に、暫定的に変更を認め、学校の時程に生徒の意見を反映させ、平成27年度は帰りの会を30分間で行うことになりました。

この他にも、これまでには、９月に期間限定で実施する「スーパークールビズ」などについても生徒と教師が共に実施の仕方を考え、生徒は体操服で、教師もネクタイを外して、学校生活や学習活動を行っています。生徒に任せられる部分は生徒に任せ、生徒も学校経営に参画し、一緒になって学校を築いていくことを大切にしています。

２　マネジメントサイクルを生かした学習活動の推進（学習活動創造会の取組み）

本校では、教育活動の核である授業のことを、「学習活動」と呼んでいます。それは、「自分たちで授業を創りたい」「私たちの考えも授業に取り入れて欲しい」といった生徒の願いを受け、「教師が生徒に教える」「生徒は教師から授かる」のではなく、生徒と教師が共に力を合わせて、よりよい授業を創る営みを大切にしていることによります。また、一般的には教師の研究成果を公表する研究発表会は「わが校発表会」と呼んでいます。研究発表会も生徒と教師による学習成果の発信の場と考えるからです。こうした呼称に込めた願いを実現するために、生徒と教師が共に考える場が「学習活動創造会」です。学習規律の定着や自ら学ぼうとする意欲の向上をめざして活動する各学級の「学習委員」と各教科の係が集まって行います。本校独自のマネジメントサイクルである、Ｐ（計画：Plan）－Ｄ１（実施：Do）－Ｓ１（評価：See）－Ｉ（改善：Improve）－Ｄ２（発展：Develop）－Ｓ２（共有：Share）を生かし、学習活動における主体的な学びの具現に取り組んでいます。

社会科の全校研究会を例に、「学習活動創造会」の取組みを紹介します。通常、全校研究会は教師の指導技術の向上のために行われますが、本校では、各学級において生徒が話し合って決めた学習目標（学級目標とは別立て）の達成に向けた取組みの場でもあるととらえています。全校研究授業の２～３日前に、１年生から３年生までの各学級の学習委員・社会科係と教師が集まって「学習活動創造会Ⅰ（計画：Ｐ）」を行います。ここでは、全校研究授業を公開する学級の学習委員と社会科係、進路委員が、自分たちの学習活動の見て欲しい主張点について説明します。説明に対する質疑・応答を行いながら、参加者は研究授業を観る視点を明確にします。その上で、全校研究授業が行われ（実施：D1－評価：S1）、全校の学習委員と社会科係が実際に参観します。全校研究授業の後には、教師による「全校研究会」を行いますが、この会の冒頭には、公開学級の学習委員・社会科係、学習委員会の委員長が参加し、教師と一緒になって学習活動の振り返りを行います。全校研究授業の翌日から、公開学級は成果と課題を踏まえて改善点を、参観した学級は良かったと思う点を明らかにして日々の学習活動の向上に努めます（改善：Ｉ－発展：D2）。その上で、全校研究授業の２週間程度後、「学習活動創造会Ⅱ」を行います。ここでは、全校研究会後に自分たちの学級で取り組んだこと、自分の学級に取り入れたこと等を出し合います（共有：Ｓ２）。

このような全校研究会を年間６回実施し、マネジメントサイクルを生かして全校の学習活動が向上していくように取り組んでいます。

（岐阜市教育委員会学校指導課主幹・前同市立東長良中学校教頭　星野　健）

第2章

カリキュラムマネジメントを支える教育課程行政とその活用

どのように普及し充実させるのか

●

吉冨芳正

第1節　教育課程行政は学校をどう支援すればよいか

1　教育課程行政による学校支援の動向

カリキュラムマネジメントは各学校で進められるものですが、その普及と充実を図るためには、国と都道府県や市町村の教育委員会が適切な支援を行い、各学校がそれをうまく生かせるようにすることが求められます。カリキュラムマネジメントの考え方の中には、田村によるカリキュラムマネジメント・モデル図（p.37参照）をみてもわかるように、カリキュラムマネジメントを有効に成立させる要素の一つとして、学校と教育課程行政との相互関係が明確に位置付いています。教育課程行政は、カリキュラムマネジメントについて方向性を示したり、学校の実態を踏まえてニーズに即した施策を展開したりすることが大切です。学校と行政の取組みが適切につながるようにすることによって、カリキュラムマネジメントが効果的に進められ、めざす教育の実現に近づくことになります。

これまでも、カリキュラムマネジメントの必要性が中央教育審議会の答申等で指摘され、国ではその推進のための取組みが行われてきました。例えば、カリキュラムマネジメントについて都道府県・指定都市教育委員会の指導主事を集めた研究協議会のテーマとして取り上げ、カリキュラムマネジメントの考え方を解説したり、各地の取組みを紹介し合ったりしています。そこでの内容は、出席者によって持ち帰られ各地でのカリキュラムマネジメントの普及に役立てることができるようになっています。また、カリキュラムマネジメントに焦点を当てた指定校等での実践研究が行われたり、国における教員研修事業を担う独立行政法人教員研修センターでカリキュラムマネジメントに関する指導者を養成することを目的とした研修が開催されたりしています（第Ⅲ部第３章参照)。

こうした国の動向を踏まえつつ、各地の教育委員会でもカリキュラムマネジメントに関する施策が進められつつあります。その一つとして、教育委員会として学校教育の充実改善の方向性や基準を明示し、その実現のための具体的な施策を展開する動きがみられます。

都道府県・指定都市の教育委員会の取組みとしては、例えば、広島県では、「広島版『学びの変革』アクション・プラン」を策定し、教育委員会として育成すべき人材像やめざすべき教育の方向性などを明確にし、最終的には県内すべての公立学校で「学びの変革」に向けた実践が行われることをめざした施策が総合的に展開されています（コラム参照、pp.166-167）。また、横浜市では、市立学校のカリキュラムの基準として、『横浜版学習指導要領』を示し、その解説や指導資料とともに、学校におけるカリキュラムマネジメントを支援するツールとしての役割を果たすことが期待されています。市町村の教育委員会の取組みとしては、例えば、上越市では、「上越カリキュラムで上越市らしい教育の推進」を重点施策に掲げ、視覚的なカリキュラム表を開発して、各学校が主体的にそれを活用してカリキュラムマネジメントを進めることができるよう支援が行われています（コラム参照、pp.172-173）。

また、教職員の研修にカリキュラムマネジメントを取り入れる動きも広がりつつあります。例えば、教員の研修体系にカリキュラムマネジメントの力量の育成が位置付けられたり、教育センター等で行う研修内容にカリキュラムマネジメントが取り入れられたりしています。

さらに、教育委員会や教育センター等で、例えば「学校づくり」「授業研究」といったテーマごとに、カリキュラムマネジメントの考え方を中心に据えた教員向けのガイドブックを作成し学校に提供するといった動きもみられます。

こうした施策のほか、「カリキュラムマネジメント」という言葉は直接示されていなくとも、例えばPDCAサイクルを回すことの重要性に触れているものを含め、広い意味でカリキュラムマネジメントに関係付けられそうな施策は、各地の教育委員会にある程度存在するのではないかと考えられます。ただ、それらは、カリキュラムマネジメントの推進という切り口から体系化されていなかったり、地域や教育委員会の規模によって取組状況に温度差があったりするところに課題があるといえるでしょう。

こうしたことから、各地域の教育行政におけるカリキュラムマネジメント支援の在り方については、今後、行政と研究者が連携して研究を進めるべき課題だと考えられます。

2　教育課程行政による学校支援の考え方

(1)　カリキュラムマネジメントの意義や必要性の共有

中央教育審議会ではカリキュラムマネジメントの重要性が強調されており、各学校において新しい学習指導要領の趣旨を実現するためにカリキュラムマネジメントを推進することが求められます。学校教育は、意図的、計画的、組織的に行われるべきものであって、その役割を果たす上で本質的にカリキュラムマネジメントを必要としています。

カリキュラムマネジメントについて教育課程行政による学校支援を充実するためには、まず行政自身がカリキュラムマネジメントの意義や必要性についての認識をもつことが大切になります。カリキュラムマネジメントの推進は、一過性の流行ではなく、行政として腰を据えて取り組むべき普遍的な学校教育の課題であるという認識を広く職員間で共有することが求められます。この点が十分でないままに、学校関係者にカリキュラムマネジメントの必要性を訴えたり、効果的な施策を工夫したりすることは難しいでしょう。

(2)　学校支援の施策を考える視点

教育課程行政としての支援の在り方について、中央教育審議会で指摘されたカリキュラムマネジメントの三つの側面（pp.11-12参照）を手がかりにすると、次のような視点から考えることができます。

①カリキュラムマネジメント支援策の全体像を構造化する

第一には、めざすべき教育の在り方を実現するために学校におけるカリキュラムマネジメントを推進するという観点から、施策全体を俯瞰的にみて、それぞれの施策の役割と施策相互の関係を明確にして構造化することです。カリキュラムマネジメントは、学校の教育活動と経営活動の両面にわたる幅広い概念ですから、これに関係する施策もまた広い分野にまたがって数多くあり得ます。これらがばらばらに存在するのでは、学校としても支援策の全体像を把握して自らの課題に即してうまく活用することが難しくなります。このため、行政としてめざす学校教育の在り方を明確にし、各学校におけるカリキュラムマネジメントの推進を中心に据えてその実現をめざす考え方に立ち、施策の全体像とそれぞれの施策の位置付けを整理し視覚化するなどしてすべての関係者にわかるように示すことが大切です。その作業を通じて、既存の施策で十分ではない面が明らかになり、新たな取組みの必要性も見えてくるでしょう。

その際、国、都道府県、市町村による役割の違いや実態上の課題を踏まえるとともに、相互に役割を果たし合い全体が有機的につながることによって、学校における取組みが充実するように配慮する必要があります。国と地方公共団体との適切な役割分担及び相互の協力と、それぞれにおける適切な施策の策定・実施の必要性についての基本的な考え方は、教育基本法第16条で定められています。法令の規定を踏まえるとともに、地域の実態に即して、学校の取組みが充実することを第一に考えていくことが求められます。

例えば、指定都市や中核市以外の市町村の学校（中等教育学校を除く。）の県費負担教職員の研修については、任命権者である都道府県の教育委員会が行うとともに、市町村教育委員会も行うことができるとされています（地方公務員法第39条第2項、教育公務員特例法第21条第2項、地方教育行政の組織及び運営に関する法律第45条、第58条第2項、第59条、第61条第2項）。カリキュラムマネジメントに関する研修についても、任命権者である都道府県教育委員会が行う研修全体の体系の中に適切に位置付けられ、それらが学校や教職員にとって十分活用しやすいものとなるよう計画・実施されているかが問われます。市町村教育委員会は、都道府県教育委員会が行う研修の全体像や各研修の内容を把握した上で、その情報を活用しやすいよう整理して学校や教職員に周知したり参加者を推薦したりするなどして研修の実施に協力するとともに、地域や学校の実態に即してカリキュラムマネジメントに関する研修を自ら実施することも考えられます。

市町村の教育委員会は、学校を設置・管理し、学校の実態をよく承知している立場から、各学校へのカリキュラムマネジメントの普及と充実に積極的に努める必要があります。その一方、市町村教育委員会は規模が小さく、人的、財政的にも苦しい状況を抱えているところもあります。都道府県教育委員会においてカリキュラムマネジメント関係施策の全体像を構築するに当たっては、そのような実情を考慮することも求められます。

②計画・実施・評価・改善のサイクルを通じて施策をより適切なものにする

第二には、すべての行政施策に通じることですが、カリキュラムマネジメントにかかわる施策全体とそれぞれの施策について、計画し実施し評価して改善を図る一連のPDCAサイクルを回し、そのことを通じて、地域や学校の実態、ニーズに応じてより適切なものにしていくことです。そのためには、施策の企画段階からPDCAサイクルを織り込むことが大切になります。

施策の検討に際しては、特に評価と改善の手続きを明らかにしておくことが求められるでしょう。教育に関する施策は、必ずしも短期間で成果を挙げるものばかりとは限りませんし、結果を測定することや因果関係を立証することが難しいものもあります。こうした困難性があることを前提としつつ、行政としても限られた財源など貴重な資源を投入している以上、一定の期間の中で施策の活用状況や結果などを把握・分析し評価を行い、それを改善に生かすことができるような工夫をあらかじめ準備しておくことが大切です。このことにかかわって、例えば、求められる結果をまず明確にし、承認できる証拠（評価方法）を決め、内容を計画するという、カリキュラムの「逆向き設計」の考え方（p.97参照）を応用することも考えられます。この場合、当初に想定していたこと以外にも教育的価値の高い成果が生まれるかもしれませんから、それを見落とさないように留意する必要があります。

カリキュラムマネジメントに関する施策を検討し構造化したり、PDCAサイクルを構想したりする際には、既存の施策や既有の情報を活用することも大切です。例えば、国による全国学力・学習状況調査や体力・運動能力調査、教育委員会が行っている学力調査その他の調査、学校の教育課程の届け出や諸報告、学校の自己評価や関係者評価など、教育活動及び経営活動の全体にわたり様々な施策が既に行われています。そして、例えば、全国学力・学習状況調査の分析結果から指導方法や学習習慣・生活習慣と学力との関係が指摘されるなど、多くの有益な情報が蓄積されています。こうした既存の施策や既有の情報をカリキュラムマネジメントの充実を図る観点からとらえ直し、関係施策を整理したり、得られる情報を施策の評価と改善に生かしたりすることが考えられます。

③関係する行政分野間の連携を図る

第三には、カリキュラムマネジメントの諸要素に関係する行政分野間の連携を十分に図ることです。カリキュラムマネジメントの概念の中心にはカリキュラムがありますから、カリキュラムマネジメントに関する施策の総合的な企画立案やとりまとめ、連絡調整などについては、一般的には、学校の教育課程に関する行政の担当部署（または教育政策の企画担当部署）が中心的な役割を果たすと考えられます。その上で、他の部署が担当する学校の様々な教育活動や教育機能、経営や組織、教職員配置、施設・設備などに関する行政分野、さらには家庭教育や社会教育に関する行政分野など、カリキュラムマネジメントに関係する行政分野全体の連携を図ることが必要になります。

学校において組織的な取組みが求められるのと同様に、行政も組織として力を発揮するように体制づくりを工夫することが重要です。その上で、施策の企画立案や実施などについてそれぞれの担当が自らの役割を果たすとともに、相互に積極的に情報を共有し合い、組織全体として目的を実現するために協力し合うことが大切になるでしょう。その際、カリキュラムマネジメントの考え方にもあるように、管理職はもとより、各担当がそれぞれの役割を果たすためにリーダーシップを発揮することが求められます。そして、各担当が協働してよりよい行政を実現しようとする姿勢は、組織としての望ましい文化を醸成することにつながり、そうした姿勢は学校へも波及していくことになると考えられます。

⑶　これまでの教育課程行政の成功例を手がかりにする

学校におけるカリキュラムマネジメントを推進するに当たっては、これまで教育課程行政において行われてきた様々な改善のうち、成功した事例に学ぶことが大切でしょう。実際、学校で行われている営みを本気で変えていくためには、相当の決意とそれを支えるよりどころが求められます。例えば、これでまでのやり方より新しいやり方の方が目的達成のために効果的であるという理論づくり、現場での実施可能性や問題発生への懸念を払拭する具体的な見通しや手立ての提供、関係者への粘り強い説明、そして最終的には関係者が自らやりとげるべき課題であると自覚し、手応えを実感しながら取り組んでいけるようにすることなどが必要になります。

平成元年の小学校生活科の新設は、長い時間と大きな苦労を伴いつつも、教育課程行政における成功例の一つといってよいでしょう。その新設を可能にしたものは、検討の一貫性・継続性が保たれ、外部の有識者や実践者を含めたしっかりした検討体制が構築されていたことです。さらに、成功につなぐことができた具体的な要素として、次の点を挙げることができます。

①理念や基本原理の追究

②学校現場での実施可能性の追究

③各学校での取組みの手がかりとなる十分な資料や情報の提供

④取組みのモデルや拠点づくり

⑤関係者、関係機関・団体による幅広い実践研究と交流

こうした行政上の成功例は、各地域にもあると思われます。全国各地で学校におけるカリキュラムマネジメントを推進するに当たって、それらを手がかりにして施策の在り方を工夫していくことが求められます。

■生活科の新設と普及定着に向けた取組みからの手がかり[1]

平成元年の学習指導要領の改訂の際に、小学校低学年の教育の在り方が見直され、社会科と理科が廃止され、新たに生活科が設けられました。今日では、小学校の教育課程に生活科が定着していますが、その新設当時は、すべての小学校で新教科である生活科の理念を理解し授業を適切に実施できるようにすることは極めて差し迫った大きな課題でした。そうした状況の中で、生活科の成功につながった要素として次の５点を挙げることができます。

①理念や基本原理の追究

関係分野の専門家による協力者会議で、新教科の理念や基本原理について検討が重ねられました。しっかりした理念や基本原理を示すことで、新しい教育への期待感や信頼感がもてるようになったといえます。

②学校現場での実施可能性の追究

学校関係者を中心とした協力者会議で、年間や単元の指導計画づくりが徹底して行われました。国の基準のレベルだけでなく、各学校において実際に教師が指導計画を作成し、授業展開を行い、子どもたちが学習を成立させ目標を達成できるようにする足がかりができました。

③各学校での取組みの手がかりとなる十分な資料や情報の提供

教科書や指導書とともに、具体的な解説や事例を提供する指導資料が作成されました。指導資料は、学校において理解が進み実践が深まる段階に即して数種類が作成され、新教科のねらいに即した教育の全国的な定着に役立ちました。

④取組みのモデルや拠点づくり

都道府県ごとにモデル校が指定され、地域や学校の実態に応じた指導計画の作成、指導方法の工夫、教材の開発、授業実践が進められました。その研究成果は、発表会の開催等を通じて広く地域の学校の利用に供されました。また、全国を５ブロックに分けた講習会で各地のモデル校からの研究発表や資料提供が行われました。モデル校の取組みは、全国すべての小学校において生活科についての理解を深め実施に向かう貴重な手がかりとなりました。

⑤関係者、関係機関・団体による幅広い実践研究と交流

多くの小学校教育関係者や大学の研究者、機関、団体などが研究会を開催するなど

して理論や指導計画、実践などを広く発表し研究し合いました。この時期、生活科についての多数の論文や著書も発表されました。これらのことによって、生活科の定着に向け全国的に関係者の機運が高まるとともに、学校や教師が多様な視点からたくさんの有益な情報を得ることできるようになりました。

平成22～24年度科学研究費補助金（基盤研究（C））「生活科の形成過程に関する研究―協力者会議資料や協力者インタビュー調査等を通して－（研究代表者：吉冨芳正）の成果より

3　学校のカリキュラムマネジメントへの支援の具体化

学校におけるカリキュラムマネジメントに関する施策については、学校の実態等を踏まえて行政として取り組むべき課題を設定し、その解決に向けて施策の対象や目的を明確にするとともに、それに合った方法を工夫することによって構想することができると考えられます。その際、施策に投入する資源、過程や結果の把握方法と予測、評価を行う場合の判断のよりどころなどについても検討が求められます。複数の施策が考えられる場合には、重点の置きどころや優先順位を明確にする必要があります。

また、施策の検討に当たっては、先進的な取組事例を収集・分析し、それを参考にしてより効果的な施策にすることが求められます。

⑴　施策の対象

施策の対象となるのは、カリキュラムマネジメントに取り組む主体となる教職員をはじめ、主に学校教育の関係者ということになるでしょう。例えば、主に次のような者が考えられます。

①学校の教職員

ア　校長、副校長・教頭、主幹教諭、指導教諭、教諭、養護教諭、栄養教諭、事務職員など

イ　教務主任、研究主任、学年主任、保健主事、生徒指導主事、進路指導主事など

※　職や分担の経験、年齢などに応じて、さらに対象を細分化することもできる。

②教育委員会などの行政関係者

教育長、教育委員、部課長、指導主事、管理主事、研修主事など

③保護者、学校評議員、学校運営協議会の委員

⑵　施策の目的

学校におけるカリキュラムマネジメントに関する施策の目的は、学校の実態などをもとにその必要性を十分考慮して決定される必要があります。例えば、次のようなことが考え

られます。

①カリキュラムマネジメントについて行政としての方針や施策などを決定し周知を図る
②カリキュラムマネジメントの考え方や必要性などの周知を図る
③カリキュラムマネジメントの実施に役立つ情報を提供する
④カリキュラムマネジメントに取り組む教職員の力量を向上させる
⑤カリキュラムマネジメントの指導者を養成する
⑥カリキュラムマネジメントに関する研究を推進する
⑦カリキュラムマネジメントの基盤となる学校の諸条件を整備する
⑧カリキュラムマネジメントに対する支援や連携・協力の体制を整える

(3)　施策の方法

学校におけるカリキュラムマネジメントに関する施策の方法については、近年の中央教育審議会の答申等における提言や実際の既存の施策を手がかりにすると、例えば、次のようなことが考えられます。

①行政文書を通じた明示
・教育振興基本計画、教育ビジョン、重点施策等への明示
・通知の発出　など
②基準、ガイドライン等の設定
③学識者による協力者会議等の設置
④既存の取組みの活用
・既存の諸会議での説明
・教育課程の届け出や報告、教育長ヒアリング項目、学校評価への位置付け　など
⑤説明会、研究協議会等の開催
⑥指導資料や手引き、事例集等の作成・配布
⑦情報の収集とデータベースの作成・提供
⑧取組みについての相談窓口の設置
⑨集合研修の実施
⑩希望者への研修機会の提供
⑪校内研修、校内研究への指導者派遣
⑫学校等を指定しての研究
⑬学校裁量予算をはじめ財政的支援の拡充や執行手続きの弾力化　など
⑭学校間連携、地域間連携の促進
⑮関係機関、関係団体への協力要請と連携・協力の場や機会の設定
・校長会、教頭会、教務主任会　　・教育長会　　・PTA
・教育研究団体　　・大学、研究所　　など

コラム

広島県における「学びの変革」に向けたチャレンジについて

1　「広島版『学びの変革』アクション・プラン」の策定

広島県教育委員会では、平成26年12月に、「広島版『学びの変革』アクション・プラン」（以下「プラン」と記載します）を策定しました。プランでは、育成すべき人材像として「広島で学んだことに誇りを持ち、胸を張って広島や日本を語り、高い志のもと、世界の人々と協働して新たな価値（イノベーション）を生み出すことのできる人材」を掲げ、「生涯にわたって主体的に学び続ける力」を育成することとしました。

そして、めざすべき新しい教育の方向性として、「知識を活用し、協働して新たな価値を生み出せるか」を重視する「コンピテンシーの育成を目指した主体的な学び」を促進していくこととしています（図参照）。具体的には、「知識の量」と同じくらい「知識の構造と質」を重視し、「受動的な学びから能動的な学びへ」「教師基点の学びから学習者基点の学びへ」「浅い学びから深い学びへ」という３つの転換をめざします。そして、そのための方策として、「課題発見・解決学習」「異文化間協働活動」の２つを特に推進することとしました。

このプランに基づき、平成27年度から、広島市を除く県内22市町村の小中学校30校、高等学校24校を「パイロット校」として指定し、「課題発見・解決学習」に関するカリキュラム等の開発に取り組んでいます。その際、国内外の様々な理論や実践を幅広く学び、各校での実践に活かすことができるよう、各パイロット校における取組みの中心を担う「中核教員」向けの研修会を、県教育委員会と県教育センターが共同で、年間10日間以上実施しています。これにより、平成30年度には、県内すべての公立学校で実践が行われることを目指しています。

2　プランの特徴とカリキュラムマネジメント

(1)　プランの特徴（特定の「手法・型」を示さない）

プランでは、敢えて、「主体的な学び」を促すための具体的な「手法・型」を例示して

図　これからの新しい教育の方向性（学びの変革）

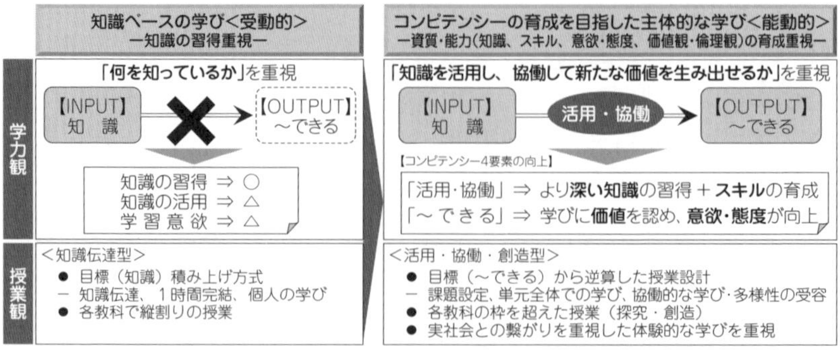
知識ベースの学び<受動的>
ー知識の習得重視ー
コンピテンシーの育成を目指した主体的な学び<能動的>
ー資質・能力（知識、スキル、意欲・態度、価値観・倫理観）の育成重視ー
学力観
「何を知っているか」を重視
【INPUT】知識
【OUTPUT】～できる
知識の習得 ⇒ ○
知識の活用 ⇒ △
学習意欲 ⇒ △
「知識を活用し、協働して新たな価値を生み出せるか」を重視
【INPUT】知識
活用・協働
【OUTPUT】～できる
【コンピテンシー4要素の向上】
「活用・協働」⇒ より深い知識の習得＋スキルの育成
「～できる」⇒ 学びに価値を認め、意欲・態度が向上
授業観
<知識伝達型>
● 目標（知識）積み上げ方式
ー 知識伝達、1時間完結、個人の学び
● 各教科で縦割りの授業
<活用・協働・創造型>
● 目標（～できる）から逆算した授業設計
ー 課題設定、単元全体での学び、協働的な学び・多様性の受容
● 各教科の枠を超えた授業（探究・創造）
● 実社会との繋がりを重視した体験的な学びを重視

いません。また、プランでは６つの施策を掲げていますが、「課題発見・解決学習の推進」を冒頭にせず、「施策１」には「育成すべき人材像（資質・能力）の具体化」を掲げました。私たちがめざしているのは単に「課題発見・解決学習が行われること」ではなく、「すべての子どもたちに『主体的に学び続ける力』を育成すること」です。そのためには、まず、教職員自身が「主体的に学び続ける教職員」にならなくてはなりません。教職員が、教育委員会から「手法・型」が示されるのを待っているのでは、典型的な「受動的な学び」になってしまいます。そうではなく、各学校の教職員全員が「育成すべき資質・能力」について考え、共通認識を持った上で、その育成に必要な教育活動を主体的に実行していくこととし、教育委員会は各学校の多様な実践を支援する立場をとっています。

⑵　カリキュラムマネジメントとの関係（取組みの「ひろがり」と「一貫性」）

「学びの変革」を実現するためには、一部の教科や指導方法のみを改善すればよいということではなく、あらゆる教科等の、また教科等を越えて、教育目標・内容、学習・指導方法、学習評価など、教育活動全体を「育成すべき資質・能力」という観点から、一貫性を持って見直していくことが必要です。このため、中核教員研修においては、「学びの変革」のめざす方向性等について、京都大学准教授・西岡加名恵先生をはじめとする様々な講師の方々からご指導いただいた後、10月には、鳴門教育大学教授・村川雅弘先生にお越しいただき、カリキュラムマネジメントについてのご指導をいただきました。

また、このような取組みは、当然、中核教員のみで実現できるのではなく、管理職のリーダーシップのもと、学校全体（さらには家庭や地域など子どもたちにかかわる関係者全体）で取り組んでいくことが必要となります。このため、小中学校に関しては、市町教育委員会・県教育委員会双方の指導主事が「担当チューター」として中核教員に必ず付くこととし、学校全体での組織的な取組みをサポートすることとしています。また、高等学校に関しても、各教科を通じた取組みの一貫性を確保するため、パイロット校の教務主任が参加する連絡協議会を定期的に開催しています。併せて、中核教員研修の内容については、すべて録画した上で、資料とともに県教育委員会HPに動画で掲載することにより、全教職員が閲覧できるようにしています。

本県の「学びの変革」は、まだまだ始まったばかりです。パイロット校を中心に、各学校において様々な工夫改善が行われていますが、当然、多くの課題も生じています。このような中、県教育委員会では、管理職をはじめ教職員に、繰り返し「失敗してもよいですから、その失敗事例も含めて報告してください」と伝えています。

これからも、広島県では、「チャレンジする子どもたちを育てるには、まず、教育関係者自身からチャレンジを」という思いのもと、あらゆる教育関係者が一体となって取組みを進めていきます。

（広島県教育委員会事務局教育部学びの変革推進課長　寺田拓真）

第2節　学校は行政からの支援をどう活用すればよいか

カリキュラムマネジメントは、本来、各学校において主体的に進めていくものです。校長が指導力を発揮するとともに教職員が高い意識をもち、学校の教育目標の実現に向け、教育活動と経営活動の両面にわたって課題を探り工夫改善に努めていくことが求められます。ただ、学校によってはどこからどのように手をつけてよいかわからないところもあるでしょう。また、学校の努力だけでは十分に対応できないこともあります。このため、各学校においては、行政からの支援策の全体像を十分に知り、自校の実態に即してそれらを上手に活用していくことが大切になります。

本節では、学校でカリキュラムマネジメントを進めるに当たって生じる基本的な疑問と関係付けながら、行政による支援の積極的活用について考え方を提案していきます。

1　「誰が主体となるのか」――施策の対象を考慮した積極的な活用

学校の教職員は誰もがカリキュラムマネジメントの主体となるといえます。

カリキュラムマネジメントについては、まず学校が組織として取り組むことが求められます。学校の組織として、校長を責任者として学校全体で動いていくことや、学校運営組織としての部や委員会、プロジェクト、学年団などで動いていくことが考えられます。

それとともに、教職員が自分の授業や校務分掌上担当する仕事をよりよく改善しようと取り組むことも考えられます。このことは、各教職員が自らの役割についてリーダーシップを果たすことにもつながるものです。

行政による施策は、一般に、その対象を明確に定めて講じられているものです。このため、学校においては、施策の全体像と各施策の対象をよく把握しておくことが必要になります。例えば、教育センター等の事業として、教職員が選択して受講できる講座があったり、先進事例などについての情報提供が行われていたりします。このような施策は教職員一人ひとりが活用できるものですから、施策についての情報を教職員が共有し、積極的に活用できるようにすることが大切です。

2　「いつ始めるのか」――計画・実施・評価・改善サイクルを意識した支援の活用

学校におけるカリキュラムマネジメントはすでにある程度行われているはずなのですが、あえて言えば、カリキュラムマネジメントを意識したとき、つまり「今」がその始まりです。例えば、すべての学校で自己評価は行われているはずであり、それはカリキュラムマネジメントの一環として位置付けられるべきことだと考えられます。自分たちが行っていることをカリキュラムマネジメントの考え方に位置付けてその意義や課題を検討し、取組みを効果的なものにしていくことが求められます。

学校の教育活動や経営活動をみると、例えば、数年度間、年度、学期、単元、本時といったように、規模が大きいものから小さいものまで、時間的に長いものから短いものまで、常にいくつもの計画・実施・評価・改善のサイクルが重なり合いながら循環しています。「今」、カリキュラムマネジメントを意識することによって、そのような様々なサイクルが見えてくるでしょう。

行政による学校への支援には、例えば指導主事の要請訪問など、求めに応じて行われるものがあります。このような性質の支援については、教育活動や経営活動の計画・実施・評価・改善のサイクルのどの時点でどのような内容の支援を得ることが効果的かを考え、行政に対して積極的に支援を求めていきましょう。

また、いつどのような支援を得ることがよいのか判断がつきかねる場合には、現時点で取り組みたいことを行政に伝えて、いつどのような支援が得られるのかを相談することが大切です。その際、教育センター等の相談窓口なども有効に活用することが考えらえます。

3 「どこから手をつけるのか」――カリキュラムマネジメントの全体像の理解と授業を中心に据えた支援の活用

カリキュラムマネジメントは、学校の教育活動と経営活動の全体を視野においた概念ですから、それらにかかわる要素は広く取組みの対象となると考えられます（カリキュラムマネジメント・モデル図参照、p.37）。学校の教育目標を実現するためには、学校の営み全体について考えられる限りの手立てを講じることが求められますから、どこから手をつけてもよいということになります。実際、筆者が秋田県で事例調査を行ったところ、確かな学力の育成などで効果を挙げている学校では、経営活動と密接に関連付けながら教育活動にかかわる様々な面で考えられる手はすべて打たれているといえます[2]。

なお、カリキュラムマネジメントを進めるに当たっては、カリキュラムに目を向けることが欠かせないことに留意しておく必要があります。経営的側面についてもカリキュラムと関係付けて考えることが大切であり、そうすることで学校の営み全体が教育目標の実現に向けてより効果を発揮するよう動いていくことになります。

また、教育目標を実現するためには、授業を通じて子どもたちが成長することが大切ですから、まず授業の工夫改善に焦点を合わせることが考えられます。なにより、教員は自らの授業を工夫改善しないではいられない存在です。今日の授業がうまくいかず子どもたちの学習が思ったように成立しなかったとき、自らの力不足に歯がみし「次の授業こそは」と思ったことのない教員はいないのではないでしょうか。授業の工夫改善に取り組み、子どもたちが変わったという手応えが得られたとき、教員のカリキュラムマネジメントへの意欲も高まることでしょう。

このような切り口からは、教職員がカリキュラムマネジメントの考え方について理解を深めることや、先進的な事例から取組みの糸口についての示唆を得ることを重視して行政から支援を得ることが求められます。例えば、指導主事や研究者などを招いて校内研修を行ったり、集合研修への参加者が得てきた情報を校内で共有したりして、それらを手がかりに自校の課題とその解決について検討することが考えられます。

また、学校における授業研究については、散漫になりがちなので、焦点を明確にして行うことが大切です。効果的な授業研究の在り方について、指導主事や研究者などの支援を受けてその充実を図ることが求められます。なお、授業については、教員はそれぞれ何らかの工夫をしているはずです。それらの情報も学校が有している貴重な資源ですから、教務主任や研究主任などが中心になって学校内で共有する仕組をつくり、日頃から互いの工夫を生かし合うようにすることが望まれます。

４「どのように進めるのか」――学校内では見えにくい課題の指摘と優れた支援策の活用

カリキュラムマネジメントを進めるに当たっては、いま現在、学校の教育活動や経営活動が目標の実現に向かって適切に動いているか、子どもたちにとって最善と思えるものとなっているかといった視点から課題を探り、それをもとに工夫改善の手立てを検討し、実行に移していくことになります。その際、①学校の営み全体を俯瞰的にみて様々な要素をつなげて考えること、②計画・実施・評価・改善のサイクルを考えること、③学校内外の資源を最大限に活用するとともに、学校の文化にも目を向けることが大切になります。

カリキュラムマネジメントは、各学校において教職員が自分たちの取組みを主体的に見直し工夫改善を進めるところに意義があるわけですが、当事者だからこそよくわかることもあれば、当事者だからこそかえって見えにくいこともあるでしょう。このため、行政の支援を得て、指導主事や研究者などから学校内では気が付きにくいことを率直に指摘してもらうことが考えられます。

カリキュラムマネジメントの進め方については、行政によって提供される指導資料や手引き、先進事例の情報などを手がかりとして活用することが求められます。それらの資料や情報は、行政から学校に対して送られてくるものもありますが、むしろ学校から積極的に求めていくことが大切です。さらに、インターネットを活用すれば、市町村や都道府県の枠を越え、各地の教育委員会や教育センター等がホームページ上で公開している優れた資料や情報を全国どこの学校でも活用できます。

また、人材の確保、施設・設備の改修、教材・教具の充実、予算の確保といった条件整備の面では、学校での工夫で対応できるものもあれば、行政の支援なしには進まないものもあります。これらについては、学校から行政に対し、率直に事情を説明して積極的な支援を要請することが必要です。

[注]

1　詳しくは、吉冨芳正・田村学著『新教科誕生の軌跡―生活科の形成過程に関する研究』東洋館出版社、2014年、第2章（pp.43-61）を参照

2　吉冨芳正「学力形成に果たす教育課程の役割―秋田県の事例分析を中心に―」『明星大学研究紀要―教育学部―』第5号、平成27年、pp.31-45

コラム

上越カリキュラムで一体的にマネジメント

1　上越カリキュラムの特色

教育振興基本計画である上越市総合教育プランの重点施策には、「上越カリキュラムで上越市らしい教育の推進」があります。上越カリキュラムとは、学年ごとに各教科等の目標、内容、授業時間数等を配列した教育計画ではありません。これらの要素に上越市としての方向性や方法等について統一性・共通性をもたせ、各校の自主性・自立性を生かした教育活動や評価を含めたものと考えています。上越市立教育センターでは、カリキュラムセンターの役割を担い、視覚的カリキュラム表を開発したり、研修会や情報提供等を行ったりしています。市内の全小中学校は、視覚的カリキュラム表というマネジメントツールを使い、各校が特色ある学校づくりをしています。

2　視覚的カリキュラム表を生かしたマネジメント

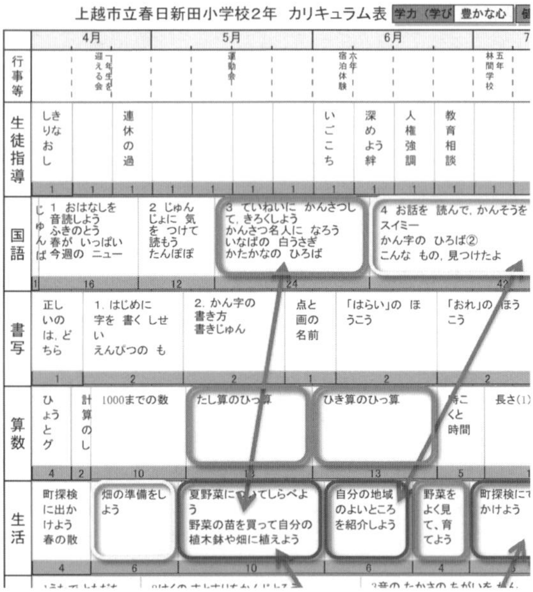

上越市では、学習内容の構造化と体系化を図り、各学年の特色を視覚化するツールとして「視覚的カリキュラム表」を開発しました。視覚的カリキュラム表とは、横軸にカレンダー、縦軸に各教科等があり、単元名が示されている単元配当表（右図）です。教員は、自校の目標の達成や課題の解決を目指して意図的に授業をする単元に色塗りをしたり、単元を入れ替えたり、配当時数を変えたり、新たな単元を設定したりすることができます。他教科との合科や関連的な指導を、矢印等で示すこともできます。教科書の改訂があると、上越市立教育センターから新たな視覚的カリキュラム表が配信され、活用しています。

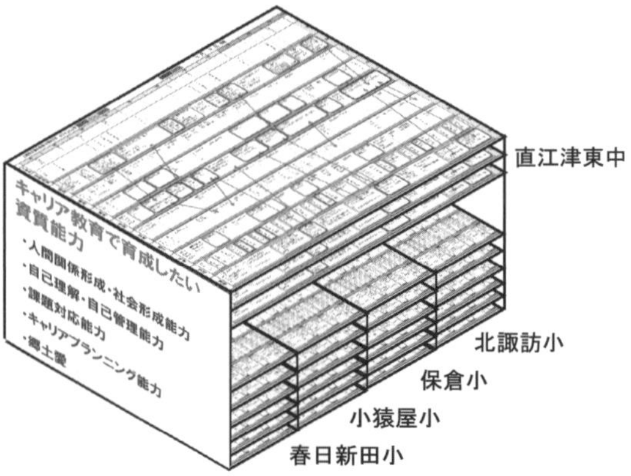

本校を含む直江津東中学校区では、学区内の５つの小中学校で直東学園をつくっています。直東学園では、キャリア教育を中核にした生き方教育を特色にしています。今年度は、９年間の

キャリア教育で育みたい資質・能力を設定しました。各校では、自校の教育目標や重点目標の実現を目指す重点単元も視野に入れて、各学年の視覚的カリキュラム表の中にキャリア教育として実践する単元を設定し、色を塗りました。こうして作成した各校の視覚的カリキュラム表を一つにして、キャリア教育で育みたい資質・能力を目標に、９年間の教育課程（前頁の下図）を整えました。これを５校で共有し、学校間連携をした単元開発につなげています。

各小学校５年の社会科では、マスコミの見学を実施することにしていました。そこで、４校の５年生が春日新田小学校に集まり、アナウンサーや新聞記者を招いて、一緒に事前学習（上図）をすることにしました。当日は、人間関係づくりとともに、他校の児童の意見や質問などを聞くことができ、ともに学び合うことができました。直江津東中学校では、このような各小学校での取組みを理解した上で、キャリア教育としての単元開発を始めています。

３　今後の課題と方策

各校の教員は、視覚的カリキュラム表を基に授業づくりをしたり、進捗管理をしたり、実践後にカリキュラムの改善をしたりしています。学年末になると、改善してきた視覚的カリキュラム表を次の学年担当者に引き継ぎます。次の担当者は、当事者意識をもって視覚的カリキュラム表を見直し、授業づくりをしていく必要があります。

毎年の異動で、採用や市外から転入してくる教員がいます。教育委員会としては、１学期の早い時期に上越カリキュラムについての基本的な研修会を実施することが大切です。また、毎年実施している各校での取組みに学ぶ研修会を、今後も続けることが望まれます。

（新潟県上越市立春日新田小学校長　大山賢一）

第3章

カリキュラムマネジメントの理解を深める研修の開発

集合研修や大学院授業をどうつくるか

●

村川雅弘

本章では、独立行政法人教員研修センターの「カリキュラム・マネジメント指導者養成研修」、石川県教育センターの「カリキュラムマネジメント研修」、鳴門教育大学教職大学院の必修科目「カリキュラムマネジメントの理論と実践」を事例として取り上げ、カリキュラムマネジメント（以下、「カリマネ」と略すことあり）の意義や理論、方法についての研修の考え方・在り方について論じていきます。今後、教育センターや校内においてカリマネに関する研修講座を企画・実施する際に参考にしていただければと思います。

第１節　独立行政法人教員研修センター「カリキュラム・マネジメント指導者養成研修」

本章で紹介するカリマネに関する様々な研修や授業の原型は、平成18年度から毎年実施されている独立行政法人教員研修センター主催の「カリキュラム・マネジメント指導者養成研修」です。冬場に、月曜日から金曜日正午まで実施される５日間の研修です。全国から指導主事や管理職等、160名ほどが受講しています。「カリキュラム・マネジメント」という用語が次期学習指導要領改訂のキーワードとして認知された平成27年度の研修からは違ってくるでしょうが、これまではほとんどの受講生がカリマネを理解しないまま参加していたのが実状です。それにもかかわらず、最終日に実施するアンケート結果からは研修に対する満足度の高さが伺えます。例えば、26年度に実施した研修では、受講生157名中、４肢選択で「大変有意義だった」と回答した人数138名、「概ね有意義だった」と回答した人数19名です。両方を合わせると有意義率は100％（平均3.88）となります。

平成27年度のプログラムで概要を紹介しましょう。

１日目の午前は、文部科学省による「次期指導要領の改訂を見据えたカリマネの重要性」についての講義です。午後の「講義・演習」は本著書の田村による「カリマネの基本や役割、枠組み等」に関する講義と受講生が持ち寄った事前課題（勤務校または指導校のカリマネの取組みの課題と課題解決のための具体とその成果及び具体課題）の紹介と協議を中心とする演習です。習得したばかりの理論や枠組みを意識した協議がなされます。

12月14日(月)

日	時間	内容
第1日	9:20	受付
	9:45	開講式 オリエンテーション
	10:30	講義1 これからの学校教育 ～カリキュラム・マネジメントの観点から～ ◎目的:カリキュラム・マネジメントの意義とその必要性、また実践するうえでの現状と課題について理解する
	12:00	昼食・休憩
	13:00	講義・演習 カリキュラム・マネジメントの基本とその役割、各地域におけるカリキュラム・マネジメントの取組 ◎目的:カリキュラム・マネジメントとは何か、学校運営における役割とその方法について具体的な理解を深める。また、各地域の取組を知るとともに、課題を共有する
	15:00	休憩
	15:15–17:00	（講義・演習）

12月15日(火)

日	時間	内容
第2日	8:30	講義2 カリキュラム・マネジメントによる評価と改善 ◎目的:学校づくりに生かすカリキュラム評価の考え方・進め方について学ぶ
	10:30	休憩
	10:45	事例発表・協議・講義 学校の特色を生かしたカリキュラム・マネジメントの実践と課題 【A言語活動】※全員受講 ◎目的:先行事例をとおして、学校の特色を生かしたカリキュラムの編成とその適正なマネジメントによる学校改善の手法等について学ぶとともに、課題をもつ
	12:25	昼食・休憩
	13:25	（引き続き事例発表・協議・講義） 【B道徳教育】※選択制 【C学校安全】※選択制
	15:05	休憩
	15:20–17:00	（引き続き事例発表・協議・講義） 【Dキャリア教育】※選択制 【E総合的な学習の時間】※選択制

12月16日(水)

日	時間	内容
第3日	8:30	講義3 カリキュラム・マネジメントを促進するための研修の在り方 ◎目的:各校においてカリキュラム・マネジメントを実行するための研修手法及びその効果についての知識・理解を得る
	10:30	休憩
	10:45	演習1 協議 カリキュラム・マネジメントの実際 【A言語活動】【B道徳教育】【C学校安全】【Dキャリア教育】【E総合的な学習の時間】※選択制 ◎目的:各部会におけるカリキュラム・マネジメントの意義を理解し、事例検討をとおして必要な視点を学ぶ
	11:30	昼食・休憩
	12:30	発表準備（引き続き演習1）
	14:25	休憩
	14:40	部会別発表（引き続き演習1）
	15:45	移動
	15:55–17:00	全体発表（引き続き演習1）

12月17日(木)

日	時間	内容
第4日	8:30	演習2－1 各地域においてカリキュラム・マネジメントを推進するために ～研修を実施するための研修プランや資料の開発～ （学校種別演習） ◎目的:カリキュラム・マネジメントに関する教員研修の構想・企画をとおして、本研修における成果を整理するとともに、各地域でカリキュラム・マネジメントを効果的に推進するための方法等について学ぶ
	12:00	昼食・休憩
	13:00	（引き続き演習2－1）
	15:30	休憩
	15:45–17:00	学校種別発表（引き続き演習2－1）

12月18日(金)

日	時間	内容
第5日	8:30	演習2－2 全体発表 カリキュラム・マネジメントを推進するために ～全体発表・協議～ ◎目的:カリキュラム・マネジメントを推進するための方策について理解を深める
	10:45	休憩
	11:00	講義4 カリキュラム・マネジメントを推進するリーダーとして ◎目的:研修を振り返り課題を整理する
	12:00–12:15	閉講式

図１　平成27年度 カリキュラム・マネジメント指導者養成研修 日程表

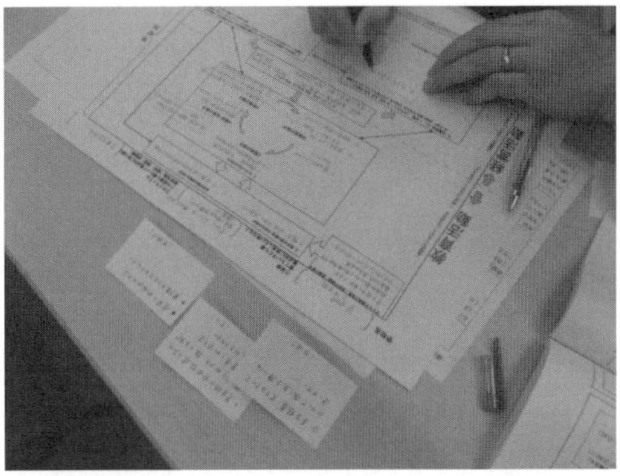

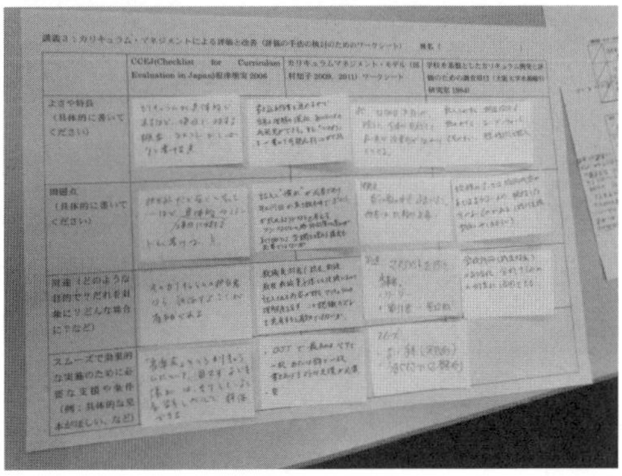

２日目の午前は、「学校のカリマネの状態を把握し改善に資するための評価方法」についての講義・演習です。田村と根津朋実筑波大学准教授、村川が各々開発した評価方法を解説した後、受講生が実際に試行し、３つの評価方法の良さ、問題点、用途（どのような評価者や時期などに有効か）、支援（どのようなデータやマニュアル等があれば活用しやすいか）を分析・提案してもらいます。写真上はカリマネ・モデルを用いた評価を体験した後に、良さや問題点を付箋に記述している様子です。６人チームで３つの評価手法を手分けして体験した結果を比較検討します。分析シートは、横が３つの手法、縦が良さと課題、用途、支援のマトリクス（写真下）となっています。

２日目の午前から午後にかけては、言語活動と道徳教育、学校安全、キャリア教育、総合的な学習の時間の５つの課題に関して、教科調査官等によるカリマネに関する講義と事例発表と協議を行います。全ての課題に関連する言語活動については全員が受講し、道徳と学校安全、キャリア教育と総合的な学習の時間はいずれか一方を選択します。

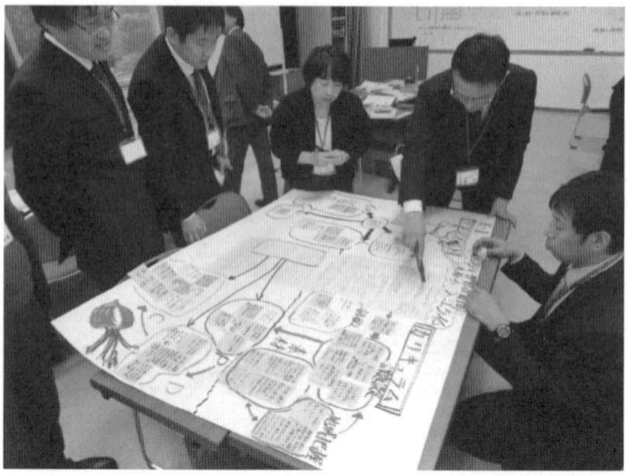

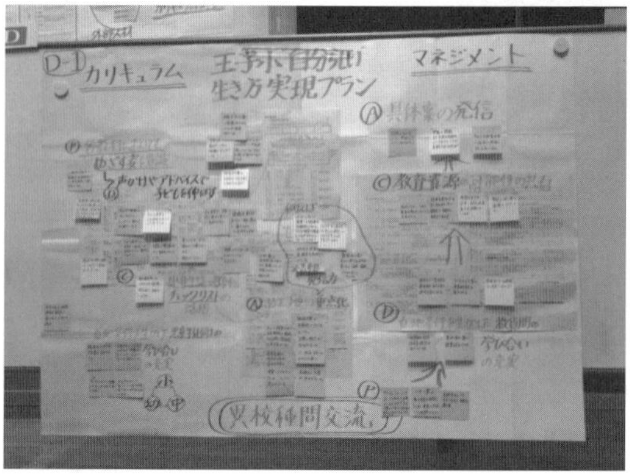

３日目の午前中は、「カリマネを促進させるための校内研修や集合研修の工夫・改善の考え方と具体事例」についての講演です。村川が担当しています。午前から午後にかけては、５つの課題に分かれて、各自が持ち寄った事例を紹介し合い、その中から１事例を選択して、カリマネの考え方で成果や課題、改善策について協議します。模造紙の真ん中にカリキュラム（例えば、総合的な学習の時間では、全体計画や年間指導計画）を貼り、その廻りに付箋を置いていきます（**写真上下**）。チームの多くはカリキュラムとマネジメントに分けて分析・整理しています。課題部会別に成果の発表を行い、部会代表１チームを選抜し、その後、全体会場で部会別協議の概要と選抜チームの発表を行います。

４日目及び５日目は、受講生が各地の学校や教育センター等に戻ってから、カリマネに関する研修を実施する際に活用するためのプレゼン資料の作成とその全体発表です。最後の講義は、大学教員による総括です。

以上のように、カリマネに関してほとんど既有知識のない受講生に対して、初日の「意義理解」「理論理解」（習得）から「取組紹介」（習得事項の一部活用及び問題意識の醸成）、２日目の「事例に基づく理論理解」（習得と活用）、３日目の「事例分析による更なる理解」（活用）、４・５日目の「習得したことの他者への発信」（活用）といった流れになっています。事例発表や事例分析を通して習得したカリマネの意義や理論、枠組みの理解が徐々に進み、それを第三者に伝えるために資料をまとめることを通して確実なものとなるように５日間の設計がされています。

平成20年度の受講生の一人であった、当時鳴門教育大学の教職大学院生の池田勝久は、本研修の学び及びその後の影響について次のように述べています。

> 教員研修センターでのカリキュラム・マネジメント研修に参加したのは平成20年12月である。平成23年度から実施の小学校学習指導要領告示に伴い、外国語活動が

高学年で週１時間、領域として必修化されることが決まり、翌年からは移行措置として開始されることや共通教材としての『英語ノート』が発行されることが決まっていた時期でした。国の施策が次々と進められる一方、現場では、新たな活動をどう指導したらよいのか戸惑う教員であふれていた。当時、私は小学校英語の研修講師として多くの学校や研修会を訪問していたが、外国語活動を継続的に運営していくシステムが整っていないという共通した課題が浮かび上がっていた。教材や指導者などの環境を整えた地域でも、固定されたカリキュラムを遂行するだけでは、子どもにそっぽを向かれてしまう現象が表れていた。

こういった状況の中、本研修で出会った田村知子先生のカリマネ・モデルは、「組織文化」を重要なカリマネの規定要因として位置づけており、これまでの経験から教師の意識改革が小学校英語を進める上での最重要課題であるとの認識と一致した。早速、簡潔かつ実践的であるモデルのフレームはそのまま生かし、７つの規定要因を外国語活動に最も適した言葉に具現化して、外国語活動に特化したカリマネ・モデルへと適合させた。その後の研修会では、このモデルを用いて、外国語活動に関する一連の教育活動とそれを支える経営活動を一体的にとらえることが重要であると主張すると共に、これらの活動を一部の教師で行うのではなく協同的あるいは全校的に展開していくことが重要であると実感してもらうために、ワークショップ型研修を取り入れている。研修の事後評価アンケートでは、常に「大変よかった」「よかった」で100％を占め、好評を得ている。

また、学校代表者による自己診断を可能とするために、外国語活動カリマネ・モデルの７つの要因をチェックリストにした「外国語活動マネジメント問診票」を開発した。加えて、外国語活動のための多様な研修プランも用意し、誰にでも手軽に活用できる簡便な診断的評価から、適切な校内研修プランが選択できるような外国語活動のための校内研修パッケージを完成させた。

文科省から具体的な校内研修の方法について具体案が提示されることはなかったが、このパッケージにより、外国語活動のための研修で何をしたらよいのか途方に暮れていた学校や地域では、外国語活動の研修を企画する際のよりどころになったようである。

そして、この時の学びを開花させ、教職大学院の修了と同時に、小学校外国語活動のカリマネに関する書籍をまとめている（村川・池田 2010）。

第2節　石川県教育センターの「カリキュラムマネジメント研修」

筆者は石川県や福岡県、高知県等でカリマネに関する研修の講師を務め、そのプログラムについては担当指導主事と作成しているが、基本的な構成及び内容は教員研修センターの「カリキュラム・マネジメント指導者養成研修」に準じています。石川県教育センターは終日研修を４回実施しています。２回目と４回目を担当しています。

２回目（８月初旬）は、まず、午前中に「カリキュラムマネジメントの意義や理論、事例」に関する講義（90分）を行います。概要は次の２枚のプレゼンに示すとおりです。そして、各自が持参したカリキュラムの評価・分析の演習（50分）を行います。分析シートには田村（2009）のカリマネ・モデルをＡ３に拡大したものを用いています。

カリキュラムマネジメント
手順・構成要素（カリキュラム面）

①子どもや地域等の実態把握に基づく学校教育目標の設定と共通理解
②教育活動の内容や方法についての基本的な理念や方針の設定
③各教科・領域等の教育活動の目標や内容、方法の具体化
④日々の教育・経営活動の形成的・総括的な評価・改善

村川雅弘ほか編『「カリマネ」で学校はここまで変わる！』ぎょうせい、2013年、pp.2-11

カリキュラムマネジメント
手順・構成要素（マネジメント面）

④日々の教育・経営活動の形成的・総括的な評価・改善
⑤指導体制と運営体制、学習環境と研修環境、経費や時間などの工夫・改善
⑥教職員の力量向上や意識改革のための研修
⑦家庭・地域及び外部機関との連携・協力
⑧管理職及び中堅層のリーダーシップ

村川雅弘ほか編『「カリマネ」で学校はここまで変わる！』ぎょうせい、2013年、pp.2-11

午後の一つ目は「班別協議」（60分）です。分析結果を持ち寄りチームで交流し、そのカリキュラムに関して「工夫されている点」（ブルー）、「問題点・改善すべき点」（イエロー）、「助言・改善案」（ピンク）のを付箋に書いて渡します。

次に、「カリマネを促進するための研修の工夫」の講演（70分）の後、講演内容を活用して、各自で校内研修プランを作成し、互いのプランに対して助言や改善策を出し合います（70分）。その際に用いるシート（**図2**）は、久留米市教育センターが作成したものです。校内研修プランを作る研修や授業で活用しています。

４回目（11月中旬）の午前中は、２回目に試作した研修プランに基づき各校で実施した研修報告を班別で行います。協議の視点は、「主題：計画に示されているか」「工夫・留意点：目的を達成するための工夫や留意点は明確になっているか」「内容：研修対象者に理解しやすいものであるか」「実施方法：研修対象者の意欲をたかめるものであるか」の４つです。各自がＡ３版に拡大した研修プランや関連資料を模造紙に貼り、チーム内でポ

スターセッションを行いました。前回と同様に、「工夫されている点」（ブルー）、「問題点・改善すべき点」（イエロー）、「助言・改善案」（ピンク）を付箋に書いて渡しました。最後に各チームで選抜された事例を全体に対して発表してもらいました。

担当した２回の研修に対する受講生の満足度は極めて高く。８月の研修では、「分かりやすかったですか」に対しては、23名中、「大変よい」が19名、「よい」が４名、「今後役立ちそうですか」に対しては、「大変よい」が20名、「よい」が３名である。11月の研修では、24名中、「大変よい」が22名、「よい」が２名、「今後役立ちそうですか」に対しては、「大変よい」が23名、「よい」が１名でした。

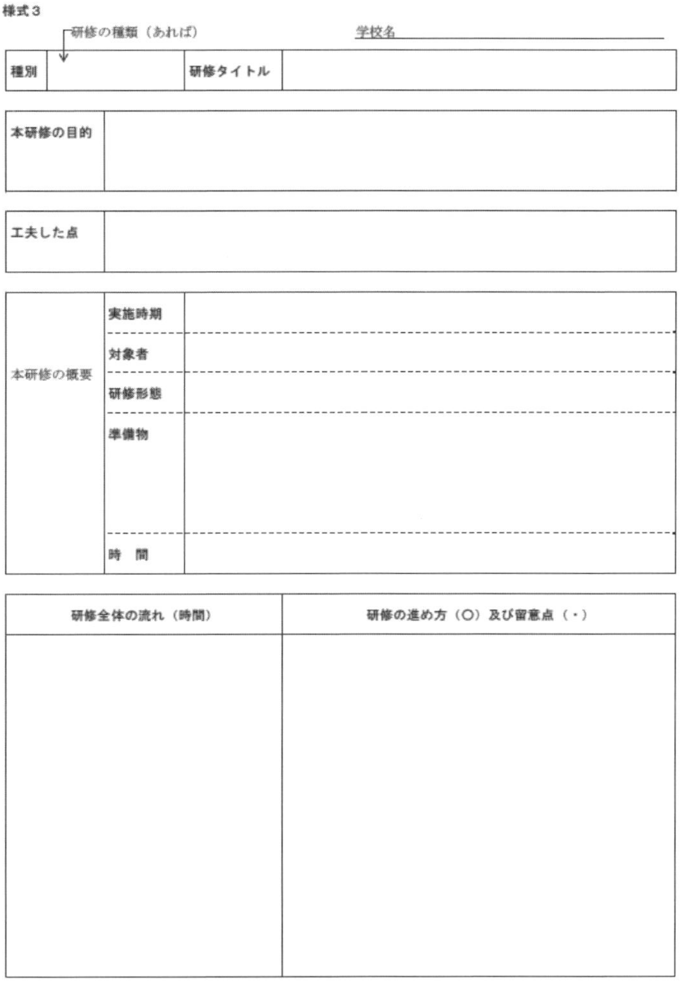
様式３

研修の種類（あれば）　　学校名

種別		研修タイトル	

本研修の目的	

工夫した点	

本研修の概要	実施時期	
	対象者	
	研修形態	
	準備物	
	時　間	

研修全体の流れ（時間）	研修の進め方（○）及び留意点（・）

図２　校内研修プラン

８月の自由記述では、「カリマネ・モデルを使い、実際にシートに書き、グループで交流することで課題に対する助言を得ることができました。夏休み中に計画を立て実践につなげていきたいと思います。ワークショップ型の研修会についても具体的に説明していただけて大変勉強になりました」や「カリマネが少しずつ理解できたし、午後からは様々な手法を学べて今後に生かせるような気がします。またグループ協議の中、他校の取組み状況を知ることで自分の学校との比較、自分の学校での参考にすることができた」「カリマネの必要性を実感することができた。本校のカリマネや校内研修プランを作成することで、実際に自校で実践してみたいと感じた。また班メンバーからの助言から得ることも多く有

益だった」など、自校のカリキュラムを田村のカリマネ・モデルで分析したことによる理解の深まりやワークショップ型の協議による学び合いの有効性が指摘されています。

11月の自由記述では、「たくさんの先生方の実践報告をきき、研修の進め方、研修テーマの設定の仕方など様々なことを学ぶことができました。学校の課題改善に向けて組織的に取り組んでいくためにはワークショップ型の校内研修会が有効であることを再確認することができました」「校種の異なる先生方から様々な意見をきくことができ、今後の参考としたい。また校種の異なる先生方から学校の実態を踏まえてどのように授業改善しているかなどもきくことができたことが大変勉強になった」「いろいろな学校のいろいろなジャンルについての取組みが聞けてとても参考になった。午後のグループ協議、ポスターセッションと８つの実践についての話を聞き、とても有意義な時間であった。また学校に帰って取り入れられるものはすぐにでも取り入れていきたいと思う」など、カリマネという共通の枠組みが学校種や分野を越えた協議を可能にし、理解を促進していると考えられる。また、「今回の研修会を通して、カリマネについて理解を深めることができました。今後は現場で自分なりのビジョンを描き、しっかりと目標をもって職務にあたっていこうと思います。これからにとても役立てられる内容で、職員を巻きこみながら取り組みたいと考えます」というように、年間のカリマネ研修を通して、ミドルリーダーとしてのあり方を意識すると共に、カリマネの視点からの改善への意欲が高まっています。

第３節　鳴門教育大学教職大学院の必修科目「カリキュラムマネジメントの理論と実践」

鳴門教育大学教職大学院は平成20年度に創設され、毎年、35名程度の現職院生（教職実践力高度化コース）と15名程度の学卒院生（教員養成特別コース）が在籍しています。両コース共通の科目の一つに「カリキュラムマネジメントの理論と実践」（１年前期前半）があり、村川が担当しています。

授業の目的として「カリマネについて理解すると共に、カリマネと校内研修の工夫により学力向上・学校改善をなし遂げた事例校検討を通して実践的な知識や技能を習得します。授業の中では事例について協議や発表を行ったり、現職院生のこれまでの実践経験を紹介してもらいます。関連する事例があれば資料等の提供を望みます。『One for All　All for One』の精神で出席すること」を示しています。他の授業においても同様に、授業の成果（例えば、後期の「ワークショップ型研修の技法」で作成した成果物や説明用プレゼン、開発した研修プランなど）を共有し、学校現場に採用されたり、戻った際には活用できるようにしています。

平成27年度の日程は次のとおりです。［　　］はテキスト（村川雅弘・野口徹・田村知子・西留安雄編著『「カリマネ」で学校はここまで変わる！』ぎょうせい、2013年）の該当個所です。受講生は現職院生 39 名、学卒院生 13 名でした。

①４月 13 日（月）：オリエンテーションと講義「次期学習指導要領改訂の方向とカリマネ」（東村山市立大岱小学校を中心に）［Ⅰ部３章２節］
②４月 27 日（月）：「カリマネを促進するためのワークショップ型校内研修」［Ⅲ部１章］
③５月７日（木）：「カリマネによる学校改善（小学校）」［Ⅱ部］
④５月 11 日（月）：「カリマネによる学校改善（小・中学校）」［Ⅱ部］
⑤５月 18 日（月）：「カリマネによる学校改善（中学校）」［Ⅱ部］
⑥５月 25 日（月）：「カリマネによる学校改善（高等学校）」［Ⅱ部］
⑦６月２日（月）：「置籍校等のカリマネ改善ワークショップ」［Ⅰ部５章］

平成 27 年の４月時点では、文部科学省「育成すべき資質・能力を踏まえた教育目標内容と評価の在り方に関する検討会－論点整理－」（平成 26 年３月 31 日）を中心に、次期学習指導要領ではカリマネが重要視されていることを解説し、小・中・高の具体的な事例を元に検討していきました。

最終日のワークショップでは、現職院生は置籍校の教育課程の全体計画、各教科や総合的な学習の時間、道徳、特別活動（生徒会活動や部活動を含む）の全体計画や年間指導計画を、学卒院生は教員採用に向けた２年間の学習計画をカリマネ・モデルで各自分析して行っておき、それを元に協議を行いました（次頁の写真上）。

ワークショップは、12 チームに分かれて行われました。できるだけ学校種やカリキュラムレベル、教科・領域を考慮してチーム編成しました。学卒院生チームが３つ、小学校現職院生チームが３つ、中高現職院生チームが６つです。中高チームは、「教育課程全体」「学力向上」（以上、カリマネのレベル（pp.185–186）①に該当）、「学校・学級経営」（①④に該当）、「キャリア教育」「生徒指導」「総合学習」（②に該当）に分かれました。

１．チーム編成の確認とワークショップの進め方の説明（10 分）
２．カリマネ分析結果の紹介及び質問・助言（65 分）
　「工夫されている点・よい点」（ブルー）、「疑問や問題点」（イエロー）、「助言・改善策」（ピンク）を付箋に書き、発表者に手渡す。５人の場合 12 分で交替する。
３．チーム内の一押しアドバイス・改善策の紹介（10 分）［各チーム１分］
４．講評（５分）

ワークショップの進め方は右のように示しました。付箋の色の使い分けはこれまでと同様です。分析結果を聞いて、「工夫されている点・よい点」はブルーの付箋、「疑問や問題点」はイエローの付箋、「助言・改善策」はピンクの付箋にコメントを書き、手渡しました。このコメントを生かして、置籍校や自己のカリマネの改善を行い、レポートに

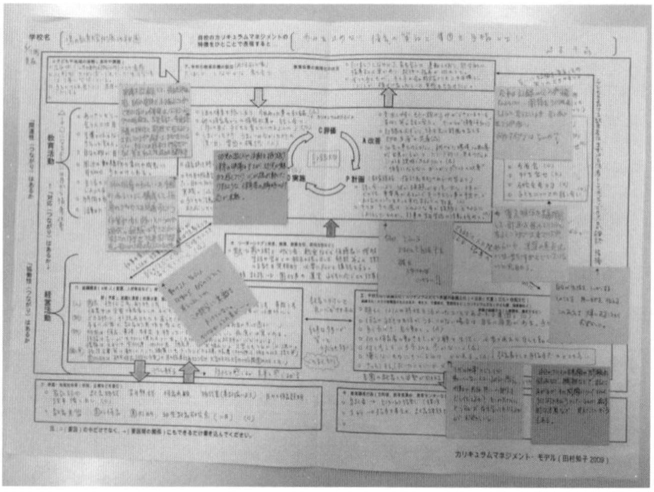

まとめました。現職院生は、1年後期に、置籍校のアセスメントを行いますが、この時のカリマネ分析結果を活用している現職院生が少なからずいます。

例えば、受講生の一人である辻本千晶は鳴門教育大学附属幼稚園の教諭です。ワークショップについてレポートの中で次のように述べています。

「自分のカリマネシートだけではなく、グループメンバーのシートの検討も勉強になった。説明の中にそれぞれの先生の学校の課題が多く出てきていた。本音や実際問題が話されていたので、それがシートの中に書き込まれれば、課題が見えるカリマネシートになると感じた。『できているように見えますが、何が課題ですか？』と質問が出た。その時に、園運営や子どもの成長発達は絶え間なく進んでいる状況に合わせた課題が、さらに細かく出てくることに気がついた。その度にカリマネシートの中身がよりよい方向に向かう課題が出るように進化していかなければならないと感じた。私のカリマネの特徴のとおり『歩みをとめないカリマネシート』でなければならないと感じた。いろいろな角度から意見や課題をもらえるので、とても勉強になった」。

その後、分析シートを園内研修で活用しています（上の**写真下**）。自身の分析結果に対して３名の同僚（園長、部内教頭、教諭）からコメントをもらっています。例えば、園長はカリキュラムのＰに関して「優先順位を共通理解して、計画を進めていこうとするところまでは来ているが、ねらいや課題の焦点化には、まだ手が届いていないと思われる」と評価し、教頭は組織文化に関して「自分のクラスの課題や問題点、悩みなど、職朝などで、話にあがるが、その問題についてどのように向き合おうとしているのか、具体的な方策など、見えにくいところもある」と評価しています。辻本自身は、カリマネ・モデルによる分析の効果を次のようにまとめています。

○全体が把握でき、とても見やすい。
○自分たちのしていること・するべきことが、それぞれの活動枠や保育者の立場から記されており、全体も詳細も、両方がとらえやすい。
○ありきたりの言葉で書かれていない。教育要領や教育課程に書かれていることが、園の現状に合わせて具体的に書かれている。
○保育者の姿勢が具体的に可視化され、自己確認や保育者全体の確認となった。
○園の雰囲気がよく出ている。
○課題も多く書かれており、PDCA サイクルの部分では、形式的に回すサイクルではなく、本質をつくような「即日反省」や「保育にならないがっかりポイント」など保育者自身に響くものがある。
○このカリキュラムマネジメントシートを見ると、現状の保育の課題が見えてくる。
○現状に合わせて、このシートに書き込んでいったり、これを土台として書き換えたり、さらに枠の部分をさらに深めるワークショップによって詳細が浮き彫りになり、その詳細が、保育者の指導の深まりになると思う。

受講生の中の学卒院生の声をいくつかひろってみます（部分かつ表現を少し簡略しています）。

「教員採用試験までにどのような取組みをするべきなのかを明確にできたので、勉強への意欲が高まりました。他の人のカリマネを見ることも自分にとってプラスになりました。自分に取り入れやすいものがあるのかを知ることができたからです。自分のカリマネについて良い点、改善点について教えてもらったので、自分の計画が良くなっていくのがわかりました。自分が何をすべきなのか、これを機に考えようと思いました」や「互いのカリマネに意見を言い合うことによって、相互理解が生まれ、教員採用試験に対するモチベーションも上がった。今回の授業を通して、カリマネを行っていくことで変容を遂げる学校の事例をいくつも知ることができた」「採用試験に向けて今自分に足りない部分は何なのか、また、どのようにしたら改善することができるのか、自分の周りの環境をどのように有効活用していけばよいのかということがとても明確になった」のように、実態や現状の分析を元に教採や教職に向けて明確な目標を設定し、その実現に向け人的・物的環境の活用も含めた具体的な学習計画を立てています。

また、「学校でのカリマネには、管理職のリーダーシップが必要な他にも、私たちのような若手にも真摯にカリキュラムリーダーとしての責任があるということを感じた。学校改革を果たしたどの事例にも、全教職員の真摯な取組みが感じられる。これから現場に出ていく私たちも、ただ管理職の先生方やベテランの先生方についていくだけでなく、きちんとした目的を持ち、学校という一つの組織の一員としての自覚を持たねばならない」や「教師にはマネジメント能力が必要であると感じた。理想の子ども像や学級像を実現するためには、必ずマネジメントする必要がある。カリマネの授業で感動したことは、カリマネ・モデルが存在していることである。今まで、このようなモデルは存在しないと考えていました。人によって特徴が全く違うものができるので、モデルなどは価値がないと考えていました。しかし、実践してみると、必要な情報が整理され、自分のめざしている方向が明確にできたことはとても感動しました。早く現場に出てカリマネを活用して学級運営を行っていきたい」のように、学校におけるカリマネの必要性、若年教員からカリマネの考え方を持つことが必要なことを理解し始めています。

第4節　カリマネに関する研修開発および授業づくりのポイント

上記３つの事例および他の研修における経験から、カリマネの理論や実際に関する研修や授業を計画・実施する上でのポイントを整理してみます。

①次期学習指導要領におけるカリマネの位置づけを伝える

「育成すべき資質・能力を踏まえた教育目標内容と評価の在り方に関する検討会－論点整理－」（平成 26 年３月)、「文部科学大臣諮問」（平成 26 年 11 月）及び「中央教育審議会教育課程部会教育課程企画特別部会論点整理」（平成 27 年８月）以降、「カリマネ」が市民権を得るようになってきています。次期学習指導要領においてその定着・充実において中心的な役割を担うことになるので、その点をしっかりと伝えていくことが必要です。特に、教育課程企画特別部会の「論点整理」は読みやすく、これからの我が国の学校教育のあるべき姿を明確に示しています。

②カリマネの理論的な部分は事例分析などを通して徐々に理解を図る

カリマネが必要となってきた背景や意義を論じることはできても、カリマネの要素や関連をすぐに理解してもらうことは難しいものです。カリマネの要素や相互の関連を理解する上で、田村のモデルの完成度は高いので、具体的な事例や受講生の学校のカリキュラムをそのモデルで分析することを通して、徐々に要素や関連の理解を促すようにすることをお勧めします。どの研修や授業においても、カリマネ・モデルを活用することに関して評価は概ね高いようです。

教職大学院の受講生の感想に次のようなものがあります。「カリマネ分析シートを作成する前は、イメージができず難しく思え、なかなか進まなかった。締め切りが近づいてきて、イメージのないままだったが取りかかり始めると、だんだんと各項目のつながりや全体の構造が見えてくるのを感じた。また、このシートを作成する活動がこれまで考えてもいなかった課題やその要因などについて考えるきっかけとなった。～中略～カリマネ分析の課題をすることで、自分の研究したいことをじっくりと考える一歩になったことは間違いない」

分析を通して、徐々にカリマネに対する理解が深まっていったことが伺えます。

③カリマネを促進するために校内研修の工夫・改善の必要性を伝える

カリマネに関する研修や講義において、ワークショップを中心とする校内研修の工夫・改善の必要性や具体的な取組みの解説を入れることが多いのです。カリマネは一人の力では実現できません。教職員が個々に努力しても実を結びません。教職員一人ひとりの知識や経験、専門性が引き出され、繋がり形になってはじめて実現できるのです。ワークショップ型研修はその点において極めて有効です。できる限り、カリマネの要素や手順に応じて、どのような課題の研修が必要か、どのような方法を用いることで、全校的な取組みに持っていくことができるかを、具体的な研修事例を示して伝えることが必要です。田村のカリマネ・モデルに位置づけ、どの部分を強めるための研修であるかを明示すると理解しやすいでしょう。前述の池田の小学校外国語活動に関する様々な研修も田村のカリマネ・モデルをベースに開発しています。

④自校のカリマネの自己分析を行う

受講生の多くが、カリマネを真に理解するのは「これまでやってきたことと同じじゃないか」と実感する時です。それまで取り組んできた教科学習や道徳、総合的な学習における教育活動がカリマネで説明できるとわかった瞬間に納得します。そのため、教員研修センターや各地の研修では、教科や総合的な学習等の全体計画や年間指導計画を持参させ、分析させることが多いのです。教職大学院の授業でも最終レポートの課題はそれです。十数年取り組んできた部活動について分析する院生も毎年みられます。

⑤自校のカリマネの分析結果を元に説明と助言の演習を組み入れる

自校の教育活動をカリマネの考え方で自己分析をさせた後、各自解説させ、相互にコメントし合う時間をできるだけ設定したいものです。分析結果を他者に説明することでよりカリマネの理解が進み、他の事例を聴くことでさらに見方が拡がります。また、コメントすることを通して理解が深まっていきます。

教育センターや教職大学院等においてカリマネに関する研修講座や授業を計画・実施する際に、これらのポイントを参考にしていただければと思います。

■カリキュラムマネジメントの多様性と汎用性

一言に「カリマネ」といっても多様です。カリマネを次の５つに整理しています。

①教育課程のカリマネ

学校経営ビジョンなどが該当し、教職員全員が開発の主体者ですが、主に、校長や教頭などがリーダーシップを発揮すること

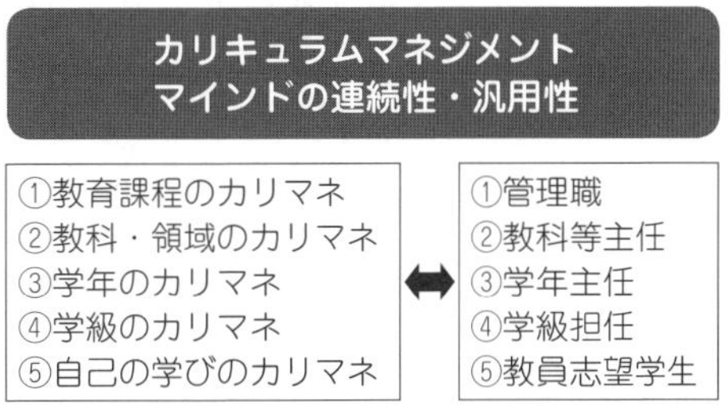

カリキュラムマネジメントの基本的な考え方や枠組みは立場が変わっても普遍的であることが望ましい。

になります。

②教科・領域のカリマネ

英語や道徳、総合的な学習の時間、スタートカリキュラムのカリマネなどが該当し、各教科主任や道徳主任、総合主任などが開発責任者です。例えば、我が中学校では3年間かけてどのような英語力を付けるのか、そのための授業づくりの基本方針はどうするのか、教授組織や環境整備、研修をどう進めていくかを考え、実践し、見直していくことです。

③学年のカリマネ

各学年主任が開発責任者です。担当学年の子どもたちの実態を踏まえて、学年団としてどう子どもを育てていくかの基本方針を考え、実践し、見直していくことです。

④学級のカリマネ

学級担任が開発責任者です。担当した子どもたちの実態を踏まえて、1年間かけてどのような力を付けていきたいのか、そのためには仲間づくり、授業づくり、学級経営等をどう進めていくのか、教室環境をどう整備していくのか。新任教員にも求められるカリマネです。

例えば、右図は、学級経営のカリマネ・モデルです。田村のカリマネ・モデルをベースに考えています（江口2006）。

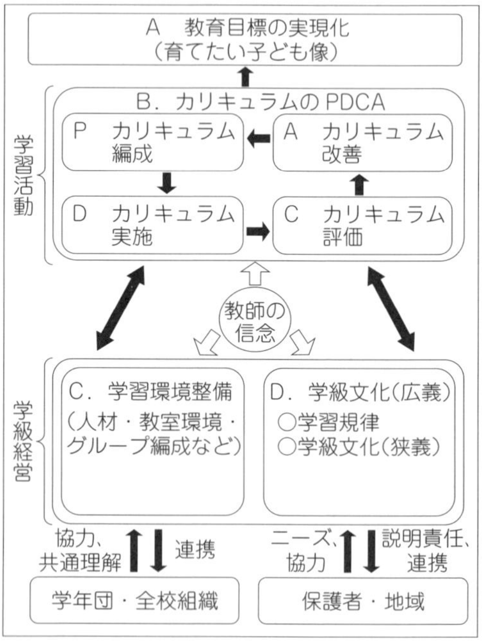

⑤自己の学びのカリマネ

カリマネの最終ゴールは、自分自身がどのような目標を目指して日々学んでいくのかを考えることです。教職大学院のワークショップでは、学卒院生は、2年後の就職あるいは1年後の教員採用試験に向けてどう学んでいくのかをカリマネ・モデルで分析させます。

いずれのカリマネであっても基本的な枠組みは田村のモデルを基本に考えます。対象や立場が変わったとしても考え方や枠組みが普遍的であることが望ましいと考えているからです。筆者は40年近く学校現場とかかわってきましたが、学級担任当時の学級経営の考え方・在り方が校長時の学校経営と重なったり、センター長時の教育センター経営と重なったりはよくあることです。

[引用・参考文献]

村川雅弘・池田勝久編集『小学校外国語活動のための校内研修パーフェクトガイド』教育開発研究所、2010 年

江口慎一「学級担任レベルのカリキュラムマネジメントによる分析」村川雅弘・酒井達哉編著『総合的な学習　充実化戦略のすべて』日本文教出版、2006 年、pp.138-143

コラム

実践型研修でカリマネ力をアップ！

石川県教育センターでは、研修を企画するにあたり、受講者の力量の向上はもとより、よりよい学校づくりや児童生徒の成長につながるものになるようにと考えています。

当教育センターの「カリキュラムマネジメント等研修」は、カリキュラムマネジメント力の育成をめざすものと、その際に必要なコミュニケーション力や人材育成力の向上を図るものの２本立てとなっています。そのうち、カリキュラムマネジメント力育成の研修は８月と11月の２日間で実施しています。１日目は、村川先生からカリキュラムマネジメントの概論や手法、事例などについて講義・演習をしていただき、それをもとに校内研修プランを作成します。９月以降、そのプランに沿って実際に校内研修を実施し、２日目に実践報告・協議を行います。理論に基づいて校内研修を企画し、実践したものを再度練り上げることで校内研修の改善策がより確かなものになるとともに、カリキュラムマネジメントへの理解が深まると考えています。

１　相違点が利点になる

受講者は公立小学校・中学校・高等学校・特別支援学校の主幹教諭、教務主任、総務主任、研究主任等のミドルリーダー25名です。グループは、多様な意見が交換できるように、校種、地域、校務分掌の違うメンバーで構成しています。ただし、ワークシートや報告書の様式などは共通のものを使用し、同じ土俵で協議できるようにしています。その結果、自分の考えつかない視点からの自校の分析がなされ、ワンランクアップした改善策も生まれています。また、協議を進める中で、主任同士のつながりができ、他校種の理解と校種間の接続を意識することにもつながっています。

１日目　作成した校内研修プランについてのグループ協議

２　実践をもとに学び合う

２日目は、校内研修の実践報告を持ち寄って協議し、それを踏まえて当初の企画について改善を重ねます。具体的な手順としては、グループ内で報告と協議を行い、出された意見等を参考にして１回目の企画改善を行います。次に、ポスターセッションによって他グループのメンバーと意見交流をし、再度改善を図ります。最後に、代表者による全体発表を通して村川先生から講義をいただき、カリキュラムマネジメントを推進するための視点を共有しながら仕上げの改善を行います。これらの交流と改善を繰り返すことで、自校のカリキュラムマネジメントをより効果的に進めるためのプランの練り上げを行うことができます。ある受講者は、「理論に基づいた校内研修によって教職員の反応に手応えを感じ、カリキュラムマネジメントの役割や有効性を実感した」と述べています。また、自校の実践だけでなく他校の実践を協議することから、自校の改善のヒントを得る場合もあります。このように講義・企画・実践・意見交流を通して、カリキュラムマネジメントの本質を理解し、自校の改善に自信を持って立ち向かえるようになります。

２日目　グループでの実践報告・協議

２日目　ポスターセッションによる実践報告・協議

３　研修を基点として始める

学校を取り巻く環境はめまぐるしく変化し、学校が抱える課題も複雑で多様です。子どもたちに育成すべき資質・能力を考えるとき、学校が組織として教育活動を展開していく上でミドルリーダーの役割がより重要になります。カリキュラムマネジメントは、これまで以上に意図的・計画的に、学校全体で取り組むことが求められています。したがって、ミドルリーダーによって各学校でカリキュラムマネジメントを推進していくことが、組織構造や組織文化の改革・改善、学習環境の整備、家庭や地域社会との連携促進につながると期待されます。

今後、各学校がカリキュラムマネジメントを推進していくために、研修において次の３点、「受講者から教職員や児童生徒へどのように働きかけていくのか」「地域における推進役として他校にどのように広げるのか」「学校同士の交流をどのように作り出すか」に留意する必要があると考えています。受講者がこれらの視点を具体的にイメージできるようにすることが大切です。その点から、現在の「カリキュラムマネジメント等研修」は若干の改善の余地があります。受講者が学校に戻り、研修を有効に活用できるように今後も考えていきたいと思います。

（金沢市立紫錦台中学校教論・前石川県教育センター企画調査課指導主事　新田寛子）

第4章

カリキュラムマネジメントを推進するための研修の考え方と手法

効果的な校内研修をどのように進めるか

●

田村知子／村川雅弘

全ての教職員が主体的・協働的にカリキュラムマネジメントに関与することが重要です。そこで本章では、様々な研修方法がある中でも、主体的・協働的な関与を促進しやすいワークショップ型の研修の考え方と手法に的を絞って解説します。

第1節　ワークショップ型校内研修の意義

児童生徒のよりよい教育的成長を促すため、教師は日々、自己研鑽に励み、相互に学び合い、授業技術を磨いています。その中心的な場は、わが国の学校で伝統的に積み重ねられてきた授業研究です。校内研修の中核を成すと言っても過言ではないでしょう。なかでも、授業研究の一つのスタイルとして、ワークショップ（以下、「WS」）が注目されています。

WS型授業研究は、参加者全員が付箋に自らの意見を書き込むことや小グループで話し合うことを通して、参加者の主体性が発揮される仕組みになっています。したがって、WS型を導入した学校では、授業研究において、従前より活発な話し合いが行われやすくなります。また、話し合いの過程で、より多くの参加者から意見が集まることから、多様なアイデア、考え方、提案を通して、互いに学ぶことができると評価されています。そして、多くの場合、小集団で「概念化シート」や「マトリクス」、KJ法等を用いて構造化された作品を作成します。そのため、例えば、授業でみられた子どもの姿と教師の手立てとが対応的に表現され、その因果関係が考察され、成果と課題だけでなく、それらの要因や改善の方向性も「見える化」されます。「見える」ようになれば、教職員間での共有化も進みます。その他にも、同僚性、協働性の向上や、WS技法の授業への転用といった効果も見込むことができます。

なお、WS型授業研究の手法や進め方については、村川（2010）の「ワークショップ型授業研究の手法」[1]に詳細かつ具体的に紹介されています。

第２節　ワークショップ型校内研修のマネジメントの考え方

一方で、WS 型を授業研究に取り入れても議論が深まらず表層的な話し合いに終わる事例も報告されています。WS 型研修は万能ではありません。効果があがるように仕組まなければ、効果は期待できないのです。議論が深まりにくいのは、話し合いの観点の焦点化が不十分であったり、研究授業における研究の視点があいまいであったり、WS のゴールが不明瞭であったりするからです。WS において、何を目的とし何をどこまで明らかにするかというゴールを明確にし、そのゴールに至るための道筋を予測し適切に企画しなければ、WS 型授業研究・校内研修は単なる「付箋を使った話し合い」に陥る危険性を有しています。また、WS 型の成否は、参加者のもつ知識やアイデア、経験の量や質に依存します。そもそも、研修意欲が低く、研究の蓄積のない教職員集団であれば、WS の内容レベルは低迷せざるを得ないのです。

１　計画段階のマネジメント

そこで、WS 型校内研修のマネジメントが必要不可欠になります。WS を単発で考えるのではなく、学校のカリキュラムマネジメントの中に位置づけ、学校としてめざしたい子どもの姿、学校として追究する授業、その他の研修などと密接に関連づけるのです。特に重要なのは、WS の目的を明確化することです。「授業改善なのか」「カリキュラム改善なのか」「児童生徒の実態把握なのか」といった目的を明確にします。次に、１回の WS のゴールを明確に設定することです。授業研究であれば、学校の研究テーマや研究授業の提案について、子どもの姿に基づいて評価しますが、提案された方法論のよい点を共有化することがゴールなのか、要改善点を指摘することなのか、具体的な改善策を全職員の知恵によって見いだすことなのか、いずれに力を入れるのかを考えます。これらの目的、ゴールによって、WS のスタイルや方法、ワークシート等は変わってきます。目的・ゴールと手段の整合性を図ることが重要なのです。

さらに、なぜ今回は WS 型を採用するのか、その意図を明確化しておくことです。単に広く教職員の意見を集めたいのか、若手の発言を促したいのか、あるいは学年部や教科会で共通理解を図りたいのか、それとも普段接点の少ない異学年や異教科の教職員同士の交流を図りたいのか。目的に応じたチーム編成にします。

２　実施段階のマネジメント

次に、実施段階のマネジメントです。参加者に WS の目的やゴール、日程、方法を明確に示します。参加者の主体性を求める研修スタイルなのですから、参加者にわかりやすく情報を提供し、見通しをもって参加できる条件を整える必要があります。また、付箋や模造紙、ペンなどの道具を周到に準備すること、明確な指示をすること、時間設定を的確にすること、研修の終了時間を厳守することなども、メリハリやリズム感のある研修を行う条件です。そして、ファシリテーターの養成も重要です。導入期には、研究主任等がファシリテーターを兼ねることもよいですが、慣れてくれば輪番制にして、全教職員がファシリテーターを経験するとよいでしょう。お互いの良さを学ぶことができますし、その学びは授業力にも反映されます。ファシリテーターを経験することによって、フロアで参加する場合も、ファシリテーターの意図や苦労を理解でき、より協力的になれます。

3　実施後のマネジメント

WS後のマネジメントも重要です。WSで作成した成果物をどうするか。「模造紙だと邪魔になる」という意見もあります。その場合は、「邪魔だと感じる程度の作品しか創造されなかったのか」と自問してみてはいかがでしょう。教職員の知恵や経験の結集であり、今後の改善につながる内容であれば、捨てるのではなく、皆が何度もその作品に立ち戻って確認しやすいように掲示したり、すぐに出して見直すことができるような場所に保存したりすべきです。次に、「内容は重要だが、物理的に保存する場所に困る」という場合は、模造紙を使用せず、A３用紙でワークシートをつくり、全員にコピーして配布する手もあります。WSの結論の重要な部分だけを、研修担当者が拾い上げ、それを研修便りなどにまとめて配る、という方法もあります。

WSを取り入れさえすれば、授業やカリキュラム、学校が改善されるわけではありません。「WSによって何を得たいのか」は、授業を構想する時に「この授業で子どもに何を学ばせたいのか」を問い、そこに至る方法論を考え、学習を組織する考え方と一致します。その原理は、WS型校内研修も同様なのです。

なお、WS型校内研修づくりの基礎・基本については、村川（2012）の『ワークショップ型校内研修の企画・実施のポイント15』[2]に具体的に紹介されています。

（田村知子）

第３節　様々な研修に活用できる手法やシート

本節では、カリキュラムマネジメントを各校で促進していくための校内研修の工夫・改善において活用できる様々な手法やシートを具体的に解説します。研修の目的に応じて利用してください。なお、カリキュラムマネジメントを意識した、時期や目的に応じた校内研修の具体的な考え方・作り方についてさらに詳細に知りたい方は、村川（2013）の「カリマネを意識した校内研修づくり」[3]をご参照ください。

1　KJ法

一般的に、WS型研修で多く用いられる手法はKJ法（川喜田1967）[4]です。発案者の川喜田（K）二郎（J）の頭文字を取って命名されています。授業研究だけでなく校内研修全般においてWS型研修のほとんどはKJ法を援用しています。

KJ法は多様な諸要素が複雑に絡み合っている野外科学の分野において、要素の抽出と要素間の関係を明らかにするための方法として開発されました。例えば、授業も多様な諸要素が複雑に関係し合っている点において、授業を対象とした授業研究も野外科学の一分野に含めることができるでしょう。しかし、KJ法は、「整理の開始時に全ての付箋等を拡げ一つ一つを丹念に読み解きながら進める」や「付箋やカードの整理の際に記録係を設ける」「グループ分けにおいて既成の枠組みを持ち込まない」などの点において、学校現場で行われる方法とはいくぶん異なるものです。例えば、村川は学校現場における時間的な制約を考慮し、「付箋を置くときには、書いた本人が内容を紹介しながら置き、他のメンバーで類似する付箋があれば続けて紹介しながらその近くに置く」「記録係はあえて設けずに協力して行う」「分析シート（例えば、マトリクス法）によっては授業を見る視点を設定する」といった点において本来のKJ法とは異なる方法を取っています。この点においてはWS型研修で多く採用されている手法は、「KJ法」と呼ばずに「KJ法的」あるいは「KJ法を援用して」と呼ぶべきでしょうが、この後紹介する手法はKJ法を援用しているものがほとんどですので、敢えてKJ法と呼んでおきます。KJ法が誕生して半世紀近くになりますが、その後の様々な分野の研究や研修において活用されてきた点で実に画期的な発明だったと言えます。

次に紹介するウェビング法が拡散思考を促進するためのツールであるのに対して、KJ法は収束思考を促進するためのツールです。明確な分析視点がなく自由に意見やアイデアを出し合い、それらを分析・整理するにはKJ法が一般的です。

例えば、次頁の**図１**は「読解力を高める学習環境」についてのアイデアを出し合ったWSの成果物です。参加者によって書かれた付箋をKJ法により分析・整理し、最終的に９つにグルーピングされています。また、９つのグループも「教室」「廊下」「図書室」の３つに分けて整理されています。

模造紙で整理した成果物を可能な限り、このようにパワーポイントにして残すことを奨励しています。成果が参加者に共有されるだけでなく、研修等で還元することが容易になります。

図２は、「『子どもの力』を高めるICT活用」をテーマにしたWSの成果物です。参加者から出てきたアイデアが最終的には７つにグルーピングされています。

基礎を支える環境の充実
教室掲示の充実
読書記録を掲示するコーナー
文字嫌いな子のために掲示物に絵や写真をつける
一年間の出来事を時系列に並べ、三ヶ月ごとのイメージを文章化
新聞の活用
総合などでまとめた新聞を掲示し、1週間ごに質問会を開く
子ども新聞を参考にクイズを作成し掲示する
新聞の切り抜きに子どものコメントをつけて表示
学級文庫は知識の宝庫
疑問発見データベース
教室の図書の充実を図る書架も増やし、分類
学級文庫にいろいろな分野の本を充実させる
参加型掲示で主役を作る
読み、考え、相談し、表現できる教室環境を考える
国語、社会、理科、総合などで授業内容を模造紙にまとめ構造化して掲示する
掲示したものについて、担任がひと言添える
文章掲示に読んだ人がコメントを書き込めるように工夫する
発見のあるゲーム・クイズ
難しい漢字の読み取りゲーム
世界地図を拡大し、掲示しクイズをする
教室で
知りたい
伝えたい
思いを伝える力
学びの必要性が読解力を育てる
情報を収集する力
比較して読み取る力
情報を整理する力
廊下で
図書室で
豊かな表現豊かな読解
名言・名文を週ごとに朝の会で斉唱
日本の名文を図や音楽で表現
空間の新しい使い方
使われない廊下の掲示板に学習内容を貼る
廊下にじっくりと考えるスペースを作る
考える力を高めるコーナー
行事（修学旅行や見学など）の事前学習資料を廊下で掲示
１ヶ月先の情報を時系列に並べそれについての計画を立て発表するコーナー作り
情報ワンダーランドを作る
感想文データベースをサーバー内に作る
図書室宣伝コーナーを作り、子どもが担当する
調べコーナーをカテゴリーごとに使いやすく分類する

図１　読解力を高める学習環境

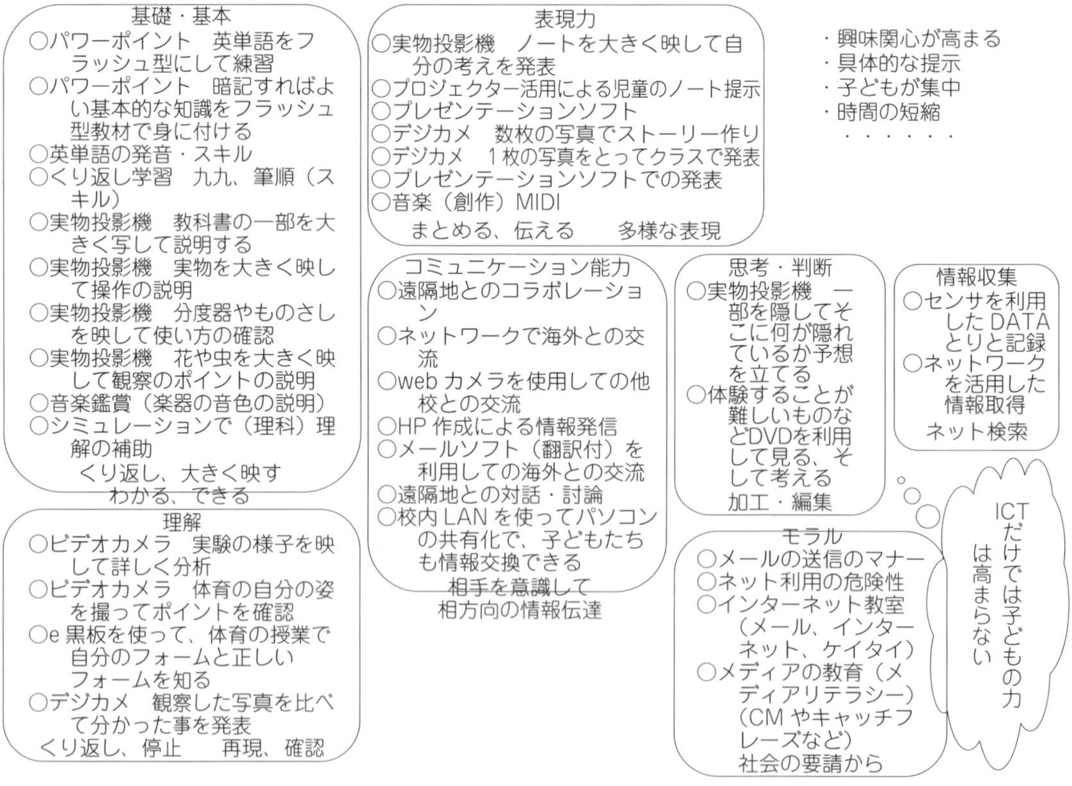
基礎・基本
○パワーポイント　英単語をフラッシュ型にして練習
○パワーポイント　暗記すればよい基本的な知識をフラッシュ型教材で身に付ける
○英単語の発音・スキル
○くり返し学習　九九、筆順（スキル）
○実物投影機　教科書の一部を大きく写して説明する
○実物投影機　実物を大きく映して操作の説明
○実物投影機　分度器やものさしを映して使い方の確認
○実物投影機　花や虫を大きく映して観察のポイントの説明
○音楽鑑賞（楽器の音色の説明）
○シミュレーションで（理科）理解の補助
くり返し、大きく映す
わかる、できる
理解
○ビデオカメラ　実験の様子を映して詳しく分析
○ビデオカメラ　体育の自分の姿を撮ってポイントを確認
○e 黒板を使って、体育の授業で自分のフォームと正しいフォームを知る
○デジカメ　観察した写真を比べて分かった事を発表
くり返し、停止　再現、確認
表現力
○実物投影機　ノートを大きく映して自分の考えを発表
○プロジェクター活用による児童のノート提示
○プレゼンテーションソフト
○デジカメ　数枚の写真でストーリー作り
○デジカメ　１枚の写真をとってクラスで発表
○プレゼンテーションソフトでの発表
○音楽（創作）MIDI
まとめる、伝える　多様な表現
・興味関心が高まる
・具体的な提示
・子どもが集中
・時間の短縮
・・・・・・
コミュニケーション能力
○遠隔地とのコラボレーション
○ネットワークで海外との交流
○web カメラを使用しての他校との交流
○HP 作成による情報発信
○メールソフト（翻訳付）を利用しての海外との交流
○遠隔地との対話・討論
○校内 LAN を使ってパソコンの共有化で、子どもたちも情報交換できる
相手を意識して
相方向の情報伝達
思考・判断
○実物投影機　一部を隠してそこに何が隠れているか予想を立てる
○体験することが難しいものなどDVDを利用して見る、そして考える
加工・編集
情報収集
○センサを利用したDATAとりと記録
○ネットワークを活用した情報取得
ネット検索
モラル
○メールの送信のマナー
○ネット利用の危険性
○インターネット教室（メール、インターネット、ケイタイ）
○メディアの教育（メディアリテラシー）（CM やキャッチフレーズなど）
社会の要請から
ICTだけでは子どもの力は高まらない

図２　『子どもの力』を高める ICT 活用

2　ウェビング法

一つのキーワードから思いつく言葉を次々とつなげていくもので、アイデアを拡げる時に有効です。蜘蛛の巣（Web）のように広がっていくのでウェビング（Webbing）と呼ばれます。

右写真は、地域の特産物を使ってどのような総合的な学習が展開できるかについてのアイデアを出し合った時の成果物です。真ん中にその土地の特産物である「ゆず」「すだち」の言葉を置き、他の人の発言に繋げながらまとめていきました。どの言葉に繋げていってもかまいません。このWSの際は、教員だけでなく、生産者や栄養士、JA職員も加わりました。レストランのシェフや土産物店の人にも声かけすればよかったかもしれません。WS型研修は教職員だけでなく、児童生徒や保護者、地域の人など、そのテーマにかかわる多くの当事者に加わってもらうことで多様なアイデアが生まれます。また、WSを通して学校や授業を支援してくれる人のネットワークを拡げることができます。

3　思考マップ法

ウェビングに類似した方法として「思考マップ法」[5]があります。思考マップは「思考のルートマップ」や「思考過程のモデル図」とも呼ばれています。授業中に学習者がたどると予想される思考の流れを推測し構造化したものです。思考マップを事前に設定しておき、それに従って授業の設計や評価を行います。

作成方法として、以下の3つがあります。①教師がチームを組み、目標分析と単元構成を終えた段階で、その単元や題材に関する指導経験を元に子どもの思考ルートを付箋に記入し、構造化する。②新しい単元や題材の場合には、実際に行った授業記録に基づき、授業に出てこなかった思考ルートを補充して構造化する。③数名の学習者に対して、「診断バズ」（「小集団診断バズ」の略称。金沢大学教育学部教育工学センター理科教育研究グループによって開発されました。教師は話し合い（バズ）の方向づけだけをして、あとは子ども小集団に任せてその討議の記録をもとに子どものレディネスを把握する方法です）[6]を行った記録を元に、思考マップを作成する。

思考マップと実際の授業での学習者の思考ルートを比べることで、学級全体や抽出児童生徒がどこをどうたどっているのか、どこでどうずれているのかを把握できます。また、思考マップを作成することで、授業設計と展開において教員に余裕と柔軟性が出てきます。

子ども一人ひとりの質的な思考が重視される中、思考マップの手法は改めて見直され、活用されることが期待されます。

4　短冊法

KJ 法を簡略化したのが「短冊方式」です。付箋の簡単なグルーピングが終わった時点で、代表的な記述やポイント、小見出しを短冊に記述します。時間が短縮されるだけでなく、複数チームの成果物を学校全体で集約するのに有効です。つまり、各チームから上がってきた短冊を使って KJ 法を再度行うことで、学校全体の成果や課題を総括的・構造的にまとめることができるわけです。

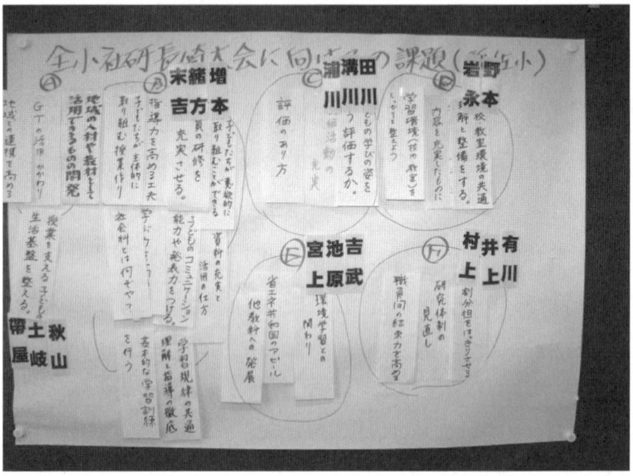

右写真は、その年度の秋に社会科の全国大会を予定していた学校において、年度初日に行った WS の成果物です。18 名の教員が 6 名ずつに分かれ、全国大会に向けて「すべきこと」と「したいこと」を付箋に書き、チームでまとめていく過程で小見出しに当たる言葉を短冊に記し、模造紙の上で再整理を行いました。次に、6 つの課題ごとに 3 人ずつがチームになり課題解決に向けてのアクションプランを考えていきました。課題整理とアクションプランづくりの WS を続けて行うことになりました。

この学校は、この研修をきっかけに教職員が一丸となって研究を推進し、無事に秋の大会を迎えることができました。大会当日の「楽でした」「皆が主体的に動いてくれました」「次から次とアイデアが生まれました」とにこやかに語る研究主任の姿はいまでも脳裏に焼きついています。個々の考えや思いを大切にし、それらを繋げ、ボトムアップ的に方向性や具体策を共有化していく際に、学校改革等で目標とその実現のための方法のベクトルを揃えていく上で、有効な方法です。

5　概念化シート

「概念化シート」は、児童生徒用に「体験からの気づきを学びに転換させるために用いる振り返りのシート」として河野（2005）[7] によって開発されたものを、研修に応用しています。例えば、授業分析の際には、縦軸に「プラス面（よかった点、参考になった点、工夫されている点）」と「マイナス面（改善すべき点、問題点）」とし、横軸を「児童・生徒」と「教師」としています。授業観察によって記述された付箋を該当する 4 つのゾーンに振り分けながら整理・構造化を行うため、通常の KJ 法に比べ作業の短縮に繋がります。

座標軸に強弱は想定していません。

この方法は、他の研修課題にも活用することが可能です。

右写真は、ある中学校が数学の少人数ティームティーチングの成果と課題を整理した成果物です。数学にかかわる教員がチームになり分析・整理を行いました。他の教育活動についても同様に行いました。最も貢献できそうなテーマを選択させることが研修づくりのコツの一つです。

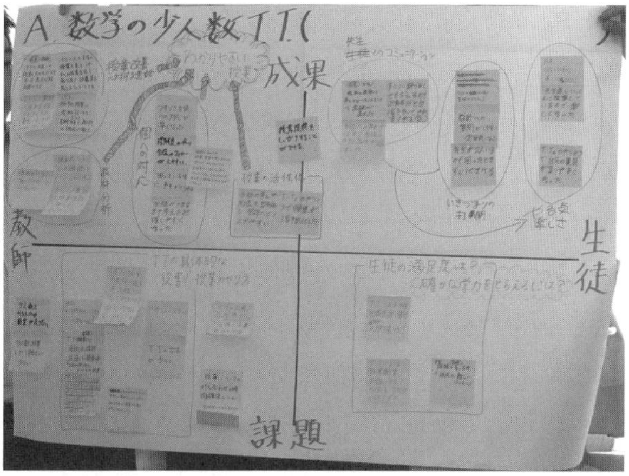

図３は、困り感のある生徒に関して、その生徒自身の良さや課題、他者とのかかわりにおける良さと課題を整理した成果物です。生徒Ａの学級担任や部活担当、教科担任数名で実施しました。困り感のある児童生徒について、新たな視点を知り得るだけでなく、課題や手立ての共有化を図ることで、チームで対応するきっかけになります。ある教員は時期ごとに付箋の色を変えていったことで、その子どもに対する支援の効果や新たな課題の「見える化」がより以上明確になりました。

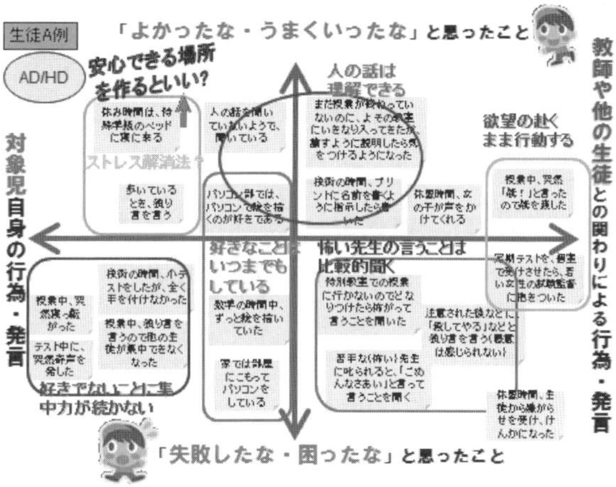

図３　困り感のある生徒のよさと課題

「概念化シート」と類似したものとして**図４**のシートもよく使われています。**図４**は、「効果（大←→小）」と「着手の難易（容易←→困難）」を組み合わせたものですが、他に「緊急性（大←→小）」と「重要性（大←→小）」の組み合わせもあります。

図４　２つの視点を組み合わせたシート

６　マトリクス法

ｎ×ｎからなる表がマトリクスです。授業研究の場合は、行の部分を「よかった点、参考になった点、工夫されている点」「改善すべき点や問題点」「助言・手だて」とし、列の部分を授業分析の視点とします。学校で授業づくりや分析の視点があらかじめ決められている場合には、必ずその視点を踏まえて分析するので有効です。付箋を該当するセル内に置き、その上で整理を行うので時間の短縮に繋がります。

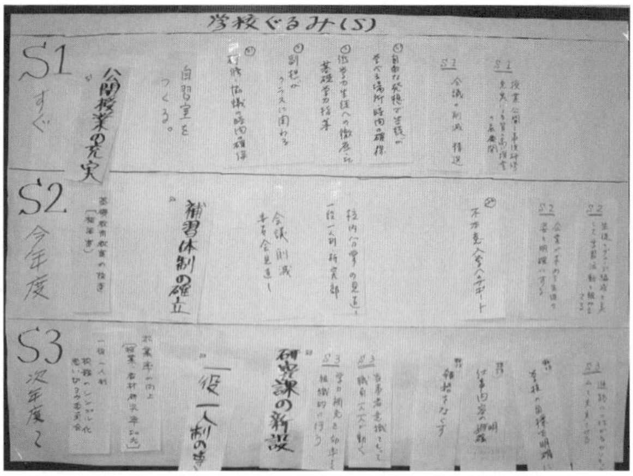

この方法は他の研修にも応用できます。例えば、上写真はある高等学校が他校視察の報告について話し合った際の成果物の一部です。同僚が視察した２つの学校の報告を聴きながら、縦は「すぐに実施できる」「今年度中に実施できる」「次年度以降に実施可能」、横は「個人で実施可能」「学校ぐるみで実施可能」「学校外（家庭や教育委員会等）の協力が必要」としたＡ３版のマトリクス上に、記述した付箋を置いていきました。チーム内で簡単に整理した上で、小見出しに当たる言葉を短冊に記し、模造紙３枚分の同書式のシート上に再度置いていきました。前述の短冊法を用いています。その結果、学校改革に向けて取り組むべきことがボトムアップ的に出され、共有化を図ることができました。チームのシートと学校全体で整理するシートを同書式にしている点がポイントです。

7　プラン拡大シート

授業研究の際には指導案をそのまま拡大複写し、付箋を直接貼ります。授業展開に従って、教師や子どもの活動に応じてきめ細かく分析することができます。付箋の色（例えば、成果は水色、疑問や問題点は黄色、助言や改善策は桃色）を違えることで、授業のどの部分で停滞し問題が起こったのかが一目瞭然で分かります。他のシートと同様に、シート全体で関連づけて構造化を図ることが重要です。

指導案を単元案や年間指導計画、全体計画あるいはグランドデザインに置き換えることで、各計画の見直し・改善に応用できます。例えば、上写真は、ある小学校の３月の研修の様子です。低学年の教員は生活科の年間指導計画、中高学年の教員は総合的な学習の時間の年間指導計画の見直し・改善を図りました。生活科や総合的な学習に１年間取り組んできた上での気づき（成果や課題、改善策）を付箋に書き、整理していきます。そして、

成果物が翌年度の学年担当に手渡されます。この学校では、翌年度の５月にこの成果物を踏まえて、生活科および総合的な学習の年間指導計画を作成しました。指導計画を必ずしも写真のように模造紙大に拡大する必要はありません。例えば、Ａ３判に拡大し模造紙の真ん中に置き、その廻りに付箋を枝葉のように貼っていく方法もあります。入学式や体育会、文化祭、卒業式などの学校行事のプログラムを見直すことにも応用できます。

８　モデル拡大シート

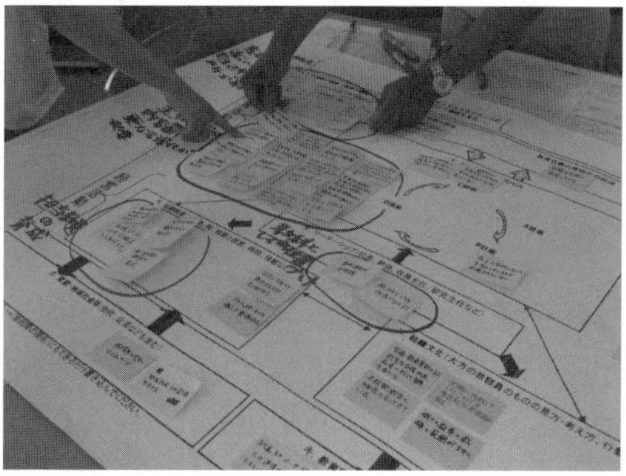

右写真は、ある高等学校が自校の総合的な学習の取組みを田村のカリマネ・モデルを拡大したシートで分析している研修の様子です。このように様々なモデルを拡大したシートを用いた研修は、そのモデルを理解したり、事例を要素や要因を意識して分析する上で有効です。

伊達（2010）は学級経営に関する「成果につながる８つのコンピテンシー分析シート」を使った校内研修を行いました[8]。まず、①研修の目的と内容について理解した後、②各学級担任が自己の学級経営を、分析シートを用いて振り返ることで、自己の強みと弱みを認識する、そして、③うまくいった実践事例を付箋に書き、模造紙大に拡大したシート上で整理する、④③の成果を踏まえて自己の行動目標を明らかにする、といった手順を踏んでいます。

９　地図拡大シート

各種地図を用いて行うWSです。例えば、校舎内地図や校区地図を用いて危険個所の点検を行ったり、校区地図上に各教科や生活科、総合的な学習などで活用できる自然や社会に関する地域素材を整理したりすることができます

次頁の**図５**は、「言語力を高めるために教室環境をどのように整えればよいか」について行ったWSの成果物です。模造紙に教室や廊下の図面を描き、正面黒板の左右上下や背面黒板の左右上下あるいは廊下のどの場所にどのような掲示物や資料をおけばよいかを考えていきました。地図や図面を用いることにより具体的なアイデアが引き出されます。

（村川雅弘）

10　SWOT分析

SWOT分析は、企業のマーケティング戦略などの立案に使われる分析手法ですが、文部科学省の組織マネジメント研修でも紹介されるなど学校管理職にも馴染みのある手法で

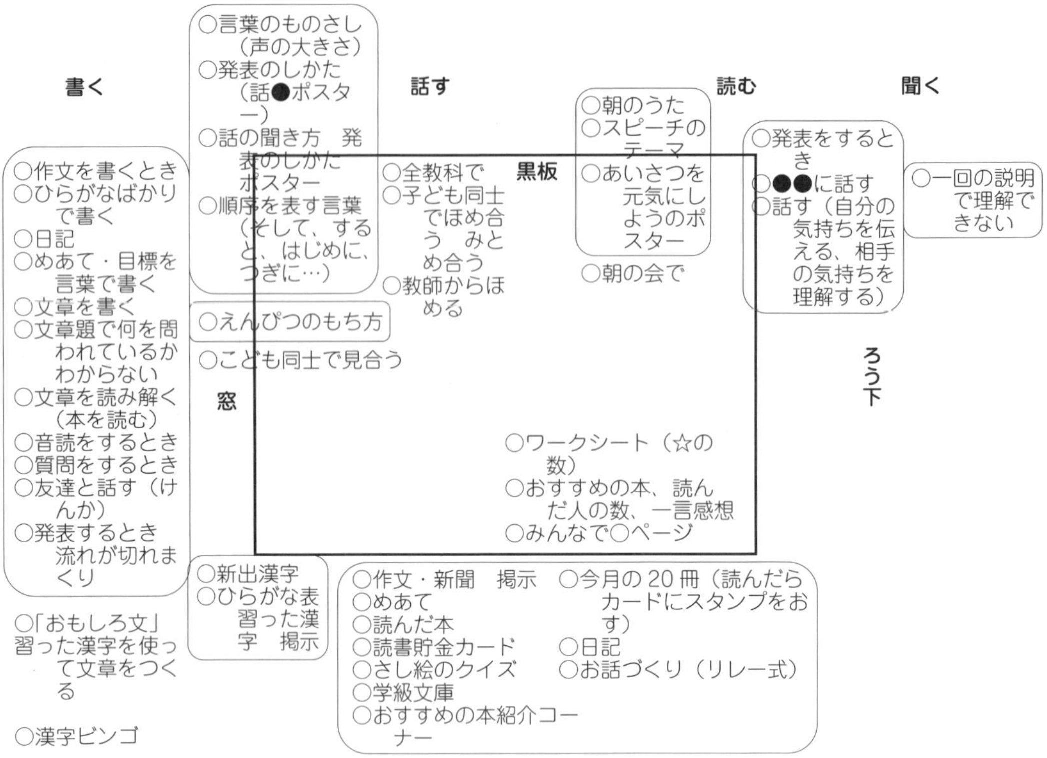

図5　言語力を高める学習環境

す。内部環境の「S：Strength（強み）」「W：Weakness（弱み）」と外部環境の「O：Opportunities（機会）」「T：Thread（脅威）」のマトリクスの枠組に従って分析し、強みや機会を生かし「特色ある学校づくり」を考えたり、弱みの改善策や脅威への対応策を考え問題解決策を練ったりすることに使われます。田村・本間（2014）の調査では、「学校内と学校外との関係が明確になる」「学校の取組みのよいところが明確になる」「学校の取組み全体を鳥瞰することができる」「今後取り組むべき方策について考えやすい」などの利点が明らかになりました[9]。また、前述のカリキュラムマネジメント・モデルを用いた分析シートに比べると簡便で取り組みやすいでしょう。

ただし、カリキュラムマネジメントの観点から、１点補足しておきたいと思います。それは、漠然と学校全体を分析対象とするのではなく、育てたい力や重点教育目標、そのためのカリキュラムの領域等を焦点化して分析することです。**図6**は、通常のSWOT分析の枠組みに、「育てたい子どもの姿」とそのために力を入れる「教育活動の特色」の欄を追加したものです。こうすることで、目的への着目を促します。

（田村知子）

11　その他の主たる手法

本節で紹介した手法やシート以外に、WS型研修を円滑に進めていく上でよく使われて

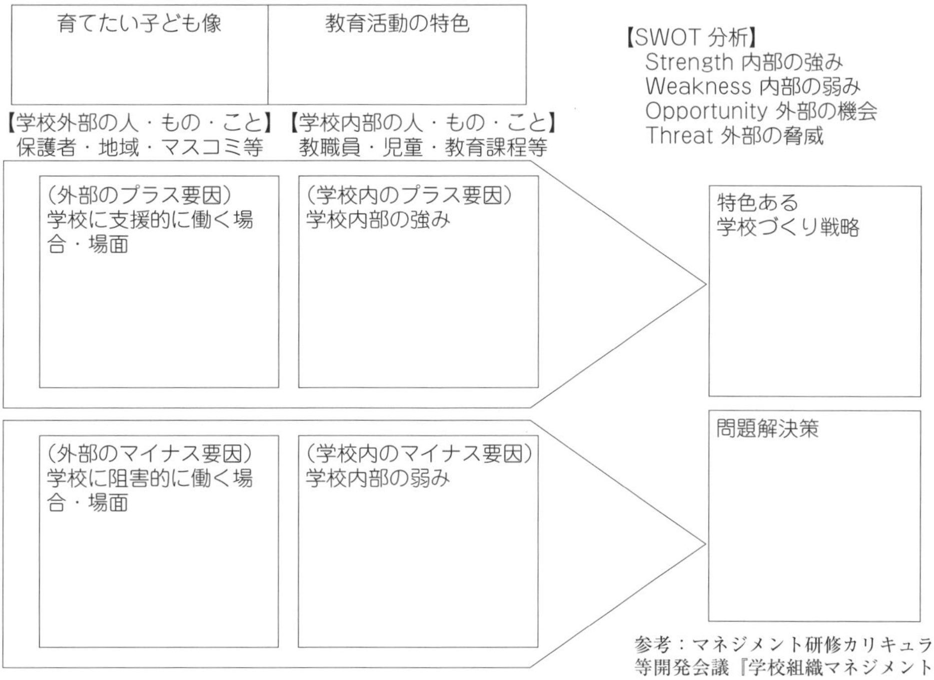

参考：マネジメント研修カリキュラム等開発会議『学校組織マネジメント研修～すべての教員のために～（モデルカリキュラム）』pp. 1-2-1～1-2-15

図６　カリキュラムマネジメントの視点を加えたSWOT分析シート

いるものとして以下のものがあります。簡単に紹介しておきましょう[10]。

①アイスブレイキング

たとえ初対面であったとしても、何でも話せて何でも書くことのできる受容的な雰囲気が大切です。それがWS型研修の成否を握っています。自己紹介をする場合に、好きな動物や食べ物、趣味などとその理由を言うとか、少し体を動かすゲームを行って盛り上げるなど、様々な方法があります。あまり多くの時間を割かないように気をつける必要があります。WSを円滑に進めるために、ファシリテーターやタイムキーパー、発表者などの係決めが必要になりますが、アイスブレイキングと兼ねて行うのも一手です。

②ブレーンストーミング

米国学者のA.F.オズボーンが考案した拡散的発想技法のことです。協議を活性化させるために「自由奔放なアイデアを尊重する」「どんな意見も批判しない」「質よりも量を求める」「他者のアイデアに便乗し、繋げたり、改善・追加したりすることを認める」といった４つのルールがあります。

③ロールプレイング

役割演技ともいいます。様々な場面で期待される行動を、自発的・即興的に言葉と行為で演じてみて、課題解決とそれに結びつく行動の手がかりを得ることができます。通常、「ウォーミングアップ」「実演」「シェアリング」「集結」といった４つの手順を踏みます。

例えば、危機管理に関するWSで作成したマニュアルの不備や改善点を見出すために、教師役と保護者に分かれてロールプレイングを取り入れています（田村 2010）[11]。

（村川雅弘）

本章の第1節および第2節は田村が『悠+』2011年8月号に執筆した原稿[12]を加筆修正してまとめ直したものです。第3節の1～9および11は村川が執筆、第3節10は田村が執筆しました。

[注]

1　村川雅弘「ワークショップ型授業研究の手法」村川雅弘編集『「ワークショップ型校内研修」で学校が変わる　学校を変える』教育開発研究所、2010年、pp.62-71

2　村川雅弘「ワークショップ型校内研修の企画・実施のポイント15」村川雅弘編集『「ワークショップ型校内研修」充実化・活性化戦略43』教育開発研究所、2010年、pp.10-19

3　村川雅弘「カリマネを意識した校内研修づくり」村川雅弘・田村知子ほか編著『「カリマネ」で学校はここまで変わる！』ぎょうせい、2013年、pp.164-173

4　川喜田二郎著『発想法』中央公論社、1967年

5　村川雅弘「思考マップ法」東洋・梶田叡一ほか編集『現代教育評価事典』金子書房、1988年、pp.275-276

6　金沢大学教育学部教育工学センター理科教育研究グループ授業分析班「診断バズによる理科授業の設計―小6「植物のつくりとはたらき」『金沢大学教育学部教育工学研究』第3号、1978年、pp.1-16

7　河野昭一『体験活動における自立化と教師の支援について－「概念化」シートを活用した自己評価・相互評価を通して』平成16年度鳴門教育大学修士論文、2005年

8　伊達智登世「コンピテンシー・モデルを活用して学級経営力をUP！」村川雅弘編集『「ワークショップ型校内研修」で学校が変わる　学校を変える』教育開発研究所、2010年、pp.116-121

9　田村知子・本間学「カリキュラムマネジメントの実践分析方法の開発と評価」日本カリキュラム学会『カリキュラム研究』第23号、2014年、pp.43-55

10　村川雅弘編『ワークショップ型研修の手引き』ジャストシステム、非売品、2006年

11　田村知子「危機管理のマニュアルづくり」村川雅弘編集『「ワークショップ型校内研修」で学校が変わる　学校を変える』教育開発研究所、2010年、pp.188-191

12　田村知子「校内研修のマネジメントでワークショップの質向上を」『悠+』ぎょうせい、2011年8月号

索　引

●執筆者一覧

[編著者]
田村　知子　　岐阜大学大学院准教授
村川　雅弘　　鳴門教育大学大学院教授
吉冨　芳正　　明星大学教授
西岡加名恵　　京都教育大学大学院准教授

[執筆者]（執筆順）
吉冨　芳正　　前掲
村川　雅弘　　前掲
齊藤　義宏　　岩手県宮古市立川井小学校長
池田　勝久　　愛知大学非常勤講師（前浜松市立中ノ町小学校教諭）
田村　知子　　前掲
宮下　直樹　　岐阜大学教職大学院
菅井　　修　　岐阜大学教職大学院
熊谷　節子　　福岡市教育センター
吉村　嘉文　　岐阜大学大学院准教授
三橋　和博　　徳島県阿波市立土成中学校教諭
西岡加名恵　　前掲
森　千映子　　京都市立修学院中学校教諭（前京都市立京都御池中学校教諭）
河合　英光　　岐阜県立可児工業高等学校教諭
毛内　嘉威　　秋田公立美術大学教授
八釼　明美　　愛知県知多市立旭北小学校教諭
峯村　　均　　長野県信濃町教育委員会教育相談員（前長野県信濃町立信濃小中学校長）
梶原　敏明　　前大分県教育センター所長
星野　　健　　岐阜市教育委員会学校指導課主幹（前岐阜市立東長良中学校教頭）
寺田　拓真　　広島県教育委員会学びの変革推進課長
大山　賢一　　新潟県上越市立春日新田小学校長
新田　寛子　　金沢市立紫錦台中学校教諭（前石川県教育センター指導主事）

●編著者プロフィール

田村知子（たむら・ともこ）　**岐阜大学大学院准教授**
九州大学大学院人間環境学府博士課程単位取得退学。博士（教育学）。中村学園大学准教授等を経て現職。専門はカリキュラムマネジメント、教員研修、学校経営。日本カリキュラム学会（理事）、日本教育経営学会、日本教育工学会などに所属。中央教育審議会専門委員、全国的な学力調査に関する専門家会議委員、教育研究開発企画評価会議協力者などを歴任。単著に『カリキュラムマネジメントー学力向上へのアクションプラン』（日本標準）、編著に『実践・カリキュラムマネジメント』（ぎょうせい）など。

村川雅弘（むらかわ・まさひろ）　**鳴門教育大学大学院教授**
大阪大学人間科学部大学院博士課程を就職中退。鳴門教育大学准教授等を経て現職。専門は教育工学、カリキュラム開発、総合的な学習、教員研修等。日本カリキュラム学会（理事）、日本教育工学会（理事）、日本生活科・総合的な学習教育学会（理事）に所属。中央教育審議会専門部会委員、教育研究開発企画評価会議協力者などを歴任。編著に『「カリマネ」で学校がここまで変わる！』『学びを起こす授業改革』（ぎょうせい）、『「ワークショップ型校内研修」充実化・活性化戦略 43』（教育開発研究所）など。

吉冨芳正（よしとみ・よしまさ）　**明星大学教育学部教授**
福岡県出身。専門は教育課程論、教育課程行政。文部科学省教育課程課学校教育官、千葉県富里市教育委員会教育長、国立教育政策研究所総括研究官を経て現職。学習指導要領や指導要録の改訂、学校週５日制の導入等に携わる。「育成すべき資質・能力を踏まえた教育目標・内容と評価の在り方に関する検討会」委員。学力形成に果たす教育課程の役割、カリキュラムマネジメント、生活科の形成過程等を研究。編著書に『現代中等教育課程入門』（明星大学出版部）、『新教科誕生の軌跡―生活科の形成過程に関する研究』（東洋館出版社）など。

西岡加名恵（にしおか・かなえ）　**京都大学大学院教育学研究科准教授**
イギリス・バーミンガム大学にて、Ph.D.（Ed.）取得。鳴門教育大学講師を経て、現職。専門は教育方法学（カリキュラム論、教育評価論）。日本教育方法学会（常任理事）、日本カリキュラム学会（理事）、教育目標・評価学会（理事）などに所属。文部科学省「育成すべき資質・能力を踏まえた教育目標・内容と評価の在り方に関する検討会」委員など。単著に『教科と総合学習のカリキュラム設計』（図書文化）、共編著に『新しい教育評価入門』（有斐閣）など。

カリキュラムマネジメント・ハンドブック

平成 28 年 6 月 1 日　第 1 刷発行
平成 29 年 2 月25日　第 3 刷発行

編　著　田村知子・村川雅弘・吉冨芳正・西岡加名恵
発　行　株式会社 ぎょうせい
〒 136 - 8575　東京都江東区新木場 1 - 18 - 11
電話番号／編集　03 - 6892 - 6508
営業　03 - 6892 - 6666
フリーコール／ 0120 - 953 - 431
URL　https://gyosei.jp

〈検印省略〉

印刷　ぎょうせいデジタル株式会社

ISBN978 - 4 - 324 - 10083 - 7（5108205 - 00 - 000）〔略号：カリキュラムブック〕